"十四五"职业教育国家规划教材

电子商务类专业创新型人才培养系列教材
1+X 课证融通教材

"十三五"江苏省高等学校重点教材
（编号：2018-1-138）

江苏省高等学校重点教材

U0725356

网店
运营实务

第3版
慕课版

王利锋 温丙帅 薛瑾 / 主编

程艳红 高志坚 范华淮 陈庆盛 / 副主编

人民邮电出版社
北京

图书在版编目（CIP）数据

网店运营实务：慕课版 / 王利锋，温丙帅，薛瑾主编. -- 3版. -- 北京：人民邮电出版社，2021.3（2023.9重印）
电子商务类专业创新型人才培养系列教材
ISBN 978-7-115-55246-4

Ⅰ. ①网… Ⅱ. ①王… ②温… ③薛… Ⅲ. ①网店－运营管理－高等学校－教材 Ⅳ. ①F713.365.2

中国版本图书馆CIP数据核字(2020)第220691号

内 容 提 要

本书根据最新《网店运营推广职业技能等级标准》要求，依照企业网店运营典型工作岗位的代表性任务，以淘系平台为主，涉及京东、拼多多、抖音、亚马逊等平台，按照网店运营的逻辑顺序，逐步介绍网店运营的整个流程和应用重点。本书主要内容包括网络调研与网店运营规划，店铺申请、装修及平台规则，网店推广，网店促销活动与营销工具，网店客服，网店运营效果分析，移动社交网店运营，跨境电商运营。

本书将网店运营所需的应用知识、流程、要点及应用思路有机融合，内容简洁、结构清晰、实战性强，既适合作为高等院校电子商务等专业网店运营相关课程的教材，又可作为电子商务从业者的初级参考用书。

♦ 主　　编　王利锋　温丙帅　薛　瑾
　副 主 编　程艳红　高志坚　范华淮　陈庆盛
　责任编辑　古显义
　责任印制　王　郁　焦志炜
♦ 人民邮电出版社出版发行　　北京市丰台区成寿寺路 11 号
　邮编　100164　电子邮件　315@ptpress.com.cn
　网址　https://www.ptpress.com.cn
　北京市艺辉印刷有限公司印刷
♦ 开本：787×1092　1/16
　印张：15.25　　　　　　　　　2021 年 3 月第 3 版
　字数：371 千字　　　　　　　2023 年 9 月北京第 7 次印刷
定价：49.80 元
读者服务热线：(010)81055256　印装质量热线：(010)81055316
反盗版热线：(010)81055315
广告经营许可证：京东市监广登字 20170147 号

前　言

当下电商行业持续发展，淘宝、天猫、京东等传统电商平台交易规模不断攀升，同时以拼多多、有赞、小程序、抖音、亚马逊为代表的新兴移动社交电商、跨境电商呈现爆发式增长，网店运营成为现代商家未来持续经营的必由之路。然而，网络市场变幻莫测，网店发展日新月异，不仅网店运营人才缺口持续扩大，同时面临着新形势的挑战，网店运营人才的培养任重而道远。

本书全面贯彻党的二十大精神，并将其与电子商务的实际工作结合起来，立足岗位需求，以社会主义核心价值观为引领，传承中华优秀传统文化，注重立德树人，培养读者自信自强、守正创新、踔厉奋发、勇毅前行的精神，从而全面提高人才自主培养质量，着力造就拔尖创新人才。

※　第 3 版改版说明

本书在第 2 版的基础上进行优化，主要体现在以下 3 个方面。

◇**对整体和局部应用知识进行了拓展**：如增加导论、电子商务法、抖音电商运营等部分。

◇**应用流程革新**：如将分析工具应用、网店推广等部分，都更新为平台的最新流程。

◇**应用要点及思路提炼**：如对项目一到项目八中的每个任务都强化了对应用知识的梳理，尤其是对应用要点和思路的延伸和补充。

※　本书编写特色

◇**简洁性**：考虑当下读者希望快速掌握知识、培养能力的需要，本书没有长篇累牍的理论知识介绍和烦琐的技术分析，更多的是知识点的穿插、应用流程的展示、要点的梳理及应用思路的总结，力图做到语言凝练、图文简洁、通俗易懂。

◇**实战性**：编者作为电商领域实战多年的高校教师，深知当下高校教材重理论、轻实战的弊病。因此本书编写均取材于真实的企业网店运营任务，并将其分解为八大项目模块，按逻辑顺序、由浅入深逐层实施，力求提升读者的实战素养。

◇**融合 1+X 标准**：本书严格对照《网店运营推广职业技能等级标准》进行内容升级，网店运营推广职业技能教材强调的是读者局部运营能力和素养的进阶，适合培训使用；而本书更强调网店运营应用的衔接性、完整性，网店运营知识的系统性，更适合读者对网店运营中系统知识的学习，以及对能力和素养的综合培养，适合课堂教学。

◇**同步慕课，资源丰富**：本书提供了 PPT、教案、慕课视频以及老师在教学过程中所需参考的相关调研报告及补充材料，选书老师可以登录人邮教育社区（www.ryjiaoyu.com）下载获取。

现将本书与人邮学院的配套使用方法介绍如下。

1．读者购买本书后，刮开粘贴在书封底上的刮刮卡，获取激活码（见图1）。

2．登录人邮学院网站（www.rymooc.com），使用手机号码完成网站注册（见图2）。

图1　激活码

图2　人邮学院首页

3．注册完成后，返回网站首页，单击页面右上角的"学习卡"选项（见图3）进入"学习卡"页面（见图4），即可获得慕课课程的学习权限。

4．获取权限后，读者可随时随地使用计算机、平板电脑及手机进行学习，还能根据自身情况自主安排学习进度。

图3　单击"学习卡"选项

图4　在"学习卡"页面输入激活码

5．书中配套的教学资源，读者也可在该课程的首页找到相应的下载链接。关于人邮学院平台使用的任何疑问，可登录人邮学院咨询在线客服。

※　本书编写组织

本书具体编写分工：全局架构由苏州经贸职业技术学院王利锋完成，其中导论、项目一、项目八由王利锋编写，项目二、项目三、项目四、项目六分别由苏州经贸职业技术学院程艳红、温丙帅、高志坚、薛瑾编写，项目五由贵州电子信息职业技术学院范华淮编写，项目七由广东工业大学华立学院陈庆盛编写。

致谢：感谢苏州经贸职业技术学院的毕业学子潘小宇、陈蒙、蒋利娟、翁杰、韩莹、于艳、戴苏杭给予本书的帮助和建议，在校学子唐良凤、王莹莹、渠雅超在本书校稿过程中的付出和努力。

本书属于江苏省高等学校重点教材建设计划项目，是苏州经贸职业技术学院电子商务专业全员共同努力的结晶。

尽管我们在编写过程中力求准确、完善，但书中难免还有疏漏与不足之处，恳请广大读者批评指正，在此深表谢意！

编者

2023年4月

目　录

项目导入

　　网络零售在国内发展 20 余年，同时也带动了网店运营行业的崛起。在历经多轮发展后，网店运营行业经历了哪些变化，网店运营工作将走向何处，其未来就业前景又将如何？网店运营创业前景如何，应该如何选择、怎样切入？

项目分析

◆　了解网络零售概述及其发展
◆　熟悉网络零售各个阶段的发展特征
◆　熟悉网店、网店运营的含义
◆　熟悉网店运营的发展历程
◆　掌握网店运营的工作岗位及岗位职责
◆　掌握不同情形下网店的运营思维
◆　了解新零售环境下网店运营的趋向
◆　掌握当下网店运营创业的几种选择

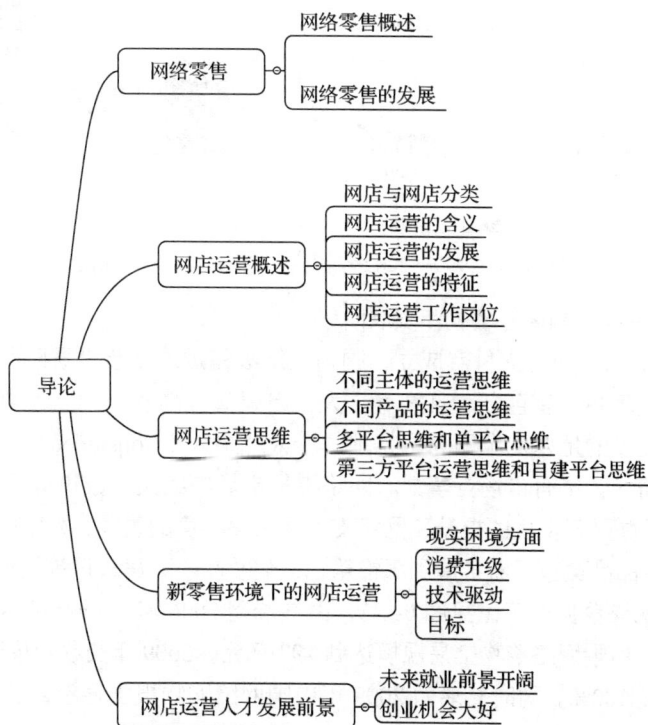

```
                        ┌─ 网络零售概述
              网络零售 ─┤
                        └─ 网络零售的发展

                        ┌─ 网店与网店分类
                        ├─ 网店运营的含义
              网店运营概述─┤─ 网店运营的发展
                        ├─ 网店运营的特征
                        └─ 网店运营工作岗位

                        ┌─ 不同主体的运营思维
                        ├─ 不同产品的运营思维
      导论    网店运营思维─┤─ 多平台思维和单平台思维
                        └─ 第三方平台运营思维和自建平台思维

                                   ┌─ 现实困境方面
                                   ├─ 消费升级
      新零售环境下的网店运营 ─┤─ 技术驱动
                                   └─ 目标

                          ┌─ 未来就业前景开阔
      网店运营人才发展前景 ─┤
                          └─ 创业机会大好
```

1. 网络零售

（1）网络零售概述

从电子商务的角度而言，网络零售区别于企业对企业（Business to Business，B2B）电子商务，是商家面向消费者提供商品的一种电子商务经营模式；从贸易角度看，网络零售是相较于传统贸易，将零售场景延伸至网络市场的一种新型业态，它是在网络技术推动下，人们对高效、便利的商务经营模式和生活方式不断追求的产物。

依据成交平台性质的不同，网络零售可以划分为传统网络零售平台式和新兴移动社交平台式；依据商品流通是否跨越海关，可分为境内网络零售和跨境网络零售；依照商品进出海关方向不同，跨境网络零售又可以划分为出境网络零售和进境网络零售。

（2）网络零售的发展

① 2003 年前，国内网络零售萌芽阶段

二十世纪七八十年代，网络技术由欧美发展至国内，电子商务网络零售也被国内的互联网先知们所知晓，1994 年国外的 eBay（易贝）、亚马逊诞生，1998 年国内相继出现了8848、易趣、当当、卓越等网站，由此拉开国内网络零售活动的序幕。由于当时国内互联网普及度不高及消费者购物意识不强，网络支付及快递物流环境相对不完善，因此整体交易规模较小，且商品品种局限度比较高，主要以图书、音像、电子产品为主。艾瑞网中国网络购物报告显示，到 2002 年国内网络购物年交易规模不足 20 亿元，如图 0-1-1 所示。

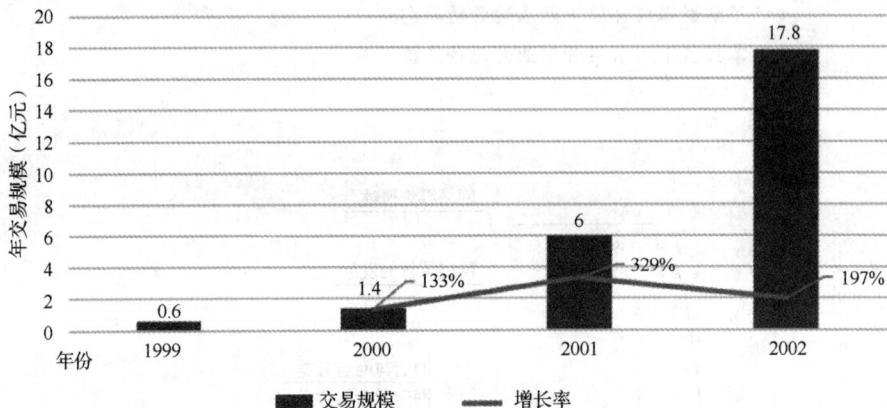

图 0-1-1　1999—2002 年国内网络购物年交易规模

② 2003—2009 年，网络零售初步发展阶段

2003 年以来，淘宝网、支付宝成立，国内网络零售进入初步发展阶段，除了淘宝网以外，京东商城、麦考林、梦芭莎、凡客等一大批自建商城蜂拥而起。但事实证明，还是以eBay、拍拍网，更多的是以淘宝网为根据地的个人对个人（Consumer to Consumer，C2C）模式更符合时代需求，更有市场竞争力。网络零售市场中绝大多数市场是以 C2C 模式为主的，同时伴随着互联网普及度的提升、网络支付及快递环境的改善，网络购物用户与交易的规模不断扩大，商品品类也不断扩展到服饰箱包、化妆品、家居日用等领域。艾瑞网中国网络购物市场交易规模数据显示（见图 0-1-2，由艾瑞网 2006 年、2009 年中国网络购物报告整理），2005 年，中国网络购物交易规模达到 193 亿元，2009 年交易规模达到 2630 亿元，年平均增长率超过 100%。同时艾瑞网 2009 年中国网络购物报告显示，截至 2009 年，C2C交易规模依然占到市场的 92.2%。

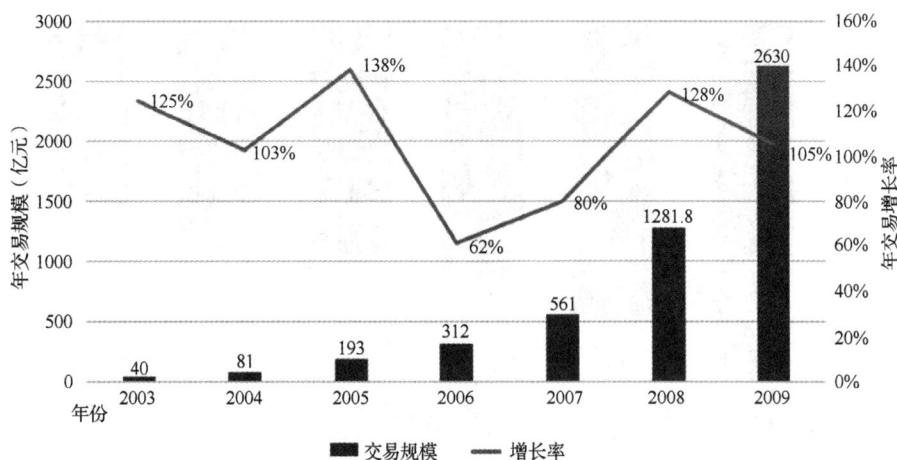

图 0-1-2　2003—2009 年中国网络购物市场交易规模

③ 2010—2015 年，网络零售高速发展阶段

2010 年后，网络零售业态发生转折性变化，网络零售由最初的以 C2C 模式和自建商城 B2C 垂直行业模式为主角逐步演变为以企业对消费者的交易（Business to Consumer，B2C）开放平台、百货模式业态为主。

2010 年后，消费者网络购物意识逐步成熟，对商品品类、质量、服务的要求不断提升，淘宝网淘宝商城（天猫）、拍拍商城相继由母体中裂变独立出来，京东、当当、苏宁易购相继由垂直模式走向百货、开放模式。

2013 年后，由于企业商家网络零售意识大大提升，大量企业商家、品牌商家纷纷加入网络零售的大潮中来，于是国内 B2C 网络零售高速成长，在网络零售中占比不断提升，整体网络零售交易规模保持稳定增长，国内网络零售走向成熟阶段。由此以天猫、京东、苏宁易购、唯品会等平台为主的 B2C 网络零售正式走向国内网络零售舞台的中央。

艾瑞网中国网络购物市场交易规模数据显示（见图 0-1-3，由艾瑞网 2011 年、2015 年、2016 年中国网络购物报告整理），2010 年到 2015 年，国内网络购物交易规模从 4610 亿元上升至 3.8 万亿元，B2C 网络零售占整体交易比例从 13.7% 升至 51.9%（见图 0-1-4，由艾瑞网 2011 年、2015 年、2016 年中国网络购物报告整理），第一次超越 C2C 模式，其中，2015 年天猫在 B2C 网络零售中占比达到 58.0%（见图 0-1-5，源于艾瑞网 2016 年中国网络购物报告）。

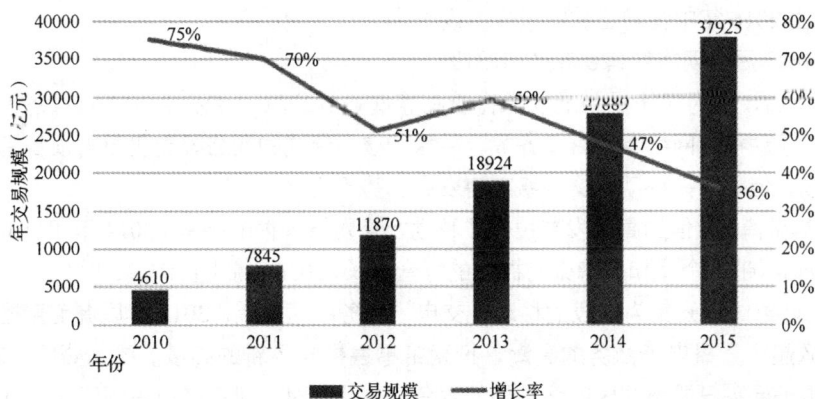

图 0-1-3　2010—2015 年中国网络购物市场交易规模

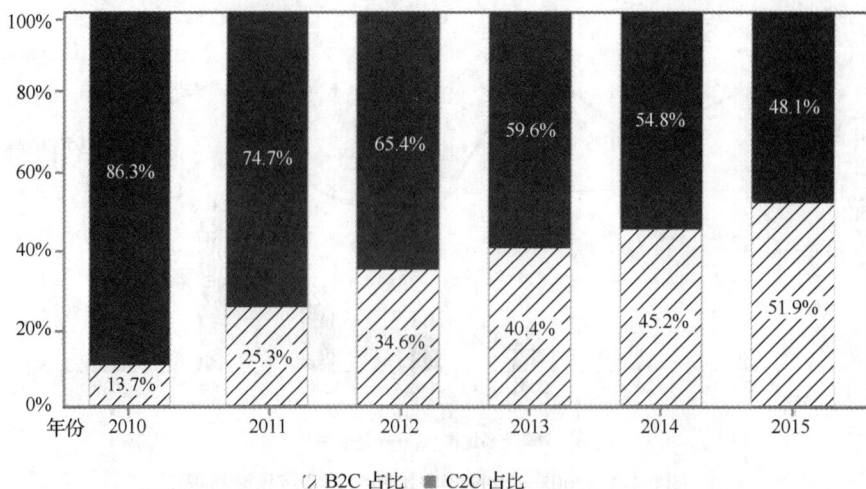

图 0-1-4　2010—2015 年中国网络购物市场交易规模结构

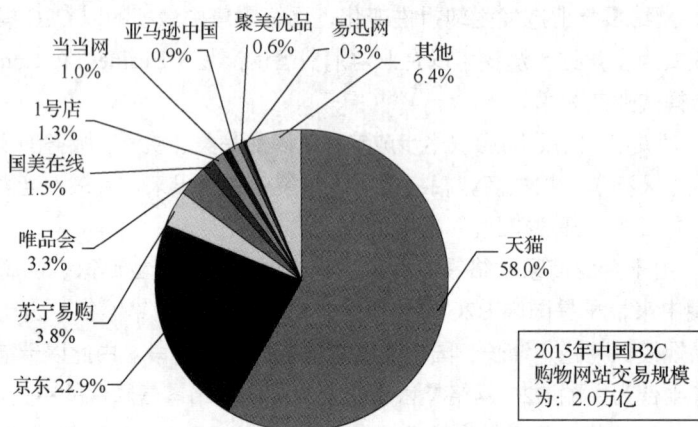

图 0-1-5　2015 年中国 B2C 购物网站交易规模市场份额

另外，由于 4G 网络的发展，用户消费场景使用习惯发生转移，2014 年移动端网络零售高速增长，2015 年网民移动网购习惯已基本形成，PC 端流量增长渐缓，移动端流量高速增长。据艾瑞网 2016 年中国网络购物行业监测报告显示，截至 2015 年，国内移动端网络零售规模达到 2.1 万亿元，移动端交易额占网络购物总体的 55.5%，网络零售走向移动时代（见图 0-1-6，由 2016 年中国网络购物报告整理）。

④ 2016 年后，网络零售百花齐放阶段

2016 年后，国内网络零售继续保持着高速增长的迹象，传统平台式的网络零售、跨境网络零售、移动社交网络零售百花齐放，尽管传统平台式的网络零售仍旧占领着绝大部分网络零售市场，但是新兴移动社交网络零售发展已势不可挡。

2013 年微博、微信的高速发展拉开了移动社交网络零售的序幕，2014 年和 2015 年微信、朋友圈、微信群带动个体和品牌微商群体的野蛮成长，2016 年后随着国家和平台规范的推出，以拼多多、小红书、云集为代表的移动社交电子商务高速发展，2017 年后淘宝直播、快手、抖音等又掀起了直播电子商务的高潮，把网络零售推向了新的高度。毫无疑问，2016 年后移动社交电子商务已成为国内网络零售的主角。与此同时，拼多多以占领四线、五线、六线下沉市场的策略拉动了淘宝、京东的网络零售策略（淘小铺、京东拼购），进一步拓展了外

围市场。而以亚马逊、AliExpress、eBay、Wish、Shopee、天猫国际、海囤全球为代表的跨境零售，以闲鱼、转转、乐空空为代表的闲置品网络零售继续呈高速发展，新市场渠道的开辟不仅又掀起了新一轮电子商务平台间的竞争，同时也揭开了中国网络零售发展的新高潮。

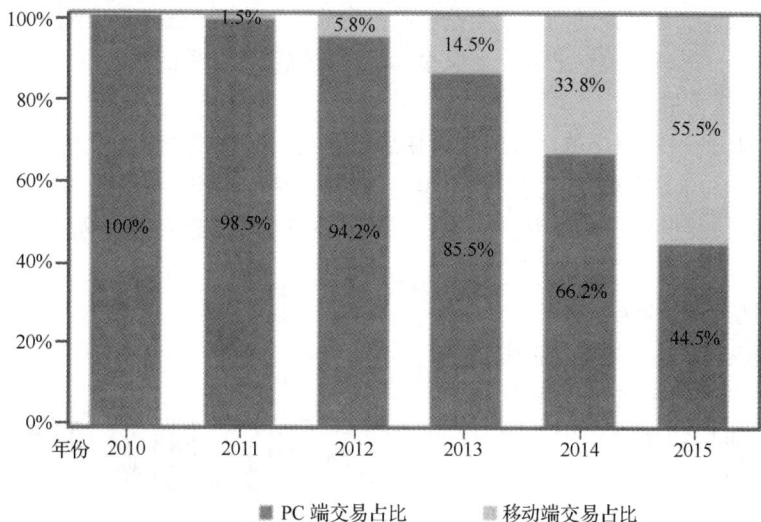

图 0-1-6　2010—2015 年中国网购交易额 PC 端和移动端占比

中国互联网协会《2019 年中国社交电商行业发展报告》显示，2019 年社交电商从业者规模将近 5000 万人，市场规模将达到 2.06 万亿元，年平均增长速度超过 63%，保持着比传统电子商务绝对领先的成长速度。国家统计局资料显示，2019 年全国网上零售额达到 10 万亿元，其中实物商品网上零售额达到 8.5 万亿元。当然，由于国内本地生活服务平台的崛起，网络零售也由实物走向本地生活领域，并呈现线上线下协同发展的新零售模式。

总体而言，随着时间的推移，国内网络零售发展经历了以上四个阶段，如图 0-1-7 所示。

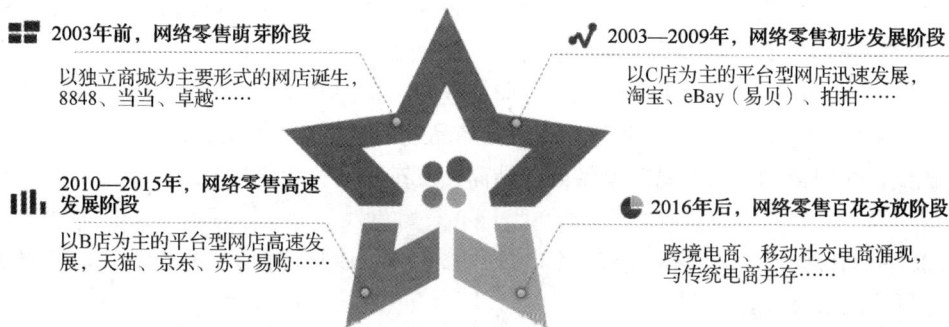

图 0-1-7　国内网络零售的发展阶段

2. 网店运营概述

（1）网店与网店分类

网店是相对传统经营而言，商家开展日常网络销售活动的网络载体，是网民在在线浏览的同时进行在线购买的网络店铺。它是传统店铺的网络存在形式，是网络零售活动的基本组成单元。

伴随着国内网络零售的发展，网店的形式也在不断演变。从现实存在看，网店包括独立商城式网店（海尔、阿迪达斯等公司官方商城）和平台型网店。平台型网店依照社交属性不同又可以划分为传统平台型网店（淘宝、天猫、京东等）和移动社交（平台）型网店（拼多多、有赞、微店、云集、抖音店铺等）。其中移动社交型网店，又分为独立运营型、平台型、平台分销型。同时，近年来随着二手商品交易的崛起，又形成一些有代表性的二手商品经营平台，如闲鱼、转转等。在这些平台上又聚集了一批以销售二手商品为重心的网店。

（2）网店运营的含义

网店运营即通过对网店的经营管理，使店铺业绩、品牌收益最大化的活动。从店铺经营的角度讲，它与传统实体店铺经营内容类同，包括选品、定价、装修、推广、促销、客服等一系列的活动，但随着网络零售的高速发展及外在环境的不断变换，网店运营的内容也在不断外延。

（3）网店运营的发展

网店运营工作由于主营店铺的类型和运营工作重心的不同而有所发展，其主要经历了下面几个阶段，如图 0-1-8 所示。

① 早期 C 店（C 店即个人商家店铺，下同）时代，以商品发布和优化排名工作为主的网店运营时代。

在 C 店时代，网店主要以淘宝C 店、拍拍 C 店为主，由于网络零售刚刚开始，市场空白较大，网络零售尚处于蓝海市场，商家不多，

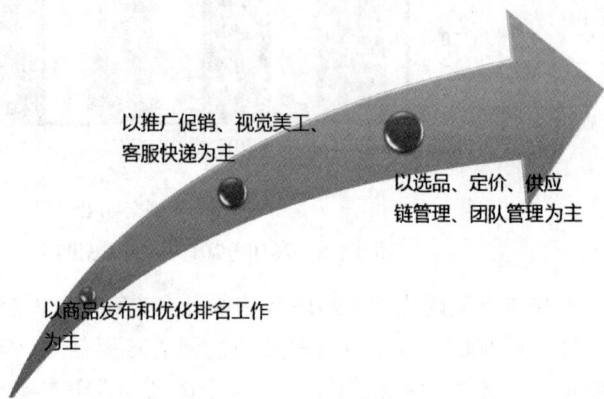

以推广促销、视觉美工、客服快递为主

以选品、定价、供应链管理、团队管理为主

以商品发布和优化排名工作为主

图 0-1-8　不同时代网店运营手段

且消费者需求不断膨胀，平台信用保障体系、广告体系和促销体系并不发达，因此对于商家而言，只要选择消费者能接受的客单价不高、标准化、便于物流运输、对时效性要求不高的商品即可，接下来的工作就是利用平台规则做好搜索引擎优化（Search Engine Optimization，SEO）推广（设置好标题关键词、上下架时间），基本上就能大卖，如早期淘宝平台上的柠檬绿茶、麦包包等，甚至可以说，那时候多数的商家对商品没有过多选择、对优化也没有过多考虑，仅靠时代机遇、通过大量发布商品就带来了可观的销量。

因此，那时候的网店运营就是做好店铺商品发布工作、优化排名工作和一定的客服工作就够了。

② 中期 B 店（B 店即企业商家店铺，下同）时代，以推广促销、视觉美工、客服快递为主的网店运营时代。

B 店时代到来，意味着企业商家的初步觉醒，大量的企业看到日渐壮大的网络零售市场，纷纷加入到网络淘金的大潮中，与此同时，平台保障体系、广告体系得到大大强化，物流快递体系也得到快速发展，一时间网络市场风起云涌，进入竞争时代。由于 B 店在资金、商品方面更具优势，因此竞争日趋激烈。在相对竞争激烈的市场中，商家如果要取得优异的成绩，就需要在综合的网店运营能力上进行比拼，哪个环节出现问题，都可能导致店铺经营下滑。于是，店铺装修视觉为商家高度关注，各种流量推广（包括付费推广）、促销活动也成为商家竞争的焦点，做好客服、快递、包装工作也成为网店竞争不可忽略的关键环节。

因此，在这个时代的网店运营可以理解为店铺视觉美工、推广促销、客服、包装、物

流等工作的综合体。

③中后期，百家争鸣的网店时代，以选品、定价、供应链管理、团队管理为主的网店运营时代。

当网络零售进入传统平台型网店、移动社交型网店、跨境网店多渠道发展的时代，网络上的商品基本已经应有尽有，价格比拼、款式比拼、流量活动比拼、视觉比拼已成为商家的家常便饭，尤其是传统规模企业觉醒，进一步加剧了网络竞争。尽管多数消费者还存在冲动型购买行为，但相较于多元化的流量入口、同质化的商品，消费者还是理性了很多。因此这时候，商家的竞争已不仅仅停留在视觉、推广促销、客服物流环节，而是在此基础上回归到真正的商品领域，包括商品外观设计、功能、材质、品牌以及由此带来的供应链端的竞争以及个别网络红利渠道之争。

（4）网店运营的特征

纵观网络零售发展史，可以发现网店运营与传统店铺经营在历史上有着惊人的相似之处，都是在经济发展、技术变革的推动下，走向一个又一个高潮。但由于网店运营本身的网络属性，因此它有着明显的网络虚拟色彩。

从电子商务的角度讲，网店运营是主要针对网络市场的店铺经营活动。一方面网店受众与传统店铺受众在消费理念、消费行为上有着明显的差异；另一方面网络工具相比传统工具更具虚拟性。

正是由于网店运营的虚拟性，因此相比传统店铺经营，其表现出明显的特征。

①网店形式灵活，相对运营成本不高

目前网店运营模式多种多样，平台型网店、移动社交型网店、跨境网店、二手网店，各种各样，尽管随着竞争的加剧，网店运营成本在不断攀升，但相比于传统店铺经营高昂的租金、人工费用等，网店运营不受时空限制，形态多样，其整体的网店启动、商品推广、运营成本等方面有着明显优势。

②网店消费者相对年轻，对商品追求更加多元化

网络消费者越来越趋于年轻化，尤其是随着人们生活水平的提升，消费者对商品的需求越来越高，已经不再单纯满足于商品的功能诉求，而对商品的品质、风格、款式、服务多方面要求，从物质层面不断地上升至精神文化层面，从单纯的商品需求逐步延伸至服务领域、精神生活层面，因此商品越来越趋于多元化、个性化。

③网店运营工作数字化，效果容易分析，节奏相对较快

除了发货，绝大多数网店运营工作都是在线完成的，因此基本所有的工作都可以形成数字化的网络记录、网络统计，为效果分析提供强有力的数字化支持。例如，后面会讲到的淘系后台的生意参谋、京东后台的商智系统，可以对大盘运行、推广、促销、客服、物流情况做到全方位的即时分析，这为店铺策划、推广等运营工作带来了超乎以往的便利，也从一定程度上降低了运营成本。另外也正是由于一切活动都在数字化，行为高效，也使得每个工作环节的节奏都在加快，沟通在加快，推广、促销在加快，客服、物流在加快，连设计生产周期都在不断地被压缩，因此网店运营是一项相当有挑战性的工作。

④网店运营发展空间巨大

尽管目前网店市场竞争已日趋激烈，但这种便利化的运营模式，加上移动互联网随时随地变化的特征，再加上四、五、六线城镇市场的开发，网络市场下沉，网络零售还有很大的发展空间。更重要的是，在这个没有边界的网络市场上，各种各样的需求不断被放大，即

便再小众的商品放到全国、全球市场上，其需求也可以规模化，这都预示着网店运营行业空间巨大。

（5）网店运营工作岗位

从工作流程上看，网店运营包括市场调研、网店规划、产品发布、视觉装修、促销推广等流程，如图 0-1-9 所示；从工作岗位来看，业内通常把网店运营工作划分为店长（总监）岗位，推广、促销活动助理岗位，以及文案、美工、客服、发货助理岗位，如图 0-1-10 所示。

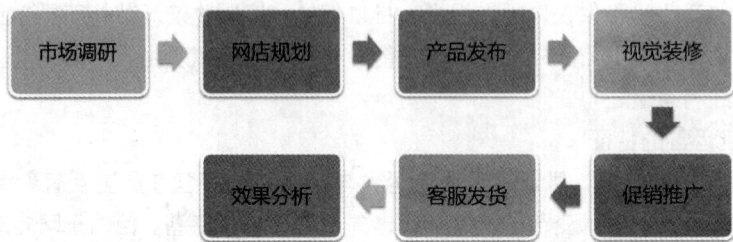

图 0-1-9　网店运营工作流程

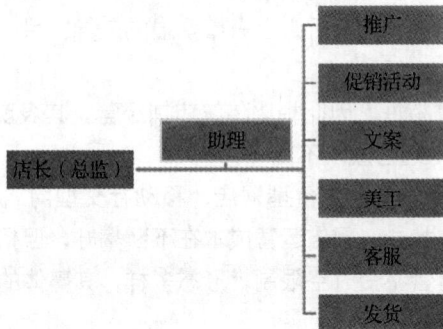

图 0-1-10　网店运营岗位分布

一般而言，其中店长（总监）负责网店选品、定价、经营目标策划工作及效果跟进、团队管理等工作；推广助理岗位负责店铺、产品的推广引流工作；促销活动助理岗位一般负责促销活动策划、报名、设置、实施等工作；文案助理岗位负责网店的产品拍摄、页面设计、文案表达等工作；美工助理岗位负责选图、修图、店铺装修等工作；客服助理岗位负责售前引导购买、促销，售中跟进，售后问题处理与客户维护；发货助理岗位负责拣货、打包、快递发货工作等。

当然由于商家规模的不同，网店运营岗位划分也有所不同，有些小规模网店一个人负责多个岗位，而有些规模商家岗位划分得极为细致，甚至还会成立专门负责采购的产品部门、负责培训的培训部门，但大体上主要包括如上岗位。

3. 网店运营思维

网店运营的终极目的都是为了价值最大化，由于运营主体属性、产品属性、平台属性的差异，其运营思维也各有差异。准确地把握各种运营思维，是做好网店运营工作的基本纲要。

（1）不同主体的运营思维

从网店运营的主体看，品牌商、厂家、贸易商和创业者，他们在网店运营过程中由于经营目标的不同，其运营思维也各有差异，如图 0-1-11 所示。

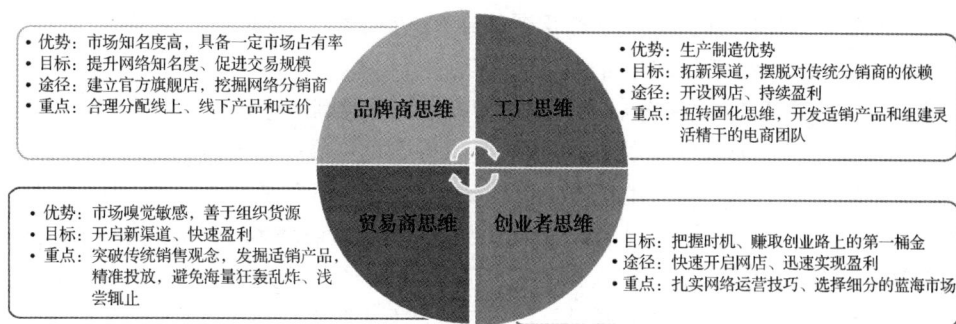

图 0-1-11 不同运营主体的运营思维

① 品牌商思维。对品牌商而言，他们在传统市场知名度较高，具备一定的市场占有率，网店运营的目的更多的是提升网络知名度、扩大线上线下交易规模，因此，品牌商网店运营思路通常是在网络上建立官方旗舰店，充分挖掘网络分销商，进一步提升网络形象、促进线上消费，带动线下消费。他们的工作重点是合理安排线上、线下产品分配，协同定价工作，让线上分销商之间、线上与线下经营之间协同发展，避免出现价格混乱和不同的声音，影响品牌健康发展。

② 工厂思维。对工厂而言，其优势在于工厂生产能力，开发网络市场的目的在于把握机遇，开拓新的销售渠道，摆脱对传统分销商的依赖，因此工厂的网店运营思路通常是开设网店、拼抢网络市场份额，持续盈利。他们的工作重点往往在于扭转工厂固化思维，开发真正适合市场需求的产品和组建灵活精干的电商团队。

③ 贸易商思维。对于贸易商而言，他们的市场嗅觉敏感，善于组织货源，所以贸易商运营思路通常是快速开启多个新渠道、快速盈利。他们的工作重点在于突破传统销售观念，重新审视网络市场，发掘适销对路的网销产品，精准投放。

④ 创业者思维。对于创业者而言，他们网店运营的目的在于把握时机、赚取创业路上的第一桶金，因此他们运营思路在于快速开启网店、迅速实现盈利，他们的工作重点在于扎实网络运营技巧，根据自身优势选择细分的蓝海市场快速切入。

（2）不同产品的运营思维

从网店运营的产品看，品牌产品、标品、非标品的运营思维也各有差异。

① 品牌产品依托其强大的品牌优势，一般自带流量，其运营工作强调做好搜索优化、排名工作及客户维护工作，就可以坐等销量；但对于分销商而言，一般拿到渠道授权比较难，另外受品牌商政策影响，其推广、活动相对比较受限。

② 标品由于其功能、款式相对标准化，因此竞争相对激烈、流量渠道相对比较单一，其运营工作更多地体现在搜索、广告渠道上，其运营的重点往了前端比拼价格、流量，后端比拼视觉、文案、客服等，对供应链管理能力、综合运营能力要求较高。

③ 非标品从材质、功能、款式、风格上发挥的空间比较大，同时流量推广渠道相对多元化，因此其运营重点在于市场细分、定位、产品的差异化及多元化的流量推广。

当然，由于主体、产品、场景各有差异，还会有各种不同的运营思维，有经营店群的、有专门做代运营的，也有专门做个性化定制的，其运营思维差异万千。

（3）多平台思维和单平台思维

平台思维主要包括多平台思维和单平台思维，通常企业如果综合实力雄厚，都会通过开启多平台来博取最大的网络流量，促进最大的流量成交。而实力相对单一的运营者，通常会选择单线突破，不断强化自身在一个平台的运营能力，提升持续盈利的能力。

（4）第三方平台运营思维和自建平台思维

不少新接触网络零售的商家，尤其是规模商家，一想到网络零售就会想到自建独立商城（App）。但真正的从业者都明白，国内的绝大多数网络零售市场集中在第三方网络零售平台，一方面独立商城（App）的建站成本、安全成本高，尤其是推广成本较高，不是一般企业所能承受的；另一方面消费者缺乏对自建独立商城的熟识度，对它信任度不高，即便是高价推广能带来巨大的流量，消费者也不敢、不愿意在一个不熟悉的平台购买，从而平台转化率很低。而第三方网络零售平台虽然受限于其规则及平台内商家竞争激烈，但由于其拥有完整的诚信保障体系、深入人心的辨识度及巨大的用户流量，因此第三方网络零售平台无疑还是当下网店运营的主要战场。对于自建独立商城，如果是有一定规模或者能提供独特产品和服务的商家，未来还是有一定的发展空间的。

4. 新零售环境下的网店运营

目前关于新零售的说法还有些争议，阿里巴巴称其为"新零售"，京东称其为"无界零售"，苏宁则称其为"智慧零售"，无论是哪种称谓，其中以下几点都能达成共识。

（1）现实困境方面

线上、线下对立，线下市场严重被线上市场所侵蚀；同时线上流量红利见顶，线上零售遭遇天花板，线上、线下面临的协同问题迫在眉睫。

（2）消费升级

消费者物质、精神、文化需求不断提升，对产品、购物体验的追求发生较大变化。

（3）技术驱动

大数据和人工智能等技术广泛应用，毫无疑问这些技术在日常运营中能大大提升运营效率。

（4）目标

现实环境下，有效利用大数据、人工智能等新技术，可以大大促进线上、线下融合，强化设计开发、生产、销售、客服、物流的融合程度，可以大大提升网店运营效率。

例如，坚果品牌三只松鼠在几年前开启线下实体店铺；良品铺子、林清轩也已经开始融入新零售的探索中去，并且取得了一定收效。当然还有很多网店运营结合新零售的案例，在此我们不再一一讲述了。

总体来看，目前主要是有一定规模、品牌的网店运营商家在探索新零售。这对于整体网店运营行业而言有一定启发，主要在于以下几点：要重视数据分析的应用，重视人工智能应用；强化公司内部分销商、线下线上店铺之间运营活动的融合，关注线上与线下融合过程中的产品区隔、价格区隔；重视供应链条上研发、生产、物流等活动协同运营，重新划分利益分配。

5. 网店运营人才发展前景

（1）未来就业前景开阔

电子商务在国内发展20余年，尽管网络零售已经进入相对平稳的时代，但相关人才依旧是匮乏的，一方面高校电子商务专业开设时间有限，且部分院校人才培养与实际脱节，缺乏实用性；另一方面电子商务发展速度太快、日新月异，高校、社会人才培养的内容远远滞后于现实。因此在当下乃至未来的几年，网店运营人才依旧匮乏，未来就业前景相对开阔。

网经社中国电子商务研究中心 2019 年电子商务人才需求调研报告显示：在调研的电子商务企业中，有 61% 的企业认为员工招聘压力是困扰当前人力资源部门的首要问题，如图 0-1-12 所示。

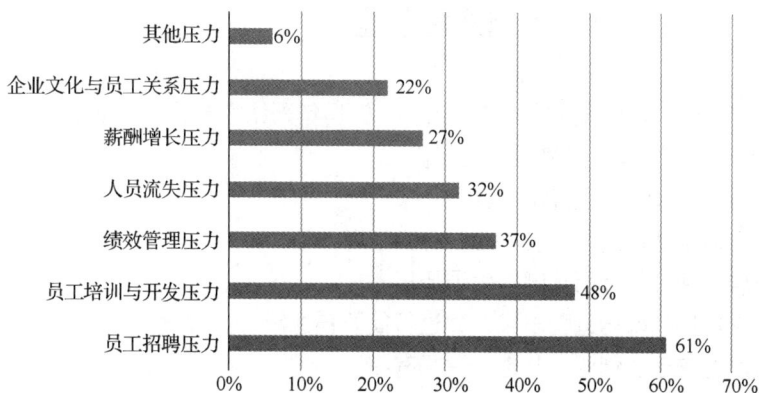

图 0-1-12　2019 年电子商务企业困扰人力资源部门的问题排名

在目前电子商务企业的人才需求结构中，淘宝天猫等传统运营人才和新媒体、内容创作、社群方向人才等在人才缺口中所占比例较大，如图 0-1-13 所示。

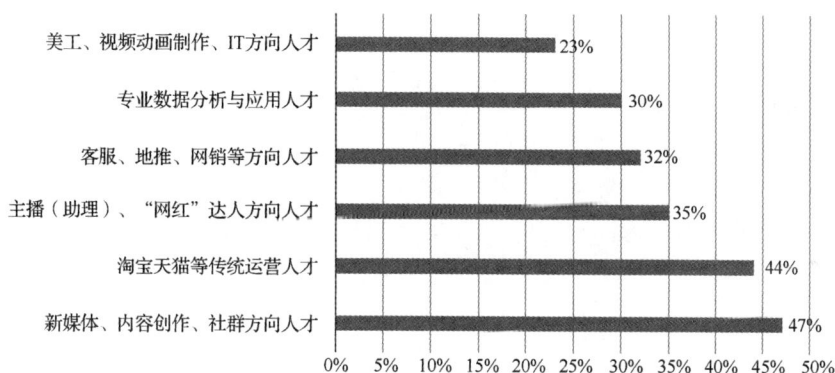

图 0-1-13　2019 年电子商务企业最急需人才情况

（2）创业机会大好

尽管当下网络竞争愈加残酷激烈，但毋庸置疑通过网店运营开展创业活动仍旧是一种不错的通路。

① 选品的角度，尽管目前网络零售竞争激烈，从极具个性化、小而美的小众产品中筛选具备一定潜力、竞争压力不大的产品，其选择空间依旧很大。凭借网络平台巨大的流量，即使是小众产品，其仍旧具备可观的盈利空间。

② 选渠道的角度，尽管传统的平台型网络零售竞争已呈现白热化态势，但对于新兴的移动社交渠道、闲置品电子商务渠道、二类电子商务渠道，如微信、快手、抖音、闲鱼、转转等，其未来成长空间无可限量，选择恰当渠道也可以避开残酷竞争，发掘出网店创业的捷径。

③ 淘宝客视角，自淘宝客成立以来，阿里妈妈为不少淘宝客提供了凭借根据每次交易来收费的广告模式（Cost Per Sales，CPS），尤其是微信、朋友圈、微信群、抖音等社交平

台为淘宝客者提供了更多应用渠道，同时京东京挑客的推出，拼多多高佣联盟、多多进宝及抖音、快手相应广告盈利模式的开启为网络爱好者开拓了更多的盈利模式。

课后作业

1．通过艾瑞、易观国际等网络平台，查阅历年网络零售报告，从销量规模、平台、商品类目等方面全面理解网络零售发展。

2．国内网络零售发展经历了哪些阶段？

3．国内网络零售的分类及网店的分类有哪些？

4．网店运营工作经历了哪些发展历程？

5．列举常见的网店运营思维，并进行简要描述。

6．通过网店运营创业，其选择途径有哪些？

项目导入

江苏康力源健身器材有限公司（原徐州军霞健身器材，以下简称"康力源"）是国内健身器材制造行业的领军企业，主营跑步机、综合训练器、健身车等室内健身器材。公司自 1973 年成立以来，不断开拓创新，在商品创新、内部管理方面取得突出的成就。

2009 年以来随着国内电商高速发展，公司也逐步着手开展电商工作，在 B2B、B2C 方面都进行了持续的投入，但由于原有公司战略布局和人才受限，一直没有取得突破性的成绩。2015 年基于国内健身器材网络零售高速增长的趋势，公司高层再次将视角转移到电商领域，特聘请苏州经贸职业技术学院王利锋老师为其全盘策划公司电商发展。

项目分析

- ◆ 了解网络调研的目标、特征
- ◆ 熟悉网络调研常用的方法和工具
- ◆ 掌握商品、行业、市场认知的思路和方法
- ◆ 掌握网络市场趋势分析的思路和方法
- ◆ 掌握网络市场容量分析的思路和方法
- ◆ 掌握网络市场竞争、商家利润分析的思路和方法
- ◆ 掌握客群分析的思路与方法
- ◆ 掌握竞争对手营销策略分析的工具与方法
- ◆ 熟练完成商家自身环境分析和开展电商原因分析
- ◆ 熟练完成商家 SWOT 分析和 STP 分析
- ◆ 初步完成商家短期和长期经营规划

任务一　网络调研分析

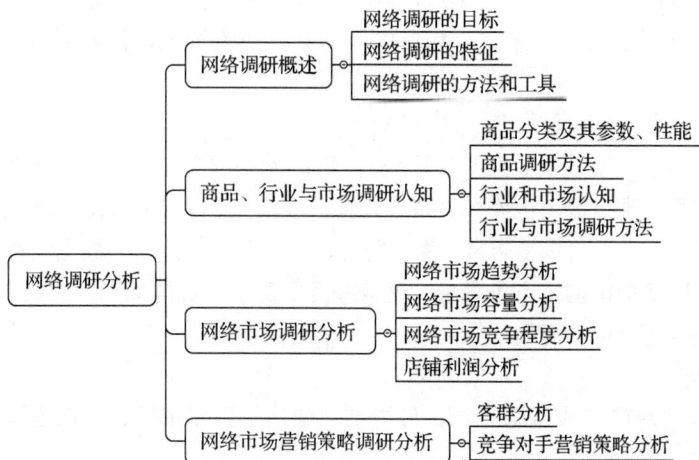

网络调研分析
- 网络调研概述
  - 网络调研的目标
  - 网络调研的特征
  - 网络调研的方法和工具
- 商品、行业与市场调研认知
  - 商品分类及其参数、性能
  - 商品调研方法
  - 行业和市场认知
  - 行业与市场调研方法
- 网络市场调研分析
  - 网络市场趋势分析
  - 网络市场容量分析
  - 网络市场竞争程度分析
  - 店铺利润分析
- 网络市场营销策略调研分析
  - 客群分析
  - 竞争对手营销策略分析

任何一种有效的市场行为决策都是源于对现实的认知和分析，网店运营工作亦是如此。作为一名称职的网店运营人才，在网店项目开始之初，首要任务就是通过市场调研对所做项目形成一定的市场认知，这包括熟悉网络市场认知的方法和途径，洞悉所做项目的行业、商品、市场情况。并在此基础上，进行细致入微的网络市场趋势分析、容量分析、竞争程度分析、商家利润分析等。

一、网络调研概述

网络调研与传统市场调研在方法和原理上基本类似，下面我们主要从网络调研的目标、特征、方法和工具方面入手，概述性地认识网络调研。

1. 网络调研的目标

网络调研的目标主要分为两个方面，一是初级目标，二是深度目标。

（1）初级目标

清晰地认知商品、行业、市场，为后续运营奠定坚实的行业基础。

（2）深度目标

准确把握网络市场容量、发展趋势、商家竞争、盈利情况，助力网店运营决策；掌握竞争商家营销策略和消费者特征，辅助推进网店营销计划。

2. 网络调研的特征

由于服务市场环境和市场主体不同，网络调研与传统市场调研存在明显的差异，其特征如下所示。

① 调研目的：服务于网络运营决策。

② 调研对象：以网络市场为主体。

③ 调研方法和工具：主要采用网络方法与工具。

④ 调研过程与效果：便捷、准确、高效。

3. 网络调研的方法和工具

（1）网络文案调研法

网络文案调研法主要用于行业、市场、商品等初级资料的收集、整理和分析，主要工具包括以百度为代表的搜索引擎、百科平台、电商平台、行业网站、代表性企业网站、知网等，企业通过网络文案调研迅速了解行业、商品与市场的基本情况。

（2）人物访谈法

人物访谈法主要用于行业、商家深度经营情况收集、整理分析，主要工具可以借助于电话、网络视频连线以及实地采访，和业内人士进行交流沟通，但对调研者人脉资源要求较高。

（3）网络数据工具调研法

网络数据工具调研法是指企业利用系统、成熟的网络数据工具进行市场资料收集、整理、分析，主要工具有搜索指数、电商数据系统，如百度指数、阿里指数、淘系生意参谋、京东商智、多多参谋及第三方工具看店宝、生意经等，这些系统工具上的数据全面、及时、准确，便于调研者更深度地把握网络市场容量、趋势和竞争对手、客群情况，需要注意不同的零售平台对各种工具的适用程度有所差异。

（4）其他方法

其他方法包括网络在线调查问卷，传统市场走访，到图书馆、资料室查找相应的行业年鉴、报告、专业书籍，可以借助问卷星调研问卷等工具，这些方法可以对市场调研起到资料补充的作用。

二、商品、行业与市场调研认知

俗语说"隔行如隔山"，每种商品、每个行业都有着分门别类的庞杂系统信息，作为一名新手，想要得心应手地运营一类商品、经营一类行业，就必须准确地把握商品和行业信息。

1. 商品分类及其参数、性能

（1）商品分类

了解商品分类是认知一个行业的起点，下面以健身器材行业为例进行说明。

按商品大小进行分类：小型健身器材，如哑铃、握力器、拉力器、仰卧板等；大型健身器材，如跑步机、举重床、综合训练器等。

按应用室内外环境进行分类：室内、室外健身器材，如室内的跑步机、健身车、仰卧板等；室外的单双杠、扭腰盘等。

按应用场合进行分类：企业、健身房用的使用频率高、性能强的商用健身器材；家庭用的性价比较高的家用健身器材。

按消费者的运动状态进行分类：有氧健身器材，如有氧型的包括跑步机、健身车、踏步机、椭圆机等；力量健身器材，如举重床、杠铃、综合训练器等。

当然还可以根据锻炼部位不同分为全身型健身器材、局部型健身器材。

（2）商品参数与性能

商品分为不同的型号和规格，这主要是由商品的各种参数决定的，包括商品的材质、尺寸、生产工艺、外观设计、功能，正是商品的这些差异带来了消费者应用性能的不同。以跑步机为例，其参数有品牌、屏幕类型、跑带宽度等，如图 1-1-1 所示，每个参数的不同都影响着消费者的使用体验。要想清晰地认知一个行业，就需要对行业中每类商品的地位及每类商品的参数有全面的认知，而不是局限在一类或一个款式的商品。

产品参数：		
品牌：ELBOO/益步	系列：跑步机	售后服务：全国联保
产地：中国	颜色分类：[德国益步] 540mm跑宽 数...	上市时间：2018年夏季
是否可折叠：是	货号：A8	驱动类型：电子
健身器材分类：家用跑步机	心率测试：手握心率测试	配送方式：送货到家并安装
屏幕类型：高清屏	是否商场同款：是	跑步机类型：多功能跑步机
跑带宽度：50cm以上（含）	智能类型：其他智能	跑带区域：139cm×54cm
展开尺寸：194cm×92cm×150cm	折叠尺寸：123cm×92cm×152cm	跑步机净重：97.7kg
跑步机最大承重：180kg	坡度调整方式：电动	

图 1-1-1　跑步机的各项参数

2. 商品调研方法

商品知识属于初级内容，比较适合网络文案调研法，可以通过百度百科（见图 1-1-2）、企业网站（见图 1-1-3）、电商平台（见图 1-1-4）进行综合学习，掌握商品的范畴、分类、规格、参数、技术和工艺，并了解网络市场最新商品动向。

图 1-1-2　使用百度百科搜索健身器材

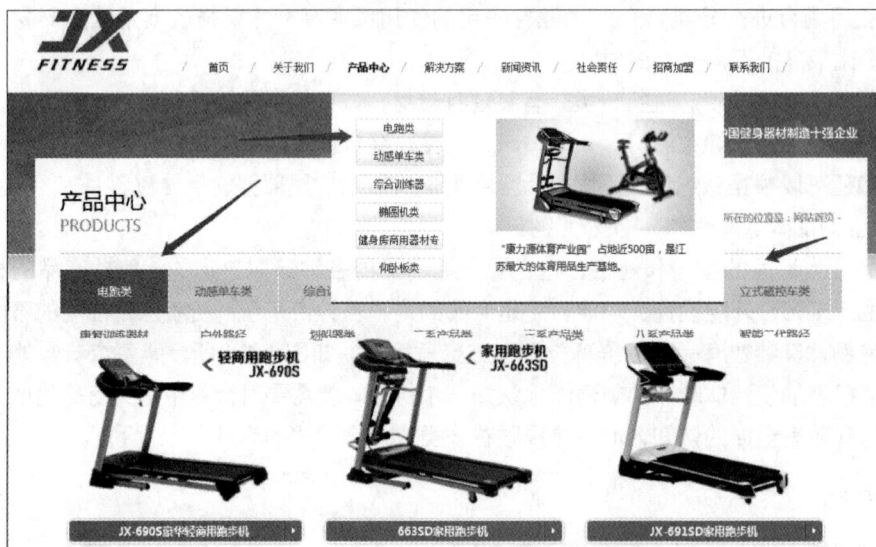

图 1-1-3　企业网站商品分类

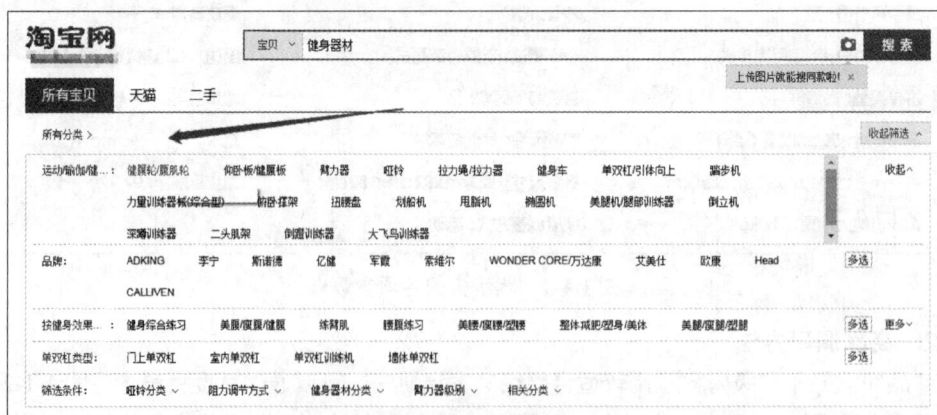

图 1-1-4　电商平台商品分类

3. 行业和市场认知

（1）行业认知

行业是指按同类商品或者同类服务划分的经济活动的总和。因此认知一个行业不仅需要认知行业中林林总总的商品特征，也需要认知与行业商品相关的研发、生产、工艺流程、包装设计、营销情况；还需要了解与行业相关的上游原材料、功能设计、外观设计情况和相关厂商及聚集地情况；需要认知与行业下游相关的营销推广渠道乃至市场情况；更为全面一些的还需要了解该行业在国内外的发展历史、发展现状、相关政策等情况。

以室内大型健身器材为例，其主要包括跑步机、举重床、综合训练器等商品，其国内制造商主要集中在山东、江苏、浙江、福建等地，代表企业有老牌的澳瑞特、汇祥、军霞、舒华等品牌企业，也有新兴的亿健、启迈斯等；在国际上有BH、爱康等品牌。不同的制造商，其历史积淀不同，品牌影响不同，国内外的营销渠道各有所长。例如，汇祥作为国内较早的跑步机制造商，其商品主要集中在跑步机领域，其市场主要为国内市场；军霞健身器材产品线比较多，包括跑步机、综合训练器、举重床等，在面向国际市场的同时也在国内市场耕耘多年；亿健、小乔、立久佳则是借助于国内网络市场新兴的网络品牌。图 1-1-5 所示为在淘宝网搜索"跑步机"后呈现的品牌。

图 1-1-5　淘宝网搜索"跑步机"后呈现的品牌

从大型健身器材行业的上游原材料配件、研发设计上看，其主要耗材为钢铁，来源于全国各地；其跑步机中的控板、屏幕则主要来源于广东、福建、深圳等区域；其下游的策划公司、营销公司多聚于北上广；其经销商遍布全国各地。

与国外健身器材市场相比，国内健身器材市场尚处于成长的阶段，市场认可度、认知度、专业度都有待提高。

（2）市场认知

体育健身产业在我国属于正在成长期的新兴产业，它是一项前景广阔的朝阳产业，具有巨大的市场潜力。据前瞻产业研究院发布的《训练健身器材行业市场需求预测与投资战略规划分析报告》统计数据显示，2008 年我国健身器材行业年销售额仅为 192 亿元；截至2017 年，我国健身器材行业年销售额达到了 380 亿元；预计到 2020 年，健身器材销售额将达到 470 亿元规模，中国的健身器材行业拥有广阔的发展空间和市场潜力。

从政策角度来看，健身娱乐市场可以有效地拉动居民的消费，符合国家拉动内需、刺激经济发展的政策。2014 年，国务院发布《关于加快发展体育产业促进体育消费的若干意见》，预计 2025 年，体育产业总规模将超过 5 万亿元。2019 年 9 月，国务院办公厅出台《关于促进全民健身和体育消费推动体育产业高质量发展的意见》，"全民健身"与"体育消费"并重推动体育产业发展。2019 年 12 月，中央经济工作会议提出要推进体育健身产业市场化发展。

从居民对健身娱乐的消费趋势上来看，人们对健康的需求也正逐步从被动的治疗型向主动的预防保健型转换。从目前来看，消费者对户外小型健身运动认可度比较高，国内室内健身也逐步被大众所接受，且专业健身人群刚刚出现。城市居民对体育用品的消费已经从低档向中高档为主方向发展。农村居民尤其是已经进入小康生活标准的农村地区，对中低档体育用品的消费也将逐步形成新的需求。随着农村地区收入的增加，健身市场的潜力将会得到大规模释放，我国健身器材市场的年销售额逐年增长。

从全球范围来看，目前健身器材行业的主要市场为欧美国家，但受成本等因素的影响，世界主要健身器材生产地正逐渐从欧美向亚洲转移。

由于居民健身意识的普及以及收入水平的提高，全球健身器材市场已形成相对稳定的市场竞争格局。高端市场主要被 ICON、Life-Fitness、Precor、BH 及 Technogym 等品牌占据。根据调研机构统计，全球健身器材市场的产值年增长率约为 4%。结合德勤以及 Market Research、Europe Activer 的数据，2018 年美国健身器材需求大概占全球 35.0%，欧洲占 30.0%，如图 1-1-6 所示。

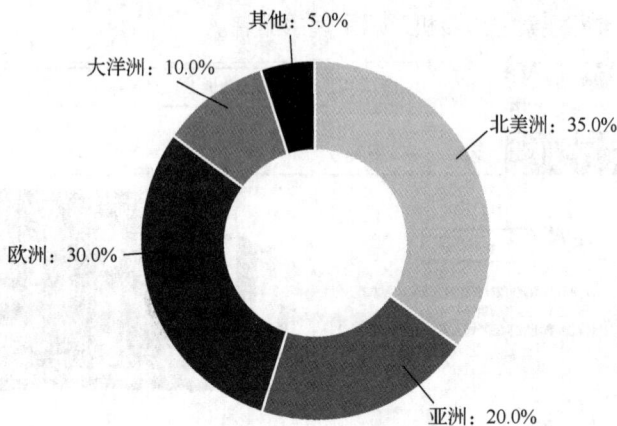

图 1-1-6 2018 年全球健身器材行业区域竞争格局

2017 年，全球健身器材市场份额接近 108 亿美元，中国制造占比约为 53%。全球健身器材产业的品牌集中度较高，ICON、LifeFitness、Precor、Technogym 等头部品牌占据全球 70% 的市场份额。

根据 Market Research 公布的数据，以及结合当前的行业现状来看，前瞻产业研究院预计 2020—2025 年全球健身器材市场规模整体呈现上升趋势，预计 2025 年将达到 148 亿美元。

4. 行业和市场调研方法

行业和市场问题多属于中观、宏观层次，因此类似这样的调研，我们应该去行业网站学习一些行业报告、政策，如上文用到的前瞻产业研究所，以及在中国知网（见图 1-1-7）查找。当然从网络市场认知角度，1688 产业带（见图 1-1-8）频道也为大家了解国内行业分布提供了一种参考。

图 1-1-7　中国知网

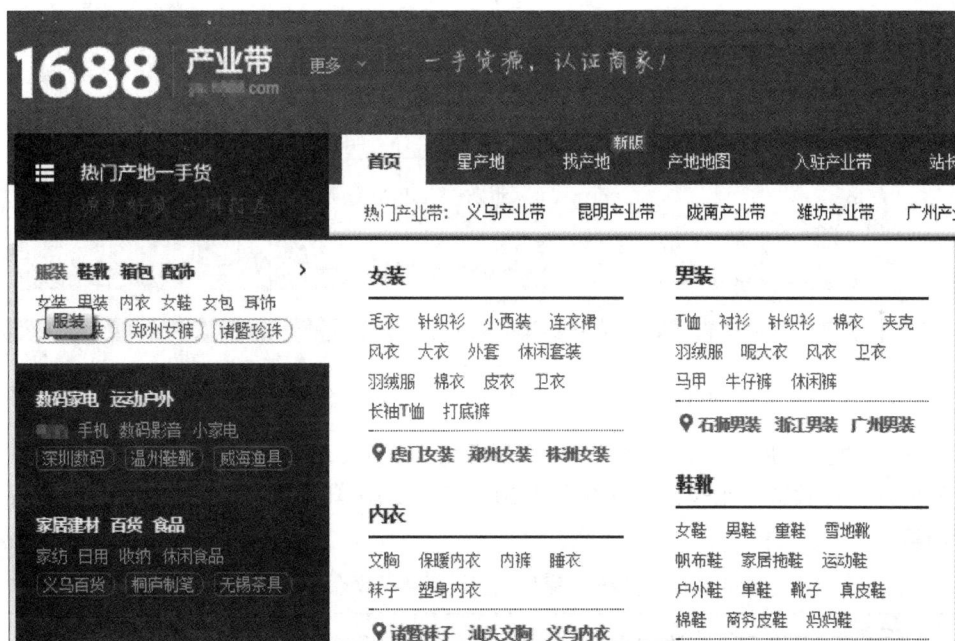

图 1-1-8　1688 产业带

三、网络市场调研分析

认知商品、行业、市场只是开展项目的基础工作，而项目最终决策还是由网络市场趋势、网络市场容量、网络市场竞争程度以及店铺利润等系统因素共同决定的。前面我们主要通过网络文案调研法对商品、行业、市场进行了初步调研认知，接下来主要通过网络数据工具调研法，对网络市场趋势、网络市场容量、网络市场竞争程度以及店铺利润等进行分析，为项目抉择和实施提供依据。

目前在国内网络零售市场比较成熟的网络数据工具主要有阿里巴巴生意参谋系统、京东商智系统、多多参谋、百度指数、阿里指数及第三方工具等，下面主要以淘系市场为例进行介绍。

1. 网络市场趋势分析

市场趋势发展情况，通常是商家决定是否进行市场投入的重要因素之一。下面我们借助百度指数、生意参谋等工具来分析网络市场趋势情况，这里以跑步机和击剑类产品为例，应用最新行业数据进行举例说明。

（1）跑步机网络市场百度指数分析

国内用户对百度搜索引擎有较高的依赖度，因此可通过关键词的百度指数变化，判断一个行业在网络上的搜索变化情况，并判断某个行业网络市场趋势的变化。

在计算机端打开百度指数网站，搜索"跑步机"和"家用跑步机"两个关键词（见图 1-1-9），可以看到从 2011 年到 2019 年 6 月的两个关键词的百度指数对比图。我们通过对比图可知，自 2011 年至 2016 年 6 月，跑步机和家用跑步机这两个词的指数曲线均呈稳步上升趋势，即意味着用户网络搜索不断攀升，网络需求不断攀升，但从 2016 年后曲线呈现缓慢下滑状态，也就意味着在到达行业顶峰后，市场需求呈现下滑状态。

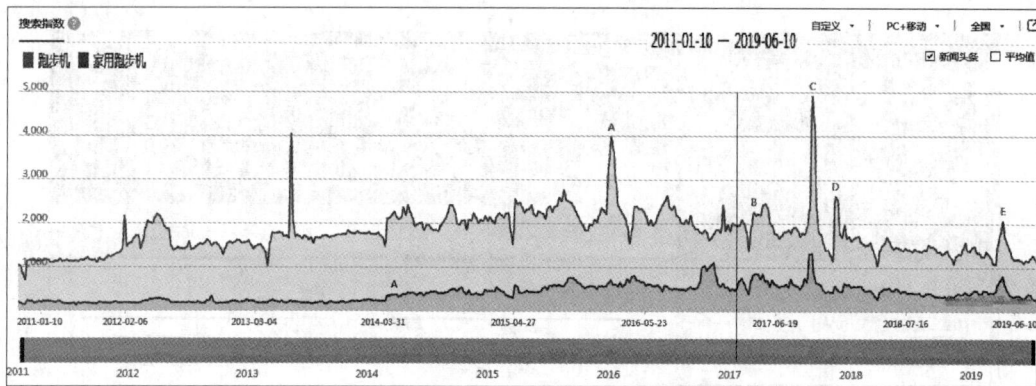

图 1-1-9　跑步机、家用跑步机百度指数对比图

表 1-1-1 所示为跑步机、家用跑步机百度指数阶段数据对比，我们从百度指数抽取几项相近时间点的指数进行比较，可以发现从 2014 年到 2016 年基本呈上涨趋势，2016 年后呈下降趋势。

表 1-1-1　跑步机、家用跑步机百度指数阶段数据对比

日期 商品	20140411— 20140417	20150413— 20150419	20160418— 20160424	20170424— 20170430	20180416— 20180422	20190415— 20190421
跑步机	2234	2403	2018	1667	1439	1180
家用跑步机	398	430	574	544	486	350

当然，以百度指数判断行业趋势应该选取有代表性的关键词指数进行分析，如果要准确地预测网络用户对"跑步机"这类商品的认可度，还需要结合更多相关关键词搜索进一步判断。只有通过搜索同类商品的不同关键词指数进行对比分析、综合评估得出的结果才更具系统价值。

（2）跑步机网络市场生意参谋分析

在计算机端进入生意参谋平台（见图 1-1-10），单击"市场—市场大盘"按钮，选择三级类目，如运动/瑜伽/健身/球迷用品—跑步机/大型健身器械—跑步机，选择相应的时间周期（可以按日、周、月），就可以看到对应周期下大盘相关信息，包括该类目下行业趋势、行业构成、卖家概况，在行业趋势模块下，可以查看当下类目及周期下该行业的搜索人气、搜索热度、访客数、浏览量、收藏人数、收藏次数、加购人数、加购次数、客群指数、交易指数等主要指标。

图 1-1-10　跑步机类目生意参谋市场大盘数据

在生意参谋平台跑步机类目下，分别抽取 2016—2018 年搜索人气、访客数、交易指数三个月度指标进行分析（见表 1-1-2），发现跑步机行业的这三项指标总体呈下降趋势，意味着整体市场的用户关注度、访客量、成交规模总体呈下降趋势（从交易指数看 2018 年有所提升），2017 年、2018 年的指标反映情况与百度指数所反映的情况基本吻合。

表 1-1-2　跑步机类目生意参谋大盘数据阶段对比

月度指标 时间	搜索人气	访客数	交易指数
2016 年	241821	6515811	3542920
2017 年	225532	5909889	3474967
2018 年	223638	3683345	3541081

尽管这反映了淘系整体市场情况，但淘系平台作为国内较大的网络交易平台，淘系指标较具有代表性。因此，无论是从百度指数判断还是从生意参谋市场行情判断，跑步机行业整体网络市场发展趋势都不容乐观。

（3）击剑鞋网络市场趋势分析

以研究跑步机行业同样的方法分析击剑鞋这个小型类目的行业趋势，以"击剑运动"和"击剑鞋"作为关键词，我们会发现无论是百度指数还是生意参谋市场行情，反馈出来的情况都是向好的趋势。

对比击剑运动和击剑鞋两个主要关键词指数增长趋势（见图 1-1-11），可以看出击剑运动、击剑鞋百度搜索指数在 2011—2014 年基本处于稳步上升趋势，而在 2015—2016 年趋于稳定，在 2017—2018 年又处于强势增长阶段，因此整体趋势发展是不错的。

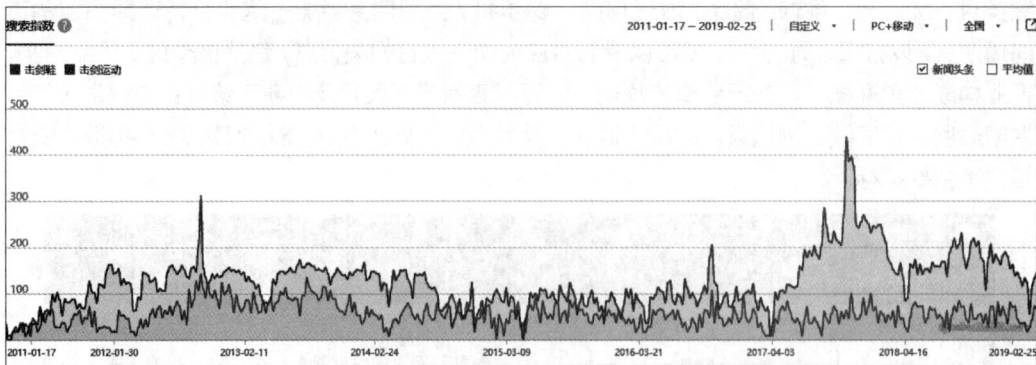

图 1-1-11　击剑运动和击剑鞋百度指数对比

继续分析生意参谋平台的击剑鞋类目，其三个月度指标也呈上升趋势（见表 1-1-3），说明击剑鞋领域呈上升趋势。

表 1-1-3　击剑鞋类目生意参谋大盘数据阶段对比

月度指标 时间	搜索人气	访客数	交易指数
2016 年	9960	14720	101849
2017 年	11871	17434	124218
2018 年	12838	18327	141951

一般而言，市场趋势看涨意味着市场需求上升、商家之间竞争尚未饱和，是商家投入市场的最佳时期；市场趋势表现平稳，多数意味着市场相对成熟，且商家间已经具备一定程度的竞争，这时候商家要根据自己的情况有选择地投入；如果市场趋势处于下滑，则多数表明该类商品市场处于衰退期，商家竞争已经相对激烈，应该谨慎投入。当然，有些市场趋势会随着技术的更迭、消费人群的变化出现反复，而另一些市场当下表现并不明朗，但未来可能会出现增长，总之，商家要站在多个纬度进行综合判断。

2. 网络市场容量分析

为了更精准地判断市场规模，还需要对网络市场整体容量进行综合分析，一般而言市场容量越大，可以容纳的商家数就越大，商家发展空间就越大。商家通过网络市场容量可以预判未来发展空间，从而为日后的经营规划奠定基础。

从目前各大网络零售平台的网络数据分析工具看，以淘系生意参谋和京东商智系统进行市场容量的判断更为直接，但由于目前后台交易数据都是以指数形式呈现的，因此还需要利用第三方工具进行指数转化，目前常用的指数转化工具有老司机（见图 1-1-12）、小旺神等。

以跑步机为例，对网络市场趋势部分收集的交易指数进行换算，可以得出 2018 年跑步机市场月交易金额为 2.5 亿元左右，年总体交易金额在 30 亿元左右（见表 1-1-4）。

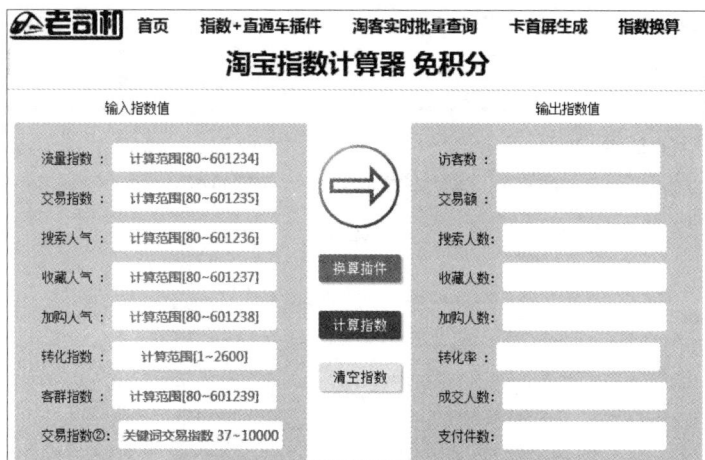

图 1-1-12　老司机淘宝指数计算器

表 1-1-4　淘系平台跑步机 2018 年各月市场交易规模

时间	201801	201802	201803	201804	201805	201806	201807	201808	201809	201810	201811	201812
交易指数	3579 822	2790 378	4115 606	3496 298	3354 360	3578 865	3362 819	3313 925	3215 002	3227 109	4508 761	395 0032
交易金额（亿元）	2.56	1.62	3.31	2.45	2.27	2.56	2.28	2.22	2.10	2.12	3.92	3.07

3. 网络市场竞争程度分析

除了网络市场趋势、市场容量影响着市场的选择，网络市场竞争程度也是影响卖家对市场进行判断与抉择的重要因素。判断市场竞争程度最直观的依据主要有卖家数量及价格情况。一般而言，卖家越多，行业竞争越激烈，价格战越激烈，则市场竞争程度越高。下面仍旧以生意参谋为例，分析跑步机行业市场竞争情况。

（1）卖家数量分析

在计算机端打开生意参谋，单击"市场—市场大盘"按钮，在页面左上角选择对应的二级类目运动 / 瑜伽 / 健身 / 球迷用品—跑步机 / 大型健身器械，查看当下页面子行业分布，可以清晰地看到当下目录中的各个子行业的卖家数、父行业卖家数占比、有交易卖家数、父行业有交易卖家数占比等数据。图 1-1-13 所示为 2019 年 9 月生意参谋平台中大型健身器械子行业分布。

分析市场竞争程度还可以查看在卖家概况下面的区域分布，在页面左上角选择对应的二级类目运动 / 瑜伽 / 健身 / 球迷用品—跑步机 / 大型健身器械，然后选择三级类目跑步机。图 1-1-14 所示为淘系生意参谋跑步机类目部分卖家地域分布情况，展示了跑步机类目在选择周期内各区域内的卖家数、父行业卖家数占比、有交易卖家数、父行业有交易卖家数占比，尤其是对比各区域内的卖家数及父行业有交易卖家数占比，可以发现哪些区域的卖家竞争优势更为明显，同样也可以调取三年的数据进行对比分析。浙江省的卖家数是 2367 个，在跑步机类目卖家数占比不及 1/5（按总数量推算），但有交易卖家数为 277 个，占比接近 2/5（按总数量推算），由此可见浙江省卖家实力之强，而且侧面反映了浙江省的卖家的行业聚集、配套生产能力也很突出。

运动/瑜伽...大型健身器械∨	统计时间 2019-09-01 — 2019-09-30	7天 30天 日 周 月 < >

所有终端∨　全部∨

卖家概况　子行业分布

子行业	卖家数 ⬦	父行业卖家数占比 ⬦	有交易卖家数 ⬦	父行业有交易卖家数占比 ⬦
跑步机	54,941	33.40%	862	18.30%
较前一月	-12.70%	-7.44%	-0.23%	+4.66%
力量训练器械(综合型)	42,751	25.99%	484	10.27%
较前一月	-0.27%	+5.75%	-4.72%	-0.05%
健身车	41,695	25.34%	618	13.12%
较前一月	-9.62%	-4.17%	-3.44%	+1.30%
大型健身器械配件区	38,275	23.27%	766	16.26%
较前一月	-9.10%	-3.62%	-3.16%	+1.59%
甩脂机	31,916	19.40%	1249	26.51%
较前一月	-7.73%	-2.17%	-4.58%	+0.09%
力量训练器械(局部型)	27,839	16.92%	228	4.84%
较前一月	+0.14%	+6.18%	-8.06%	-3.56%
跳跳床/蹦蹦床	25,756	15.66%	499	10.59%
较前一月	-10.24%	-4.82%	-13.52%	-9.28%

图 1-1-13　2019 年 9 月生意参谋平台中大型健身器械子行业分布

统计时间 2019-09-01 — 2019-09-30	7天 30天 日 周 月 < >

运动/瑜伽... > 跑步机∨　　　　所有终端∨　全部∨

省	卖家数 ⬦	父行业卖家数占比 ⬦	有交易卖家数 ⬦	父行业有交易卖家数占比 ⬦
河南省	7,128	12.97%	50	5.80%
较前一月	-15.56%	-0.44%	-15.25%	-1.03%
浙江省	2,367	4.31%	277	32.13%
较前一月	-17.95%	-0.28%	+4.14%	+1.35%
广东省	2,303	4.19%	122	14.15%
较前一月	-13.81%	-0.05%	+7.02%	+0.96%
山东省	1,261	2.30%	59	6.84%
较前一月	-18.22%	-0.15%	-4.84%	-0.33%
北京	1,126	2.05%	33	3.83%
较前一月	-24.68%	-0.33%	+13.79%	+0.47%

< 上一页　**1**　2　3　4　5　6　7　下一页 >

图 1-1-14　淘系生意参谋跑步机类目部分卖家地域分布情况

（2）价格情况分析

分析价格情况可以通过行业客单价变化趋势判断竞争程度。如果行业整体客单价趋势是下降的，一般说明行业竞争比较激烈；如果客单价变化不大或者呈上升趋势，说明行业竞争空间还比较大。这种方法主要是拉取生意参谋市场大盘三年的交易指数和客群指数，用指数换算工具把对应的数据转化为大盘交易金额和成交人数，通过计算得到行业客单价情况。当然这种方法也要结合行业是否存在技术更新或者细分市场变化造成的价格下降等情况进行综合分析。

4. 店铺利润分析

网络市场趋势、网络市场容量、网络市场竞争程度都是网店运营项目的先决条件，而店铺利润分析则是其中的关键性要素，毕竟店铺市场活动的最终目的还是为了盈利。进行店铺利润分析比较直观的方法就是查找行业中的 TOP（头部）店铺和腰部店铺，并对其店铺营收及成本情况进行分析，如果腰部店铺（特殊店铺除外）尚且有利润可言，那么就说明目前行业尚有发展空间；如果 TOP（头部）店铺都几乎无利润可言，则说明该行业要慎重进入。

（1）TOP（头部）店铺业绩分析

一般分析 TOP（头部）店铺销量，在生意参谋—市场—市场排行下，我们根据店铺排名进行分析即可，目前生意参谋市场排行数据支持三年内以日、周、月为单位的数据分析。

在市场排行板块可以看到店铺排名在前 300 名的店铺（见图 1-1-15），查看其每个月的交易指数并进行指数换算就可以得到它每个月的交易情况，需要注意的是，这里看到的交易指数是店铺在目前类目下的交易指数，而非全店交易指数，如果我们要查看全店交易指数，通过竞店分析可以进一步查询，同样进行指数换算可以得到整个店铺的交易规模。

（2）腰部店铺业绩分析

我们可以在对比 TOP（头部）店铺的基础上，在淘宝前台搜索行业关键词，查找和 TOP（头部）店铺交易量相差悬殊又不至于太差的店铺，并进行店铺业绩分析。店铺业绩分析可借助第三方工具，如看店宝等，利用其店铺经营分析功能可查看某店铺近一个月的销量和不同单品销量。例如，TOP（头部）店铺单品月销跑步机起码在上千台，我们则要找销量在 300 ~ 500 台的店铺去预估其店铺销售额，此时使用看店宝店铺经营分析功能可以快速查找出对应店铺的月销情况，如图 1-1-16 所示。

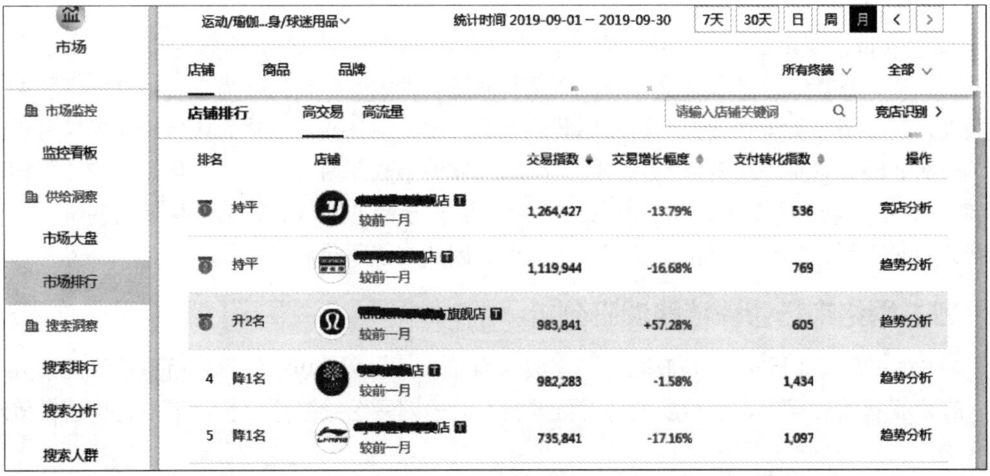

图 1-1-15　淘系生意参谋运动 / 瑜伽 / 健身 / 球迷用品类目市场排行

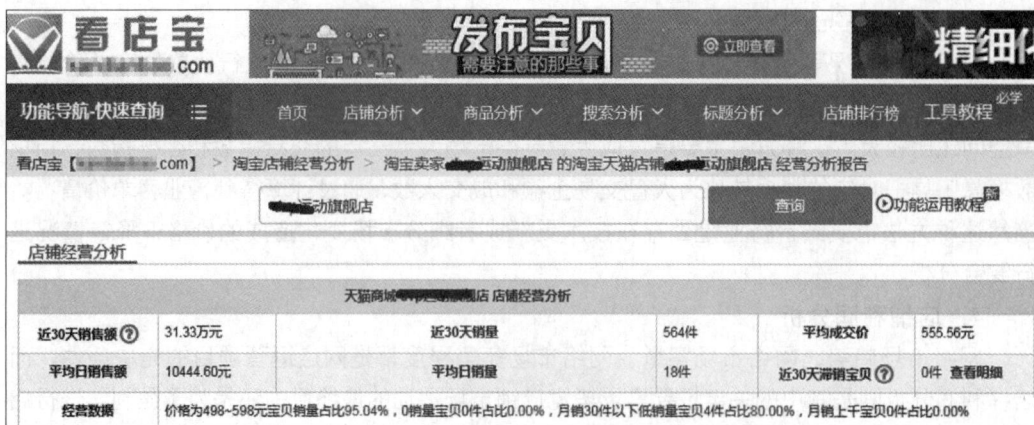

图 1-1-16 看店宝店铺经营分析

（3）利润预估

店铺利润预估要结合店铺业绩和店铺各项成本共同分析，我们上面讲述了店铺业绩分析方法，下面以天猫店铺为例，讲解网店各项成本的构成。

一般而言，店铺运营成本，如天猫提成为销售额的 6% 左右，如果开设的是淘宝店铺，这部分费用就可以省掉，如果是京东店铺，这部分费用会更高；商品成本，行业不同，商品成本就不相同，服帽衣袜类目的商品成本占比基本在 20% ~ 30%，甚至更低，多数行业商品成本在 50% 左右；人员成本，一般在店铺初期，人员成本相对较高，但一旦进入稳定期，人员成本可以控制在 5% ~ 10%；推广费用，对绝大多数行业而言，一般推广费用为 5% ~ 15%，行业竞争激烈或者商家在高速膨胀时期推广费用会更高；物流包装费用，一般物流包装费用为 5% ~ 10%，低毛重、高客单价商品的物流包装费用占比会更低，而高毛重、大体积的商品物流包装费用会更高，甚至有些商品会产生售后安装费用；税务成本，随着相关法律的实施，征税会逐步提上日程，尤其是传统企业，其税务成本原本就存在，因此税务成本应该计在内，一般在 8% 左右；其他成本，包括办公、耗材、网络等成本。

因此结合上述店铺业绩、各项成本构成，我们可以估算出对应店铺的利润，一般而言，规模化程度越高，各项成本越低；规模化越低，各项成本越高。因为行业各有差异，这里就不再详细展开。

综合分析，商家在进行网店运营项目决策时，应及早加入行业政策导向好、行业市场趋势好、市场容量大、竞争程度不高、商家利润空间大的行业，先入为主、把握好红利期；而行业趋势下滑、竞争程度大、利润单薄的行业，要谨慎加入。当然具体选择还要结合更全面的分析，还应包括京东商智系统、阿里指数、微信指数等诸多工具的应用，还应该包括移动端、PC 端市场分析对比，B 店市场和 C 店市场的分析对比以及商家自身情况调研，消费者行为特征调研分析等，但由于基本思路接近，因此这里不再展开介绍。

四、网络市场营销策略调研分析

在网络市场调研分析中，商家除了完成对商品、行业、市场认知，项目决策等因素分析外，在真正运营过程中，还需要进行客群分析和竞争对手营销策略分析，辅助网店营销策略的实施。

1. 客群分析

客群分析就是多行业类目客户消费行为特征的分析。

在生意参谋市场分析部分有详细的数据可供参考，其中的客群洞察、机会洞察、搜索洞察就是分析客户消费行为特征的重要依据，目前生意参谋市场大盘数据支持三年内以日、周、月为单位的数据分析。

（1）客群洞察

客群洞察主要包括客群透视和行业洞察，由于客群透视是基于行业洞察下多维度的深度分析，所以在这里以行业洞察为主进行介绍；行业洞察主要展现当前类目下在选择周期内的客群趋势、属性画像、购买偏好、下单及支付时段偏好、支付偏好等。

- **客群趋势**：主要包括支付转化指数、客群指数、交易指数，对应指数换算后分别是类目平均转化率、类目成交客户数量、类目成交规模，在这里支付转化指数可以作为日常运营行为的参考，后两个指标主要用于行业分析。

- **属性画像**：主要包括该类目下客户性别分析、年龄分析、职业分析、区域分析以及在此基础上的支付转化指数、客群指数、交易指数情况，商家通过分析这些客户的性别、年龄、职业、区域特征可以为日后运营选品、广告定向投放提供参考。图 1-1-17 所示为淘系生意参谋平台的市场客群的属性画像，主要展示了性别分析、年龄分析、职业分析、区域分析（TOP 省份）四个方面的内容。

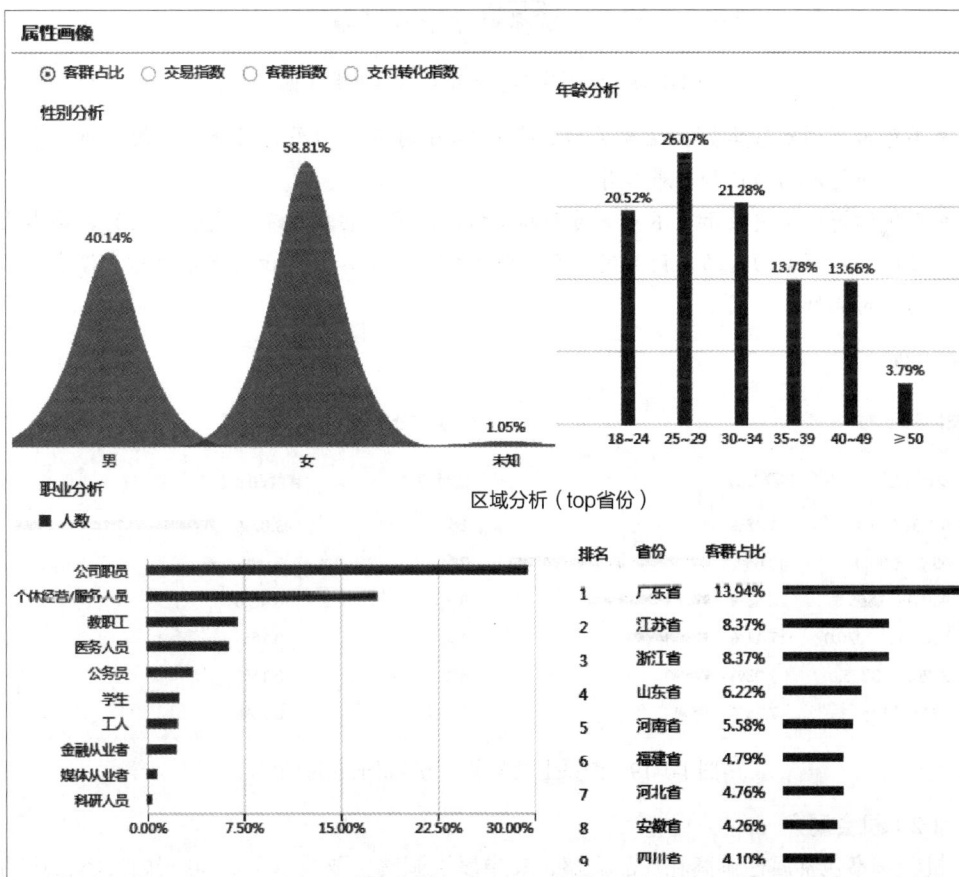

图 1-1-17 淘系生意参谋市场平台的市场客群的属性画像

●**购买偏好**：主要包括品牌偏好、类目偏好，这有助于商家为日后店铺规划做指导，同时为拓展类目经营范围甚至店铺联盟合作做指导。图1-1-18所示为淘系生意参谋市场客群的购买偏好。

购买偏好

品牌偏好

排名	品牌名称	交易指数	交易商品榜
1	亿健	1,636,571	亿健精灵ELF跑步机家用款电动走步超静音折叠小型室内健身房专用
2	Esang	806,669	促销价：1,698.96 交易指数：930,601
3	鑫友	653,175	亿健Note跑步机家用款减肥小型室内健身房专用电动走步超静音折叠
4	立久佳	632,366	促销价：1,297.98
5	易跑	563,491	交易指数：539,805

类目偏好

排名	品牌名称	交易指数	交易商品榜
1	跑步机	2,422,364	亿健精灵ELF跑步机家用款电动走步超静音折叠小型室内健身房专用
2	健身车	359,150	促销价：1,698.96 交易指数：930,601
3	智能音箱	165,540	亿健跑步机家用款小型超静音室内专用多功能健身房减震走步折叠e3
4	低帮鞋	138,660	促销价：1,498.86
5	手机保护套/壳	124,790	交易指数：645,898

图1-1-18　淘系生意参谋市场客群的购买偏好

●**下单及支付时段偏好**：主要展示了客户24小时内的购买时间分布，便于商家在对应时间做好定向推广和客服工作。

●**支付偏好**：主要展示了不同支付金额价格段的客群占比及不同支付频次的客群占比，可以指导商家的选品、商品定价及客服工作。图1-1-19所示为淘系生意参谋市场客群的支付偏好。

支付偏好

支付金额分布		支付频次分布	
支付金额	客群占比	支付频次	客群占比
0～65.0	1.38%	1次	93.87%
65.0～960.0	40.65%	2次	5.08%
960.0～1665.0	24.56%	3次	0.46%
1665.0～2220.0	17.11%	4次	0.16%
2220.0～3325.0	9.03%	5次	0.16%
3325.0以上	7.25%	5次以上	0.26%

图1-1-19　淘系生意参谋市场客群的支付偏好

（2）机会洞察

机会洞察包括属性洞察和产品洞察，其中属性洞察主要展示了近30天内该类目产品热销属性及不同热销属性组合的数据；产品洞察目前的数据结构还不成熟，参考价值不太大。

商家通过属性洞察便于分析近期热销的产品属性和不同属性产品的支付特征，便于为日常经营分析做参考，虽然是近期属性，但也为商家选品提供了一定参考。图 1-1-20 所示为淘系生意参谋市场属性调查。

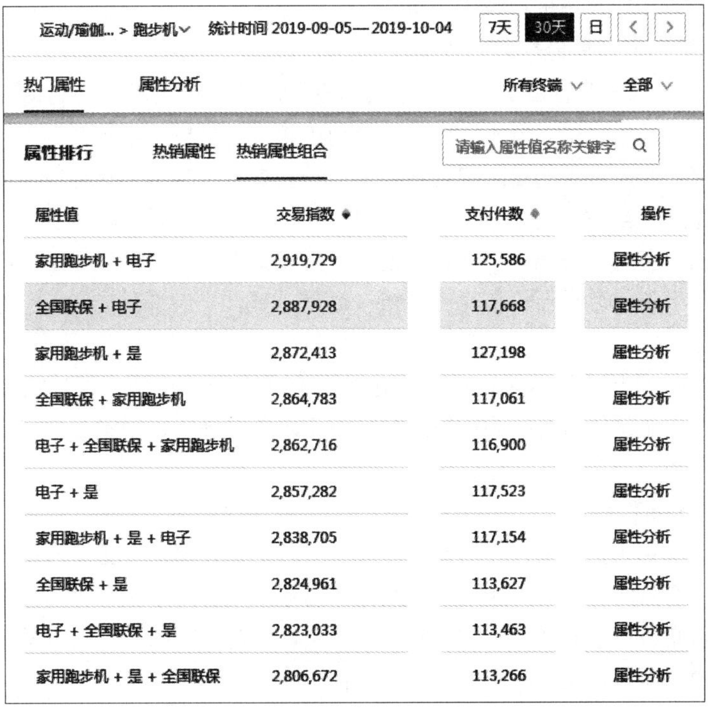

属性值	交易指数	支付件数	操作
家用跑步机 + 电子	2,919,729	125,586	属性分析
全国联保 + 电子	2,887,928	117,668	属性分析
家用跑步机 + 是	2,872,413	127,198	属性分析
全国联保 + 家用跑步机	2,864,783	117,061	属性分析
电子 + 全国联保 + 家用跑步机	2,862,716	116,900	属性分析
电子 + 是	2,857,282	117,523	属性分析
家用跑步机 + 是 + 电子	2,838,705	117,154	属性分析
全国联保 + 是	2,824,961	113,627	属性分析
电子 + 全国联保 + 是	2,823,033	113,463	属性分析
家用跑步机 + 是 + 全国联保	2,806,672	113,266	属性分析

图 1-1-20　淘系生意参谋市场属性洞察

（3）搜索洞察

搜索洞察板块主要包括搜索排行、搜索分析、搜索人群，生意参谋支持近 30 天的数据查询，这部分主要展示了近 30 天内该类目下客户常用的搜索词、长尾词、品牌词、核心词、修饰词及这些热门词的数据情况，尽管只有 30 天的数据，但对这些词进行深度分析后也能发现市场上哪些商品更受欢迎，对商家选品和后期搜索优化、关键词推广都有长远的意义。图 1-1-21 所示为淘系生意参谋平台的市场搜索排行。

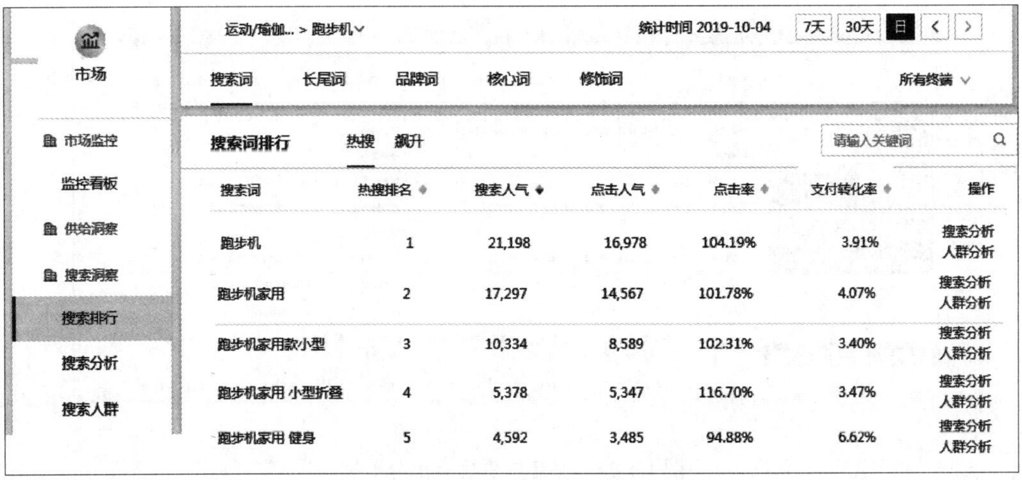

搜索词	热搜排名	搜索人气	点击人气	点击率	支付转化率	操作
跑步机	1	21,198	16,978	104.19%	3.91%	搜索分析 人群分析
跑步机家用	2	17,297	14,567	101.78%	4.07%	搜索分析 人群分析
跑步机家用款小型	3	10,334	8,589	102.31%	3.40%	搜索分析 人群分析
跑步机家用 小型折叠	4	5,378	5,347	116.70%	3.47%	搜索分析 人群分析
跑步机家用 健身	5	4,592	3,485	94.88%	6.62%	搜索分析 人群分析

图 1-1-21　淘系生意参谋平台的市场搜索排行

2. 竞争对手营销策略分析

商家在正式开展运营前，对竞争对手选品、定价、渠道推广、促销活动及店铺装修的分析也是非常重要的，对后续的营销规划起着一定的指导意义，要进一步掌握竞争对手营销策略可以通过下面几种方法进行调研分析。

（1）利用第三方工具分析竞品店铺

目前，多数第三方工具提供了比较全面的竞品店铺分析功能，对店铺常规数据结构化分析比较成熟，远远超出手工分析效果，因此利用第三方分析工具分析竞品店铺是比较高效快捷的手段，目前业内常用的看店宝就是其中之一。看店宝的主要功能包括查询店铺基本情况、店铺月销情况，全店商品销售数据（如价格、月销量、总销量、收藏、评价数、类目等）、不同价格范围的"宝贝"数据（这里，"宝贝"指商品）、不同销量范围的商品结构数据，以及单品具体上下架信息、评价信息、价格波动信息等，某店铺看店宝部分数据如图 1-1-22 所示。

对竞品店铺的分析，可以为商家店铺选款、商品搭配、定价、单品销售目标制订提供比较具体的指导，尤其是对商品评价信息的分析可以更准确地发现竞品的优缺点，为商品优化提供重要的参考。

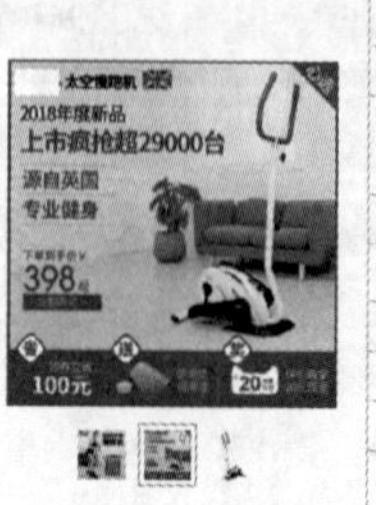

（2）手动分析竞品店铺

手动打开竞品店铺页面并进行分析（见图 1-1-23），关键在于查看竞品的属性描述、详情页描述，发掘竞品强势卖点、店铺装修风格、店铺活动等，甚至可以通过与竞品店铺客服沟通进一步了解竞争对手的物流、售后等具体信息，这对商家商品功能开发、选品及日后促销活动有着明确的指导意义。

（a）

（b）

图 1-1-22 某店铺看店宝部分数据

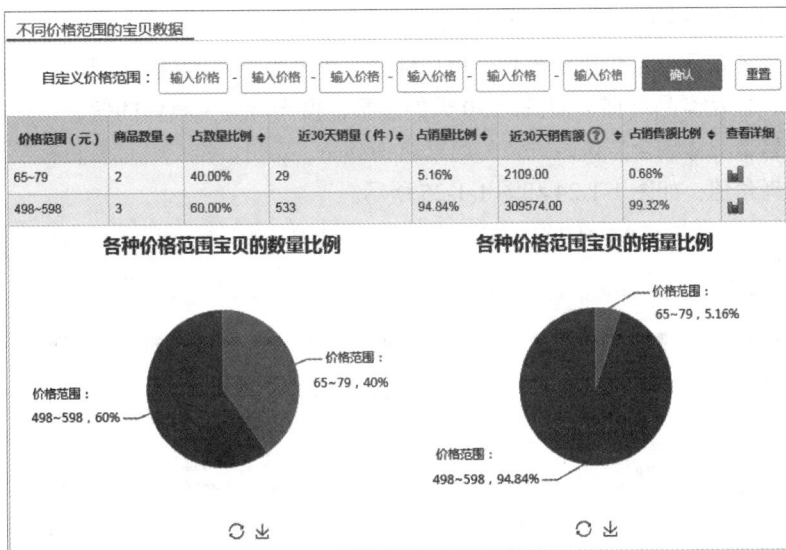

不同价格范围的宝贝数据

自定义价格范围： 输入价格 - 输入价格 - 输入价格 - 输入价格 - 输入价格 - 输入价格 确认 重置

价格范围（元）	商品数量	占数量比例	近30天销量（件）	占销量比例	近30天销售额 ⑦	占销售额比例	查看详细
65~79	2	40.00%	29	5.16%	2109.00	0.68%	⊪
498~598	3	60.00%	533	94.84%	309574.00	99.32%	⊪

各种价格范围宝贝的数量比例

价格范围：
65~79，40%

价格范围：
498~598，60%

各种价格范围宝贝的销量比例

价格范围：
65~79，5.16%

价格范围：
498~598，94.84%

（c）

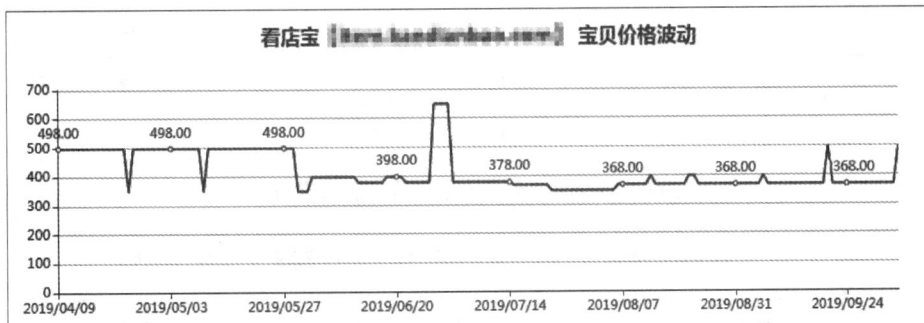

（d）

图 1-1-22　某店铺看店宝部分数据

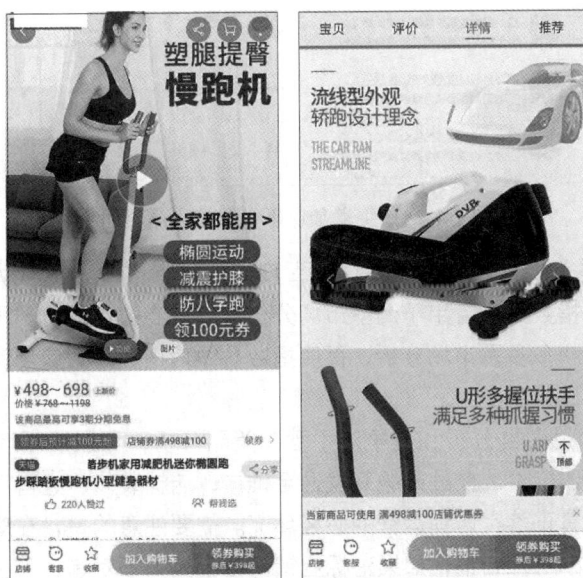

图 1-1-23　竞品店铺页面

（3）利用生意参谋平台分析竞品店铺

利用生意参谋平台不仅可以查看监控店铺近一年内的流量、搜索、收藏、加购、支付转化、交易等指标，包括竞品店铺某商品近30天的流量、搜索等更为具体的信息，可以对竞争对手的大体运营情况做到全方位跟进，为商家店铺选品、定价、推广、运营目标及日常监察提供具体的参考价值，如图1-1-24和图1-1-25所示。

图1-1-24　生意参谋平台监控店铺界面

图1-1-25　生意参谋平台监控商品界面

上述主要以淘系为例，利用生意参谋和百度指数进行市场分析。从工具应用的角度来讲，生意参谋、阿里指数更适合用于淘系市场分析，京东商智更适合用于京东系市场分析，多多参谋更适合用于拼多多系市场分析，百度指数、微信指数尽管应用深度不如上述工具，但是其应用的普及面比较高。

总之，在前期通过客群分析和竞争对手营销策略分析，可以清晰地掌握竞品店铺的营销规划，对商家选品、定价、产品升级开发乃至推广、店铺装修、经营目标制订都有着具体的指导意义，是商家真正落实店铺运营的必经环节。需要注意的是，在对竞品店铺分析的时候，一定要选择适当的对标店铺，如果对标店铺与自己实力不对等，那么这种调研活动意义不大。

任务二 网店运营规划

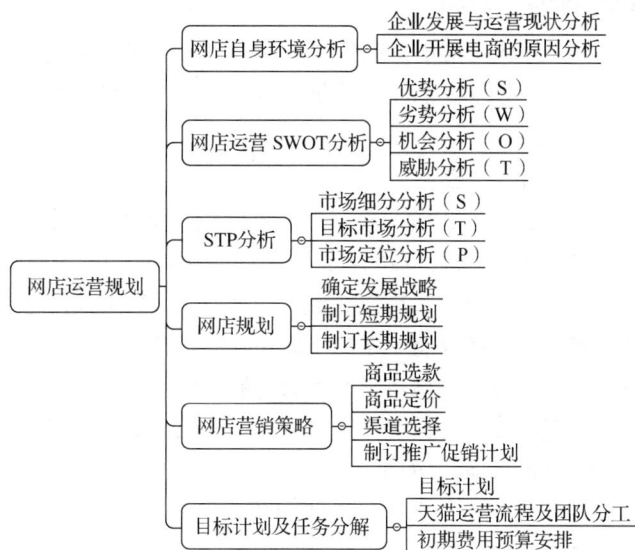

```
                              ┌─ 企业发展与运营现状分析
              ┌─ 网店自身环境分析 ─┤
              │                └─ 企业开展电商的原因分析
              │                ┌─ 优势分析（S）
              │                │ 劣势分析（W）
              ├─ 网店运营 SWOT分析 ┤
              │                │ 机会分析（O）
              │                └─ 威胁分析（T）
              │                ┌─ 市场细分分析（S）
              ├─ STP分析 ────────┤ 目标市场分析（T）
  网店运营规划 ─┤                └─ 市场定位分析（P）
              │                ┌─ 确定发展战略
              ├─ 网店规划 ───────┤ 制订短期规划
              │                └─ 制订长期规划
              │                ┌─ 商品选款
              │                │ 商品定价
              ├─ 网店营销策略 ────┤
              │                │ 渠道选择
              │                └─ 制订推广促销计划
              │                ┌─ 目标计划
              └─ 目标计划及任务分解 ┤ 天猫运营流程及团队分工
                               └─ 初期费用预算安排
```

一、网店自身环境分析

网店在制订运营规划时，不仅需要对市场大环境进行调研分析，还需要结合自身情况进行抉择，下面我们仍旧以康力源企业为例，进行网店自身环境分析。

1. 企业发展与运营现状分析

在对康力源进行实地调研并与不同人员沟通后，我们得出如下信息。

企业规模方面：现有员工 1100 余人；拥有两个现代化生产基地，建设面积为 20 万平方米，各类健身器材年生产约为 100 万件。

技术实力方面：康力源是国家高新技术企业，在上海、北京、深圳建立了产品设计中心，累计获国家专利 200 余项。

营销网络方面：线下市场，企业在全国 200 多个城市设有销售、物流和售后服务网点；线上市场，企业从 2003 年开始布局网络营销，先后上线官方网站，进军 B2B 市场、B2C 市场。

国际市场开发方面：产品远销美国等 40 多个国家和地区，与 ADIDAS、IMPEX 等欧美多家体育用品企业有着多年成功合作经验，与沃尔玛、家乐福等零售商建立了长期稳定的合作关系。

2. 企业开展电商的原因分析

企业管理层对电商的认知程度是企业能否顺利开展电商的重要基础，如果企业管理层对电商有较深的认知，那么企业开展电商就会相对顺利。

康力源于 2003 年通过阿里巴巴国际站开展外贸网络推广、2009 年开始内贸网络推广，并于 2013 年相继投入京东、天猫等 B2C 电商，尽管投入不菲，但收效很有限，并于 2015 年初停止天猫的运营。但与此同时，企业管理层深刻意识到网络市场对线下市场的冲击，个别纯网店运营的健身器材企业竟然在不足 3 年的时间内取得超越了传统健身器材行业几十年的成绩。

惊叹之余，企业管理层也深深地认识到把控网络市场方向、网店运营团队的重要性及网店运营的艰巨性。于是企业管理层也开始重新学习电商，聘请专业人士指导组建网店运营团队，将电商作为长远战略。

二、网店运营 SWOT 分析

SWOT 分析是企业充分认知市场、竞争对手，做到知己知彼的前提条件。在网店运营工作开始前，企业必须进行充分的 SWOT 分析，根据任务一，结合本任务企业自身情况，做出如下分析。

1. 优势分析（Strengths，S）

（1）制造优势，企业拥有先进的全机器生产流水线，年生产健身器材超过 100 万件，年销售规模达到 10 个亿，是国内健身器材行业前十强企业。

（2）技术优势，企业拥有研发人员 200 余人，是国家级高新技术企业。

（3）品牌优势，康力源品牌享有一定的市场知名度。

（4）多年电商认知，企业管理层对电商有深刻的认知，且上升至企业战略高度。

（5）企业在力量型健身器材方面优势突出，如综合机、举重床等。

2. 劣势分析（Weaknesses，W）

（1）在某些比较成熟的细分电商市场，如跑步机、健身车，企业已经处于落后状态，而且追赶和超越有一定的难度。

（2）企业尚未建立完整的电商团队，甚至没有专业的电商从业人员。

（3）线上线下冲突，线下数百家经销商对电商发展还没有达成一致认可。

（4）企业原先的工厂化思维与互联网高效灵活的思维模式尚需要逐步协同。

3. 机会分析（Opportunities，O）

（1）国家政策的推动，全民健身、体育产业消费已上升到国家战略高度。据国家相关政策，未来体育产业总规模将超过 5 万亿元，成为推动经济社会持续发展的重要力量。

（2）人们生活水平提升，无论从经济层面还是从精神层面人们越来越重视健身。国内消费需求在不断上升，尤其随着互联网的普及，民众网络消费意识在不断增强。

（3）网络健身器材市场规模接近百亿且以高于 20% 的速度迅猛发展。企业通过对行业网络市场分析发现，尽管在某些健身器材领域竞争已相当激烈，但细分市场还存在很大的空间，如大型训练器械中的综合训练器、举重床、椭圆机、磁空车及小型健身器械中的单双杠、倒立机，其市场竞争相对较弱而且市场增长空间较大。

4. 威胁分析（Threats，T）

（1）网络零售发展已经度过了最佳的红利期，越来越多健身器材企业涌入网络零售市场。

（2）行业竞争不断加剧，个别细分市场商品同质化、价格战激烈，如跑步机、健身车等。

（3）企业运营成本越来越高，利润不断地被摊薄。

（4）跨界竞争出现，以小米、玩酷为代表的新型互联网企业进军健身器材领域。

（5）电商市场人才匮乏，人才抢夺战愈加激烈。

三、STP 分析

在完成 SWOT 分析后，企业对市场和自己的情况有了比较清晰的认知，接下来就可以开展深度的 STP 分析。

1. 市场细分分析（Segmentation，S）

（1）按照商品分类：大中型健身器材、小型健身器材市场；室内健身器材、户外健身器材市场；有氧健身器材、力量健身器材市场；家用健身器材、商用健身器材市场。

（2）按需求档次分类：低端价格敏感型客户市场和中高端的品质追求、体验型客户市场。

（3）按健身需求分类：减肥、健身、塑形、力量锻炼群体市场；业余和非业余群体市场。

（4）区域需求：一二三线城市、四五六线城镇市场。

2. 目标市场分析（Targeting，T）

（1）康力源在力量型健身器材研发、制造等方面具有突出优势，如综合训练器、举重床、杠铃等领域。

（2）网络市场力量型健身器材方兴未艾，尤其是 18 ～ 34 岁的青年主体，他们不仅健身意识突出，而且网络购买欲望较强，有一定的支付能力，如图 1-2-1 所示。

年龄分析

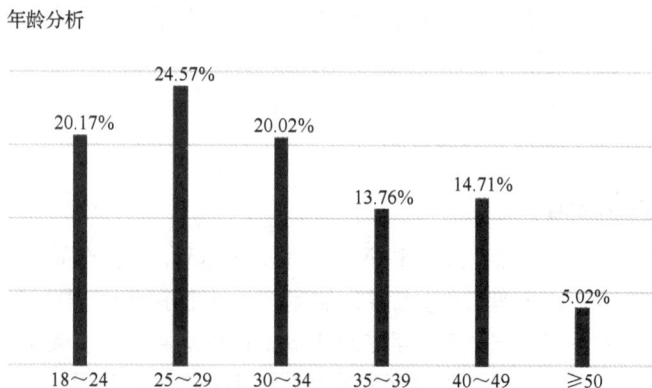

图 1-2-1　生意参谋平台客群洞察

因此康力源将目标市场锁定为家用力量型健身器材，以有一定网络支付能力的青年健身爱好者为主要受众。

3. 市场定位分析（Positioning，P）

康力源基于力量型健身器材尤其是综合型力量健身器材市场空白相对较大的现状，以及其在研发、制造、品牌方面突出的优势，将市场定位为网络市场中高端家用综合型力量健身器材，且为之开发适合家庭布局，年轻群体色彩喜好、功能喜好的专业产品。一方面这样符合品牌价格定位，避免了和线下商用力量型器材市场的冲突；另一方面更符合年轻群体家庭、功能的需求偏好。

四、网店规划

网店规划就是网店要结合市场情况，确定发展战略，制订短期规划和长期规划。

1. 确定发展战略

2012 年康力源把生产自动化、装备智能化、管理信息化、销售电商化、制造服务化定为企业在信息化浪潮下的发展方向，其目的很明确，就是要把电商作为企业的一项长期战略。

2. 制订短期规划

企业基于当时电商发展情况，将短期规划确立为占领中高端力量型健身器材网络市场。

（1）品牌方面，先以企业传统品牌——军霞品牌的形象出现，一方面便于借助传统品牌优势，另一方面也有利于传统品牌的网络宣传。

（2）产品方面，以市场相对竞争比较小、企业具备优势的综合力量健身器材为切入点，与此同时培养独立的电商运营团队，规划在一年内使综合训练器产品上升至网络市场前三地位。

（3）价格方面，考虑到军霞品牌在行业的影响力，在短期经营中不宜打价格战，以中高端价位人群为主要市场。

3. 制订长期规划

在长期规划中，稳定综合训练器市场、提升团队实力及网络品牌的影响力成为企业主要目标。

（1）拓展网络分销，加快品牌成长和进一步巩固市场占有率。

（2）逐步渗透到椭圆机、跑步机、健身车、仰卧板领域，多元化发展。

（3）网络市场方面，依托团队优势，逐步拓展国际市场，发展跨境电商，与此同时进一步加快原有 B2B 电商步伐。

（4）传统与网络融合方面，以线下支持线上，线上拉动线下，促进线上线下融合，推进企业整体销售业绩，全面提升品牌影响力。

五、网店营销策略

完成了市场调研及网店规划后，就进入了具体执行环节，包括选品（商品选款）、定价、渠道选择、制订推广促销计划等工作。目前网店运营是一个系统性工程，需要将调研、规划、营销策略有机地融合在一起，进入项目实施环节，商品的选款、定价就是首先需要考虑的工作，前期做好选品、定价工作了，后续运营就能达到事半功倍的效果。

1. 商品选款

商品选款即商家根据目前市场需求变化情况，确定市场经营类目；根据当下网络发展需要确定流量款、利润款、形象款、活动款商品；根据市场季节变化推出季节款；根据长期商品市场变化推出当前款、培育款。

（1）部分款式划分含义

① "流量款"商品即通常所谓的爆款商品。它面向目标客户中的大众客户，是主推的、流量来源最大的，毛利率趋于中间水平的，转化好的商品。与竞争对手相比，它在价格或其他方面有明显的优势，后期可带来较大的跟进流量。

② "利润款"商品即利润回报较高的商品，面向目标客户中的小众群体，注重他们对款式、风格卖点的需求，销售目的就是盈利，偏精准推广，商家一般通过定向数据进行测试，或者通过预售方式进行商品调研，以做到供应链的轻量化。

③ "形象款"商品即高品质、高客单价的极小众商品，适合目标群体里面的细分人群。形象款商品会占商品销售额中的极小部分，商家可以仅保留线上商品处于安全库存中，目的就是提升商家的品牌形象。

④ "活动款"商品即用于做活动的商品。商家根据活动目的的不同，又可以将其划分为清库存款、冲销量款和品牌款。表 1-2-1 所示为活动款商品的分类及款式特征和应用目的。

表 1-2-1　活动款商品的分类及款式特征和应用目的

分类	款式特征和应用目的
清库存款	款式陈旧、型号不足、销量不高的商品，主要目的是为了清理库存
冲销量款	一般情况下是基于平台成交额基础要求、部门的关键绩效指标（Key Performance Indicator, KPI）考核等原因未完成业绩指标而确定的商品
品牌款	商家在活动期间放弃商品利润，为让客户感知商家品牌而推出的商品，主要是为了提升品牌影响力

（2）商品选款实战

商品选款应充分结合市场需求、趋势，竞争对手情况，以及商家自身优势、预期利润等情况，进行综合判断，然后结合上述款式分类进行最终选择。

经过对行业市场分析和商家情况分析，康力源最终确定：在商品经营类目上，以家用综合训练器为主，举重床为辅，跑步机和仰卧板为补充；在款式选择上，以市场较容易接受的新开发单人站综合训练器为流量款，以利润空间相对较大且有一定市场需求的新开发三人站综合训练器为利润款，以市场价格相对较高的多人站综合训练器、史密斯机、龙门架综合训练器和面向传统市场的综合训练器等商品为形象款，以企业库存商品、推新商品作为活动款，同时对单人站和三人站商品在功能、色彩、模具方面进行重新开发和设计，力求从家庭应用的角度突出其差异性和卖点。

2. 商品定价

（1）商品定价的考量因素

网络商品定价与传统商品定价思维方式接近，既要考虑到成本因素，又要考虑商品款式因素、促销活动因素等。

首先，成本主要包括商品成本、人员成本、推广成本、包装成本、快递成本、天猫佣金、税收成本、拍摄成本等。由于当下电商人才匮乏和网店竞争相对激烈，在整个运营中，人员成本、推广成本会相对较高，一般各自占营业额的 10% 左右，而天猫佣金为 5%，税收成本为 8% 左右，因此商家完成商品定价后，起码要保证商品毛利润大于 33%。

其次，从商品款式划分上，由于流量款、利润款、活动款、形象款各自的市场定位有所差异，因此要根据其受众和市场定位的不同再逐个定价。

再次，在定价的过程中一定不能忽略网络促销活动因素的存在，要为促销活动预留一定的空间。一般而言，活动组织方对参加官方活动的商品的活动价格都会有苛刻的要求，例如聚划算、淘抢购、天天特价等活动都要求商品活动价格在 15 天内保价；例如 2019 年天猫平台要求参加"双十一"活动的商品（包括正式活动商品及预售商品），其销售价格不得高于该商品在指定期间（2019 年 09 月 16 日 00:00:00—2019 年 11 月 26 日 23:59:59）内已生效或将生效的最低标价，且需在校验期（2019 年 09 月 16 日 00:00:00—2019 年 11 月 10 日 23:59:59）内最低标价的基础上让利至少 10%（部分类目除外）。

除了上述的成本因素、商品款式因素、促销活动因素，还需要考虑竞争对手的价格变化因素、商品的生命周期因素、消费者心理因素等。

（2）确定商品价格

在经过充分的市场调研和利润核算后，康力源最终把流量款单人站综合训练器定价在 1300 ~ 1800 元，比照同行同类商品有明显的价格优势；将利润款三人站综合训练器定价在

2900～3200元，综合性价比稍微优于同类商品。图1-2-2所示为目前康力源淘系店铺的不同价格段商品分布情况。

图1-2-2　康力源淘系店铺的不同价格段商品分布情况

3. 渠道选择

目前商家开展网店运营可以选择的渠道有很多，主要考虑因素如下。

（1）市场认可度因素

从网络零售的形式看，商家开展网店运营主要的选择有第三方网络零售平台和商家独立商城。由于独立商城存在认可度不高、技术要求高、引流成本高、网络诚信成本高等问题，而第三方网络零售平台具有整体网购市场认可度较高、流量大且交易环境成熟等优势，因此，一般而言，大多数商家都会从第三方网络零售平台做起。例如，淘宝集市店、天猫商城、京东商城、苏宁商城、当当、国美等传统的第三方网络零售平台；当下比较流行的移动端渠道平台，如拼多多、微店、有赞店铺、抖音店铺、快手小店；闲置类电商平台，如闲鱼、转转等；新兴的京东京喜（京东拼购）店铺、淘宝淘小铺等。

（2）商家资质和入驻成本因素

考虑到商家资质和入驻成本等因素，商家可以选择在淘宝集市店开设店铺。这类店铺一方面对商家资质要求不高，更重要的是不需要前期缴纳技术服务费和交易佣金，而且开店流程可以快速完成，但不足之处在于诚信指数比较低、价格战比较激烈，如果没有独特的经营卖点，商家会渐渐地被淹没在数百万不知名的店铺之中。

（3）商家品牌和服务优势

考虑到商家品牌优势及服务优势，商家可以选择在天猫商城、京东商城、苏宁商城等平台开设店铺，在这里经营既可以享受平台提供的品牌商家保障、消费者服务保障等一系列的措施，同时消费者相对质量较高，比较利于商家长期发展。只是商家要为此付出不菲的保证金和交易佣金。

（4）平台特色及优势

各平台有各自的特色和优势，例如，天猫商城消费者流量大、经营类目丰富、商家后台系统完善；京东商城具有自营店铺口碑优势、物流体验相对较好、消费者质量相对高……但与此同时，商家还需要仔细分析各平台的其他条件，如保证金、交易佣金、账期、商家入驻条件要求等。

综合上述平台情况，康力源开展网店运营也要从第三方网络零售平台开始。从节省成本的角度考虑，可以选择淘宝集市店（企业店）运营；从品牌发展的角度，可以考虑目前流量较大的天猫店和京东店运营，一方面促进短期利益，另一方面占有主流平台，提升品牌影响力的同时，还可以锻炼和塑造一支全面的团队。

最终，综合竞争对手情况进行分析，基于网络品牌推广、平台优势类目、业绩增长的需要，康力源确定以淘系市场为重点，一方面开设天猫店铺，确立军霞品牌网络形象，增强消费者购买信心；同时开设淘宝店铺，价格上保持同步，推进网络品牌的辐射。另一方面继续维持原有京东店铺的运营，提前占位，待后续发展。

4. 制订推广促销计划

康力源推广促销计划分三个阶段。

第一个阶段：第 1 ~ 3 个月，主要推广直通车、站外淘代码、海报来引进初步流量，同时达到测试商品的目的。在该阶段，由于店铺处于上新期、信用等级不高、人员不足，因此参加官方活动的可能性不大，主要以店铺自有活动上新促销为主，辅以店铺红包、优惠券、搭配促销等，以达到奠定基础销量的目的。

第二个阶段：第 4 ~ 6 个月，由于店铺各个方面基础逐渐成熟，可以尝试各种推广，包括淘宝客、钻石展位、微营销，大规模引进流量；同时尝试官方各种平台活动，如聚划算、淘抢购、秒杀活动以及第三方平台活动，全方位充实店铺流量，提升店铺活跃度，提升商品销量。

第三个阶段：第 7 ~ 12 个月，直通车推广及钻石展位大力度投放，同时有针对性地参与各种官方活动，全面提升店铺流量和商品销量。

六、目标计划及任务分解

1. 目标计划

考虑到目前网络零售市场综合训练器市场的销售情况，以及企业稳步增长的电商发展战略，根据市场行情，康力源把年营业目标确定在 1000 万 ~ 1500 万元，不要求大规模盈利，在保障持续运营的情况下实现小幅度盈利，关键是打造一支成长型的电商团队，为以后的电商发展奠定基础。目标计划：在 7 月进行准备，在 8 月上线预推广，在 9 月全面开始月营业额稳步提升，如表 1-2-2 所示。

表 1-2-2　康力源的目标计划

月份	9月	10月	11月	12月	次年1月	次年2月	次年3月	次年4月	次年5月	次年6月	次年7月	次年8月
计划完成指标（万元）	5	10	30	50	80	70	100	150	200	300	270	270

考虑到 7 月、8 月为电商淡季，所以康力源在这个阶段开展准备工作，包括商品选款、定价、拍摄、人员招聘、店铺装修，以及开展培训、学习工作。从 9 月开始正式运营，考虑到市场周期因素及年底购物季，增长指标可以定得高一些。由于 2 月里往往节假日较多，工作日时间较短，可将目标稍微下调。3 月、4 月、5 月是整个淘系旺季，并且春天到来，人们户外运动需求旺盛，可将指标适当上调。

2. 天猫运营流程及团队分工

（1）天猫运营的主要流程

一般而言，一套完整的天猫运营流程主要包括：市场调研—市场定位（商品、客户、店铺）—规划商品结构、定价—商品拍摄、文案处理、商品上架—店铺装修—店铺推广—店铺售前客服—售中客服—仓管发货—售后处理—效果分析及客户维护。

（2）天猫运营团队

完整的天猫运营团队应该包括以下岗位分工。

运营岗位：负责商品选款、各部门工作安排与协调、运营计划推进及效果分析工作。

拍摄岗位：负责商品实图、细节图、场景图、模特图、对比图的拍摄工作。

文案策划岗位：负责商品详情页、店铺首页、活动页的文案内容策划和写作工作。

美工岗位：负责图片处理、构图、商品详情页美工设计、整个店铺的设计及装修工作。

客服岗位：负责售前客户商品知识解答、客户引导，售中订单处理，售后退换货工作。

推广促销岗位：负责引流，商品淘系 SEO、直通车推广、钻石展位推广、活动报名及其他推广工作。

仓管岗位：负责仓库货物摆放、发货处理工作。

（3）不同规模商家的岗位设置

根据商家运营规模的大小不同，如果商家有一定的运营规模，其中每个岗位都应该是一个独立的部门，每个部门有独立的部门主管和部门专员。一般而言，运营岗位设置 1 人，其他部门各自设置 2 ~ 3 人，客服岗位和推广岗位设置 3 ~ 5 人，这样初步配备人员也要 10 人左右。

如果商家规模足够大，有几个不同的项目（如天猫店、京东等不同第三方平台）在运营，那么每个项目下都应该配备相应的部门。规模化的运营可能还要配置一些单独的商品采购、客户维护等部门，这样一支团队可能需要几十个人甚至上百人。

当然，对于初期尝试运营的商家，一方面由于各专业人才不易短期配置到位，另一方面由于起初运营规模较小，可以把拍摄、美工、店铺装修等工作外包，前期只设置运营主管 1 名、店铺推广若干名、店铺客服若干名，保证项目的基本运营，随着后期发展不断地增添人手。

3. 初期费用预算安排

综合上述信息，商家下面需要安排初期的费用预算。

（1）库存成本

库存成本以每月销售额为 50 万元、毛利率为 50%、售罄率为 80% 计算，每月的库存成本为 50 万 ×50%÷80% ≈ 30 万（元）。

（2）天猫保证金

天猫保证金为 5 万 ~ 15 万元，如果商家在天猫平台上销售商品时与客户产生纠纷，天猫可以用这部分资金提前赔付客户，如果商家退出天猫，这部分资金将予以返还。

（3）天猫技术服务费

天猫技术服务费相当于传统店铺的租金，按照各自商家经营类目不同，一般为 3 万 ~ 6 万元 / 每年，如果商家经营业绩不错，天猫也会对这部分资金进行适当返还。

（4）天猫佣金及客户天猫积分返还

天猫佣金及客户天猫积分返还根据平台规定进行设置，一般天猫佣金比例为营业额的 2% ~ 5%、返还客户积分为营业额的 0.5%，假设商家月营业额为 50 万元，商家每个月应该交给天猫的佣金为 1 万 ~ 2.5 万元，返还客户的积分为 0.25 万 ~ 1.25 万元。

（5）快递费及包装费

快递费及包装费以 100 元 / 单、客单价 2500 元（由于健身器材本身比较重，因此物流费用相对较高）结算，康力源每月快递费用约为 2 万元。

（6）推广成本

推广成本按平均每月销售额50万元的目标计算，假设商家商品客单价为2500元，淘宝店铺的转化率为1%（由于健身器材是大型器械且客单价较高，因此转化率相对较低），可以推算每月完成计划销量200台，即平均每天6~8台，每天进店客户要在600~800人。

计算公式如下：

销售额＝访客数×全店转化率×客单价

假设按照流量的30%为推广流量计算，推广引流数量为200~240人/天，广告成本为每人次2元，每月推广成本为1.2万~1.44万元。

（7）人员费用

人员费用以1个运营（5000元/月）、1个美工（4000元/月）、1个推广（4000元/月）、2个客服（3000元/月），每月人员投入成本为1.9万元左右。

（8）商品拍摄

商品拍摄费用为2万元左右。

（9）其他成本

其他成本包括房租、办公桌椅、计算机、网络使用费用。

初步预算费用为30万+1万+0.25万+2万+1.2万+1.9万+2万=38.35万（元），加上相应的保证金等费用，商家一个月的基本投入在46~60万，所以在不计算税收成本的情况下，商家在运营的前期可能为亏本状态。

当然依此类推，随着营业规模的扩大、人员的增加，人员成本会上升，快递费用会下降，但整体业绩不断上升，商家净利润也会不断上升。

课后作业

1．打开百度指数，熟练理解百度指数的各项功能。

2．打开生意参谋，初步了解生意参谋市场洞察的各项功能应用。

3．了解阿里指数、京东商智、多多参谋、微信指数的各项功能，并理解其含义。

4．选择一个感兴趣的商品，通过网络文案调研法调查其行业发展、商品分类、产业布局、政策导向、行业报告。

5．利用生意参谋及第三方工具完成市场客群分析及竞店分析。

6．尝试完成对周围某企业的自身环境分析和开展电商必要性分析。

7．完成熟悉商家网店运营的SWOT和STP策略分析。

8．尝试完成熟悉商家的网店运营的短期和长期规划。

9．对比行业及竞店分析，尝试完成某店铺商品选择与定价。

10．对比网络运营各种渠道（淘宝、天猫、京东、唯品会、苏宁易购，拼多多、有赞店铺、微店、快手小店、抖音店铺，闲鱼、转转）的优劣势，确定商家网店运营渠道选择。

项目导入

　　康力源管理层在经过多次会议沟通确定网络运营方向后，开始全面启动网络零售，马上着手启动第三方平台上的商城店铺、店铺初始化及团队搭建工作。原本以为顺理成章的事情，结果在实施过程中各种问题接踵而来，天猫店铺申请遭遇尴尬，店铺初始化的视觉工作需要重新定位，人员招聘也困难重重。面对这些尴尬，康力源是如何解决的呢？

项目分析

◆ 熟练掌握天猫店铺的 3 种类型及其入驻要求、收费模式
◆ 了解并熟悉天猫店铺申请流程和所需提交的资料
◆ 熟悉淘宝 App 前台结构布局
◆ 熟练操作淘宝（天猫）店铺后台的各项功能
◆ 熟练掌握淘宝（天猫）店铺后台装修的逻辑流程
◆ 熟练掌握淘宝（天猫）店铺商品发布要点
◆ 熟悉淘宝、天猫、京东网店的对比分析
◆ 了解并熟悉店铺摄影和装修工作流程
◆ 了解并熟悉店铺装修策划逻辑
◆ 了解并掌握竖屏思维的工作要点
◆ 掌握淘系常见的违规行为

任务一　店铺申请与设置

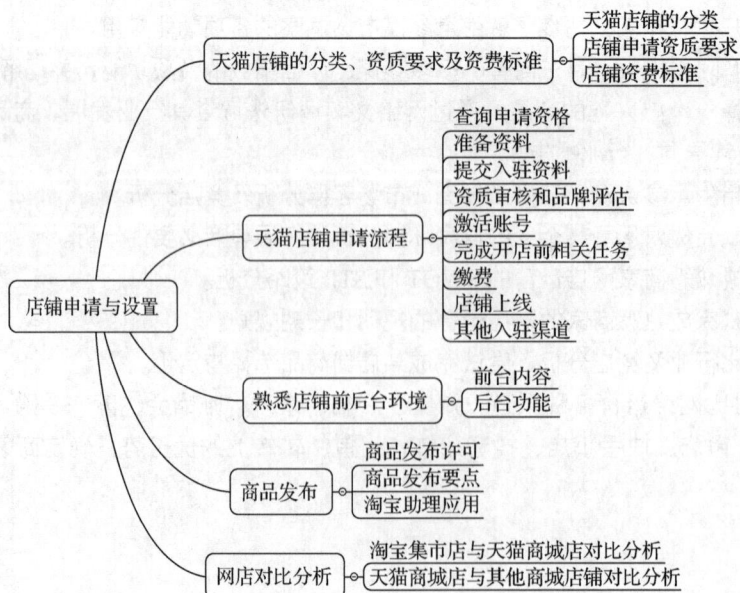

店铺申请与设置

- 天猫店铺的分类、资质要求及资费标准
  - 天猫店铺的分类
  - 店铺申请资质要求
  - 店铺资费标准
- 天猫店铺申请流程
  - 查询申请资格
  - 准备资料
  - 提交入驻资料
  - 资质审核和品牌评估
  - 激活账号
  - 完成开店前相关任务
  - 缴费
  - 店铺上线
  - 其他入驻渠道
- 熟悉店铺前后台环境
  - 前台内容
  - 后台功能
- 商品发布
  - 商品发布许可
  - 商品发布要点
  - 淘宝助理应用
- 网店对比分析
  - 淘宝集市店与天猫商城店对比分析
  - 天猫商城店与其他商城店铺对比分析

在国内，第三方网络零售平台是商家网店运营的主要战场。为便于理解，下面以淘系天猫店铺为例，讲解店铺申请和设置的有关内容。

一、天猫店铺的分类、资质要求及资费标准

在整个大淘宝体系里，店铺类型主要分为淘宝店铺、天猫店铺和其他店铺，如图 2-1-1 所示，下面重点讲解天猫店铺。

1. 天猫店铺的分类

在天猫店铺体系里，商家以各自经营商品类目为基础申请店铺。店铺主要分为旗舰店、专卖店、专营店、卖场型旗舰店，如图 2-1-2 所示。

经营店铺的基本要求就是商家资质必须为具备法人资格且拥有各自针对服务类商标的企业。

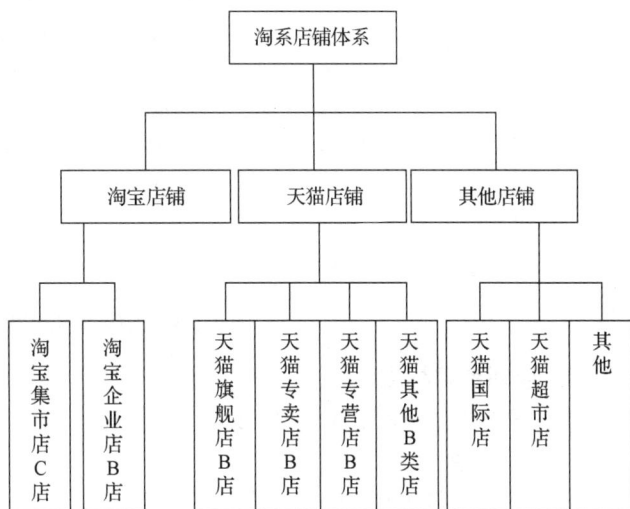

图 2-1-1　淘系店铺体系

图 2-1-2　天猫店铺分类

2. 店铺申请资质要求

一般而言，只要具备公司法人资格，具备品牌经营所有权，商家就可以向天猫店铺申请自主入驻。随着经营类目、网络环境的变化及国家政策环境的变化，天猫商城的入驻规则也在不断发生变化。

天猫商城入驻的规则随着环境变化在不断优化，商家需要准确掌握相关规则的变化。以康力源为例，原本在 2013 年已经以军霞品牌入驻天猫，后来由于经营问题退出了天猫，在 2015 年 7 月再次入驻时，突然发现天猫热招品牌池内（见图 2-1-3）并没有军霞品牌，品牌不在邀约范围之内。间隔时间不足一年，但政策变化已经将军霞品牌拒之门外，让康力源预想中的网络零售进程受到了影响。因此康力源只能通过自荐品牌渠道进行申请，经过几个月的实力证明资料的提交、修改、再提交，终于入驻天猫。

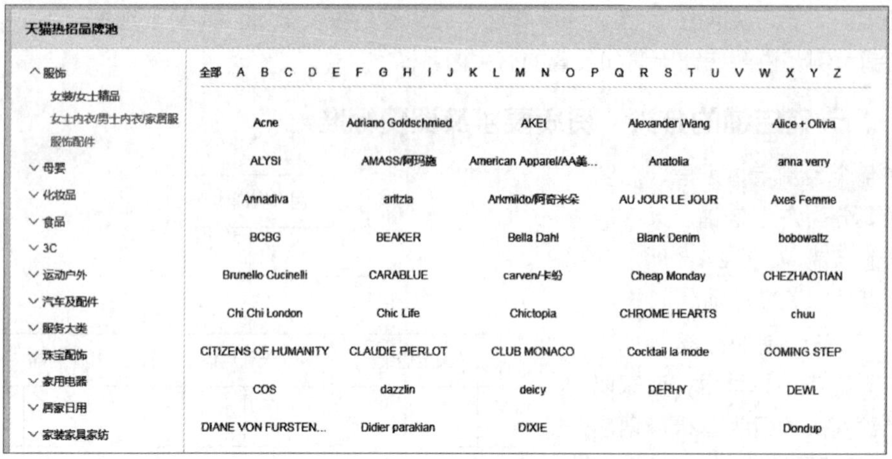

图 2-1-3　天猫热招品牌池

3. 店铺资费标准

店铺资费主要由以下 3 个部分组成。

（1）保证金

商家开启天猫店铺经营必须缴纳保证金，保证金主要用于保证商家按照天猫的规范进行经营，并且在商家有违规行为时根据《天猫服务协议》及相关规则规定，向天猫及客户支付违约金。

保证金因店铺性质及商标状态不同而有所差异，分为 5 万元、10 万元和 15 万元等多个等级。根据经营品牌自主权、类目、店铺类型的不同，缴纳的保证金各有差异，特殊类目缴纳的保证金也可能是 1 万元、30 万元等。图 2-1-4 所示为某天猫店铺入驻资费标准。

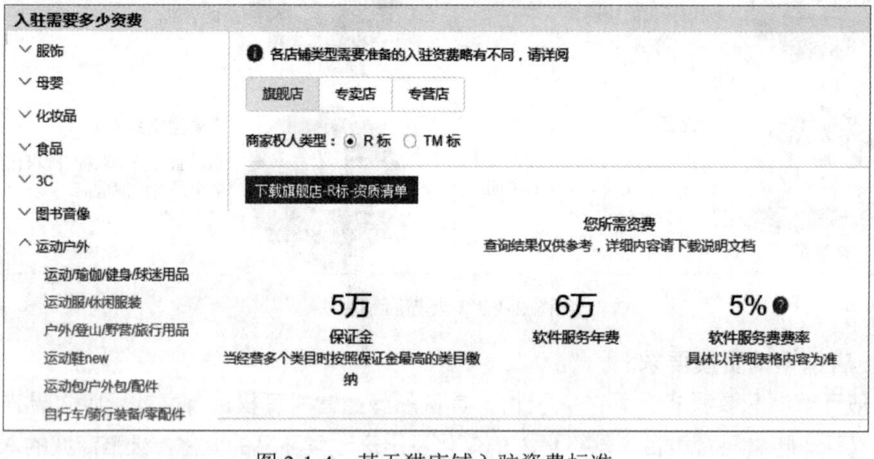

图 2-1-4　某天猫店铺入驻资费标准

以健身器材行业为例，其保证金情况如下。

- **品牌旗舰店、专卖店保证金**：带有 TM 商标（即已有商标受理通知书，但尚未颁发商标注册证的商标，下同）的店铺须缴纳 10 万元，带有 R 商标（即已颁发的商标注册证的商标，下同）的店铺须缴纳 5 万元。

- **专营店保证金**：带有 TM 商标的店铺须缴纳 15 万元，带有 R 商标的店铺须缴纳 10 万元。

保证金不足额时，商家需要在 15 日内补足余额，逾期未补足的，天猫将对商家店铺进行监管，直至补足。

（2）软件服务年费

商家在天猫平台经营必须缴纳软件服务年费（以下简称"年费"），年费金额参照商家经营的一级类目，分为 3 万元、6 万元两档，各类目对应的年费标准详见《天猫 2020 年度各类目年费软件服务费一览表》。

图 2-1-5 所示为运动 / 瑜伽 / 健身 / 球迷用品类目商品要缴纳的软件服务年费情况。

一级类目	软件服务费费率	软件服务年费	享受50%年费折扣优惠对应年销售额	享受100%年费折扣优惠对应年销售额
运动/瑜伽/健身/球迷用品	5%	6万	18万	60万

图 2-1-5 运动 / 瑜伽 / 健身 / 球迷用品类目商品要缴纳的软件服务年费情况

为鼓励商家提高服务质量、扩大经营规模，天猫将针对软件服务年费有条件地向商家给予商业折扣，折扣比例分为年费的 50% 和 100% 两档，但以下特殊情况除外：店铺当年实际经营期间，基础服务考核分未达到标准；因违规行为或资质造假被清退的；因虚假交易或不当使用他人权利的一般违规行为，单次扣分大于等于 12 分累计达 2 次及以上等。

以健身器材行业为例，其软件服务年费情况如下。

● **年费：** 6 万元 / 年。

● **年费返回：** 年销售额达到 18 万元、60 万元分别享受 50%、100% 年费折扣优惠。

（3）实时划扣软件服务费

商家在天猫平台经营需要按照其销售额的一定百分比（以下简称"费率"）缴纳软件服务费。天猫各类目软件服务费费率标准详见《天猫 2020 年度各类目年费软件服务费一览表》。表 2-1-1 所示为天猫运动户外大类目下部分类目的软件服务费费率和软件服务年费情况，我们可以发现经营类目不同，所缴纳的软件服务费费率也有所差异。大部分类目的费率在 2% ～ 5%，但也有一些特殊类目的费率有所出入，如汽车发动机机油费率 1%，游戏账号类目费率为 2%，乐器服务类目费率 0.5%。

表 2-1-1 天猫运动户外大类目下部分类目的软件服务费费率和软件服务年费情况

天猫经营大类	一级类目	软件服务费费率	二级类目	软件服务费费率	三级类目	软件服务费费率	四级类目	软件服务费费率	软件服务年费（元）	基础服务考核分均值标准	享受50%年费折扣优惠对应年销售额（元）	享受100%年费折扣优惠对应年销售额（元）
运动户外	运动鞋 new	5%							60,000	2.9	360,000	1,200,000
	运动服 / 休闲服装	5%							60,000	2.9	360,000	1,200,000
	运动 / 瑜伽 / 健身 / 球迷用品	5%							60,000	2.7	180,000	600,000

天猫经营大类	一级类目	软件服务费费率	二级类目	软件服务费费率	三级类目	软件服务费费率	四级类目	软件服务费费率	软件服务年费（元）	基础服务考核分均值标准	享受50%年费折扣优惠对应年销售额（元）	享受100%年费折扣优惠对应年销售额（元）
运动户外	电动车/配件/交通工具	2%							60,000	2.6	180,000	600,000
	自行车/骑行装备/零配件	2%							60,000	2.6	180,000	600,000
	户外/登山/野营/旅行用品	5%							60,000	2.8	180,000	600,000
	运动包/户外包/配件	5%							60,000	2.9	180,000	600,000

二、天猫店铺申请流程

1. 查询申请资格

企业：合法登记的企业用户，并且能够提供天猫入驻要求的所有相关文件，不接受个体工商户、境外企业。

品牌：天猫枚举的热招品牌，商家也可以推荐优质品牌给天猫，部分类目不限定品牌入驻。

需要注意的是，同一主体开多家天猫店铺，要求店铺间经营的品牌及商品不得重复，一个经营大类下专营店只能申请一家。

图 2-1-6 所示为天猫招商栏目下的热招品牌池区域，可单击"立即入驻"按钮申请入驻，商家在入驻前可以先查看要准备哪些资料。

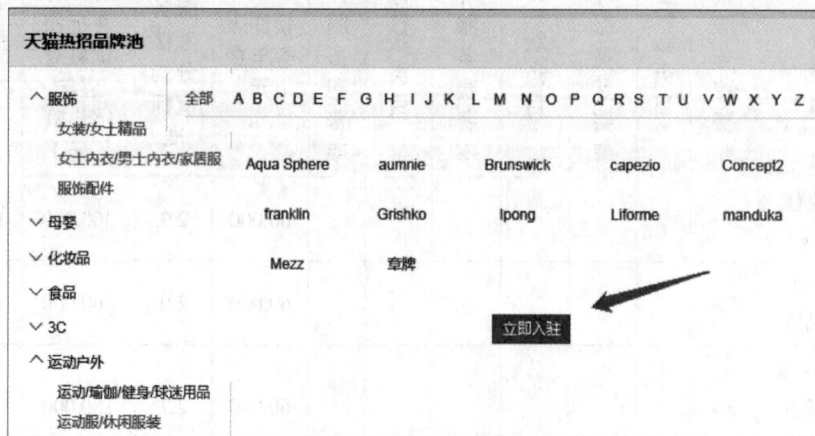

图 2-1-6 天猫热招品牌池

2. 准备资料

在天猫招商频道下选择入驻要求，选择经营的类目即可看到对应的招商说明、招商入驻要求（见图 2-1-7），然后选择店铺类型、进口类型后，单击“立即入驻”按钮即可看到所需提交的企业资质列表（见图 2-1-8），可以通过下载全部资质清单进行准备。

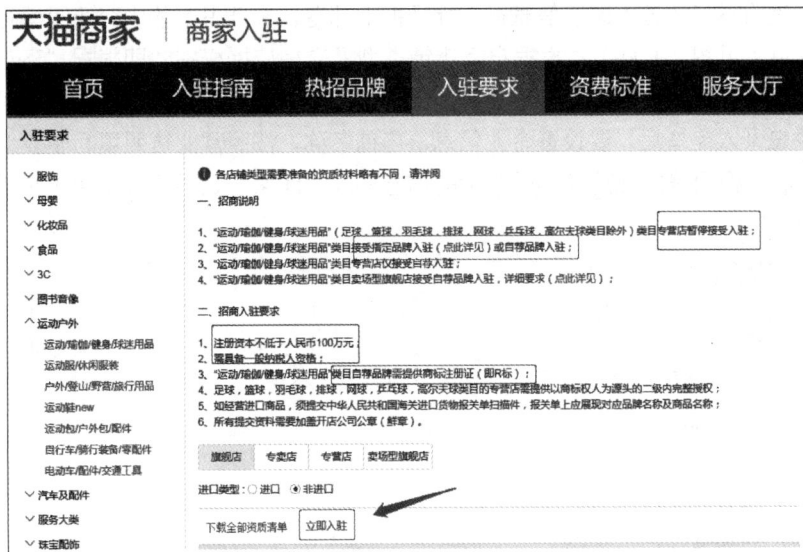

图 2-1-7 天猫“运动 / 瑜伽 / 健身 / 球类用品”类目招商入驻要求

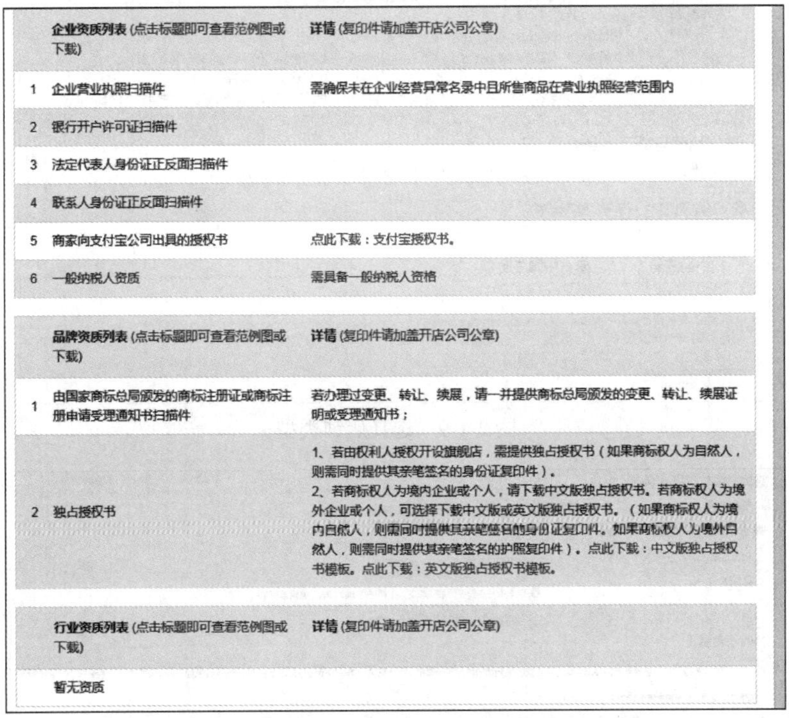

	企业资质列表（点击标题即可查看范例图或下载）	详情（复印件请加盖开店公司公章）
1	企业营业执照扫描件	需确保未在企业经营异常名录中且所售商品在营业执照经营范围内
2	银行开户许可证扫描件	
3	法定代表人身份证正反面扫描件	
4	联系人身份证正反面扫描件	
5	商家向支付宝公司出具的授权书	点此下载：支付宝授权书。
6	一般纳税人资质	需具备一般纳税人资格

	品牌资质列表（点击标题即可查看范例图或下载）	详情（复印件请加盖开店公司公章）
1	由国家商标总局颁发的商标注册证或商标注册申请受理通知书扫描件	若办理过变更、转让、续展，请一并提供商标总局颁发的变更、转让、续展证明或受理通知书；
2	独占授权书	1、若由权利人授权开设旗舰店，需提供独占授权书（如果商标权人为自然人，则需同时提供其亲笔签名的身份证复印件）。 2、若商标权人为境内企业或个人，请下载中文版独占授权书。若商标权人为境外企业或个人，可选择下载中文版或英文版独占授权书。（如果商标权人为境内自然人，则需同时提供其亲笔签名的身份证复印件。如果商标权人为境外自然人，则需同时提供其亲笔签名的护照复印件）。点此下载：中文版独占授权书模板。点此下载：英文版独占授权书模板。

行业资质列表（点击标题即可查看范例图或下载）	详情（复印件请加盖开店公司公章）
暂无资质	

图 2-1-8 入驻天猫店铺需要提交的企业资质列表

3. 提交入驻资料

提交入驻资料，包括选择店铺类型 / 品牌 / 类目，填写品牌信息，填写企业信息，完善店铺信息，提交审核。

选择店铺类型，填写商标号，如图 2-1-9 所示。再选择详细类目，再次确认是否已具备所要求的资质，如图 2-1-10 所示。

单击"下一步"按钮，进入填写品牌信息流程。填写商标注册人、商标分类、注册类型、商标注册有效期限等信息（这些信息在商标证书上都有，按证书上的内容填写即可），然后上传商标证书（见图 2-1-11），根据申请店铺类型提交相应授权书，即根据"下载模板"提示内容填写授权书，并提交相关资质图片并上传。上述信息填写完成后，保存即可。

品牌信息录入完毕后，要设置企业信息、店铺名称，按照营业执照填写企业信息即可，天猫店铺命名有很明确的规范和不得包含的信息，因此商家一定要充分了解《天猫店铺命名规范》后申请提交。

图 2-1-9　选择店铺类型

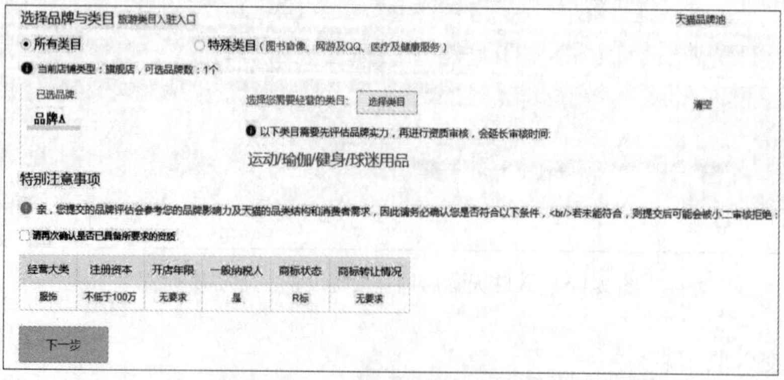

图 2-1-10　选择品牌与类目信息

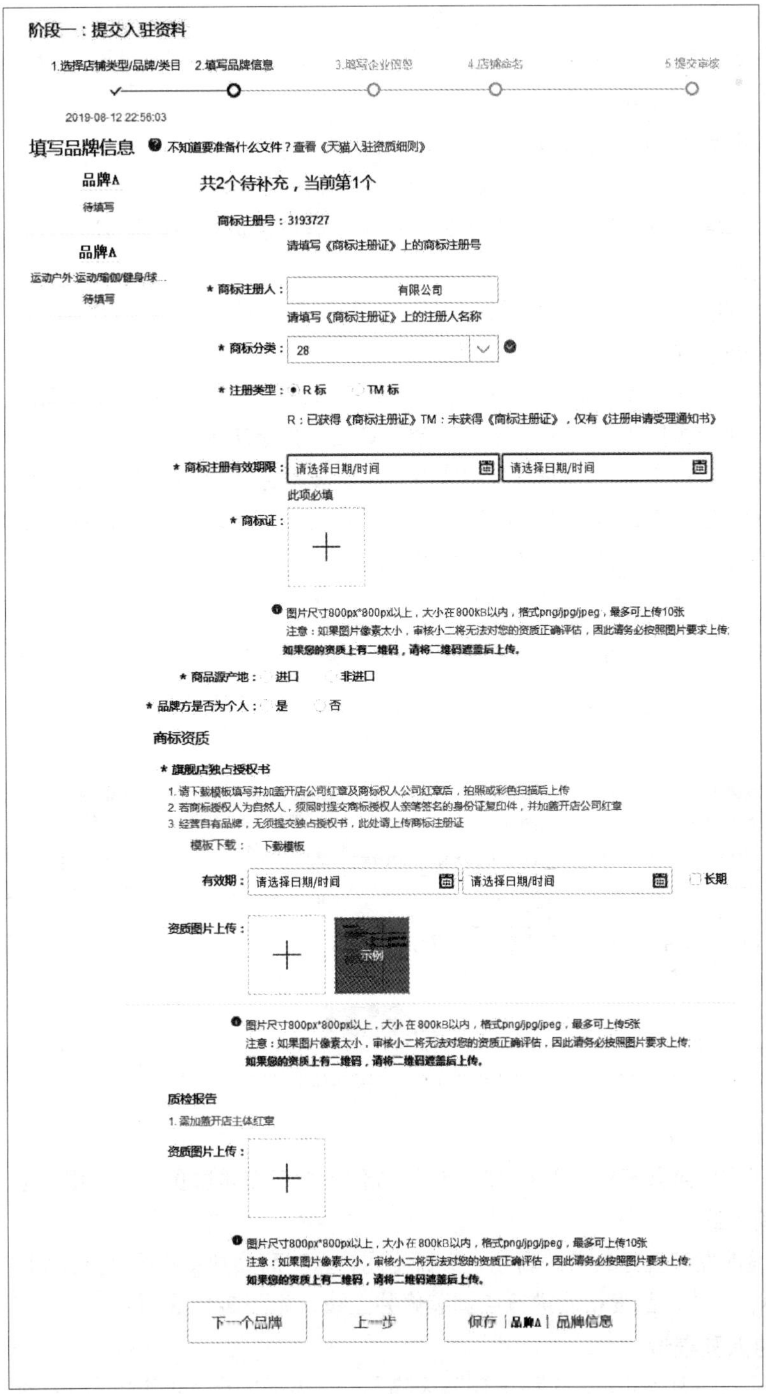

阶段一：提交入驻资料

1. 选择店铺类型/品牌/类目　2. 填写品牌信息　3. 提写企业信息　4. 店铺命名　5. 提交审核

✓───────○───────○───────○───────○

2019-08-12 22:56:03

填写品牌信息 ❓ 不知道要准备什么文件？查看《天猫入驻资质细则》

品牌A
待填写

品牌A
运动户外·运动瑜伽/健身/球...
待填写

共2个待补充，当前第1个

商标注册号：3193727
请填写《商标注册证》上的商标注册号

* 商标注册人：｜　　　　有限公司　　　　｜
请填写《商标注册证》上的注册人名称

* 商标分类：｜ 28　　　　　∨ ｜ ●

* 注册类型：⦿ R标　　○ TM标
R：已获得《商标注册证》TM：未获得《商标注册证》，仅有《注册申请受理通知书》

* 商标注册有效期限：｜请选择日期/时间　📅｜ ｜请选择日期/时间　📅｜
此项必填

* 商标证：
　　┌─────────┐
　　│　　　＋　　　│
　　└─────────┘
● 图片尺寸800px*800px以上，大小在800kB以内，格式png/jpg/jpeg，最多可上传10张
注意：如果图片像素太小，审核小二将无法对您的资质正确评估，因此请务必按照图片要求上传；
如果您的资质上有二维码，请将二维码遮盖后上传。

* 商品源产地：○ 进口　○ 非进口
* 品牌方是否为个人：○ 是　○ 否

商标资质

* **旗舰店独占授权书**
1. 请下载模板填写并加盖开店公司红章及商标权人公司红章后，拍照或彩色扫描后上传
2. 若商标授权人为自然人，须同时提交商标授权人签名的身份证复印件，并加盖开店公司红章
3. 经营自有品牌，无须提交独占授权书，此处请上传商标注册证

　　模板下载：　下载模板

有效期：｜请选择日期/时间　📅｜ - ｜请选择日期/时间　📅｜ ☐长期

资质图片上传
┌ ─ ─ ─ ─ ┐ ┌─────────┐
│　　＋　　│ │ 示例 │
└ ─ ─ ─ ─ ┘ └─────────┘
● 图片尺寸800px*800px以上，大小在800kB以内，格式png/jpg/jpeg，最多可上传5张
注意：如果图片像素太小，审核小二将无法对您的资质正确评估，因此请务必按照图片要求上传；
如果您的资质上有二维码，请将二维码遮盖后上传。

质检报告
1. 需加盖开店主体红章

资质图片上传
　　┌─────────┐
　　│　　　＋　　　│
　　└─────────┘
● 图片尺寸800px*800px以上，大小在800kB以内，格式png/jpg/jpeg，最多可上传10张
注意：如果图片像素太小，审核小二将无法对您的资质正确评估，因此请务必按照图片要求上传；
如果您的资质上有二维码，请将二维码遮盖后上传。

┌──────────┐ ┌──────────┐ ┌────────────────────┐
│ 下一个品牌 │ │ 上一步 │ │ 保存 品牌A 品牌信息 │
└──────────┘ └──────────┘ └────────────────────┘

图 2-1-11　填写品牌详细信息

4. 资质审核和品牌评估

　　资质审核的内容包括：商家资质真实有效；商家规模达到入驻要求；商家授权有效，链路完整；商家生产、经营范围、产品安全性资质完整，且符合国家行政法规许可要求。

　　对于非天猫热招品牌，天猫将会通过评估商家品牌实力来完成品牌评估，主要评估指标如下。

（1）品牌定位：风格、受众群体、货单价。

（2）品牌经营实力：品牌成立时间，线下经营情况（近一年交易额、外贸出口额等）、淘宝或其他平台经营情况。

（3）品牌特色：原创设计师品牌，特色服务。

（4）企业实力：工厂、企业获奖、运营计划等特色信息。

当商家品牌实力满足天猫招商要求的时候，才有可能进入下一步审核。

5. 激活账号

激活账号的同时须完成密码设置，填写手机号码及邮箱账号，完成支付宝企业实名认证。

6. 完成开店前相关任务

账号激活后，商家还需要完成开店前的几项基本工作：第一，按照要求签署支付宝协议，即同意在天猫平台规则下由支付宝代扣佣金；第二，签署店铺协议，即同意按照平台规则经营店铺；第三，完成天猫规则学习与完成考试，主要是为了熟悉规则，避免后续不当经营，而且必须参加考试，考试达标才可以进入下一步；第四，信息维护，即完成公司档案信息、店铺档案信息和人员档案信息的维护，如图 2-1-12 所示。

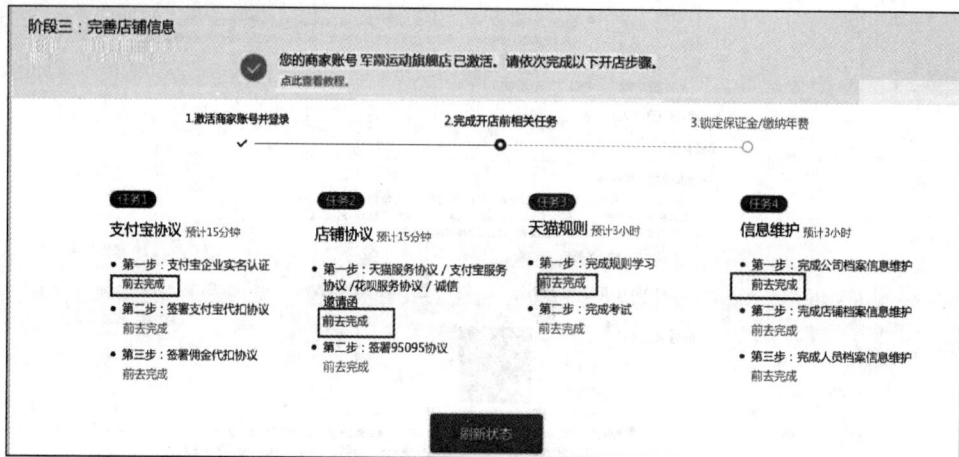

图 2-1-12　完善店铺信息

7. 缴费

确保支付宝内余额充足，并在 15 天内完成保证金和技术服务年费的缴存。

8. 店铺上线

店铺上线前发布规定数量的商品，类目不同，发布商品数量不同，分别为 5 件、10 件、20 件、30 件，完成商品发布后进行店铺装修并上线，如图 2-1-13 所示。

9. 其他入驻渠道

除了常规入驻渠道外，在淘系下还有天猫国际、天猫超市、供销平台、村淘、智慧门店、天猫快闪、智慧场馆等不同的入驻渠道，它们面向的客户资源不同，平台所赋予的资源也各有优势。

在京东体系下，除了正常的 POP 平台（旗舰店、专卖店、专营店）外，还有自营合作、京喜合作、海囤全球、京东境外及新兴的京东拼购等入驻渠道。

对比境内各大电商入驻平台，基本所有平台的入驻流程都很接近，其差别主要在于各平台对商家资质要求、费用要求等方面。

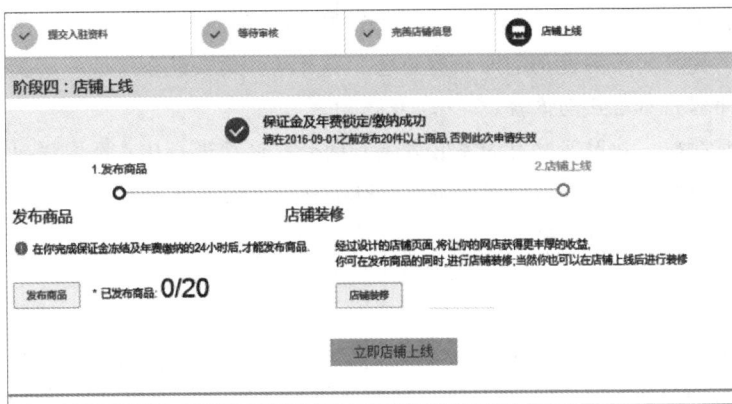

图 2-1-13　店铺上线

除了天猫、京东外，当下比较主流的渠道还有拼多多、唯品会、苏宁易购。此外，还有一些小型电商平台，例如小红书、建行善融商城等，在当前还有抖音、快手平台以及一些二类电商投放渠道。尽管小型电商平台的总体规模不大，但出于错位竞争、剑走偏锋的思路，对于部分类目的部分商家而言，还有一定的发展空间。总体而言，这些电商平台的入驻流程也很接近，不再赘述。京东系、头条系、唯品会、拼多多的入驻申请详见官网相应频道。

三、熟悉店铺前后台环境

任何事物都是环境的产物，熟悉环境是开展工作的前提条件，传统店铺运营需要熟悉传统的经营环境，例如，卖家所经营商品的市场、竞争对手情况，自己的生产、销售情况，直销、经销、代销情况及消费者情况，还包括进驻商场的费用；网店运营需要了解整个网络平台的情况，包括网络平台的各项规则，平台的前台（PC 端、移动端）首页、类目页、商品详情页布局，每块布局代表什么内容，前后台功能如何对应。

近两年网店运营与以往变化最大的就是，伴随移动电商的高速发展，移动端已然成为网店运营的核心，移动端前台内容布局、后台功能介绍也成为网店运营者必须熟悉的部分。下面以天猫为例介绍天猫的前台内容和后台功能布局。

1. 前台内容

由于目前淘系前台是以淘宝且以手机淘宝为主的，因此这部分主要以手机淘宝前台为例进行介绍。

（1）手机淘宝 App 首页

打开手机淘宝，其前台结构主要包括以下几个部分。

① 首屏包括搜索框、淘宝类目导航、首页焦点图、淘宝官方重要频道、大型活动区、商家活动区、特色内容频道推荐区，如图 2-1-14 所示。

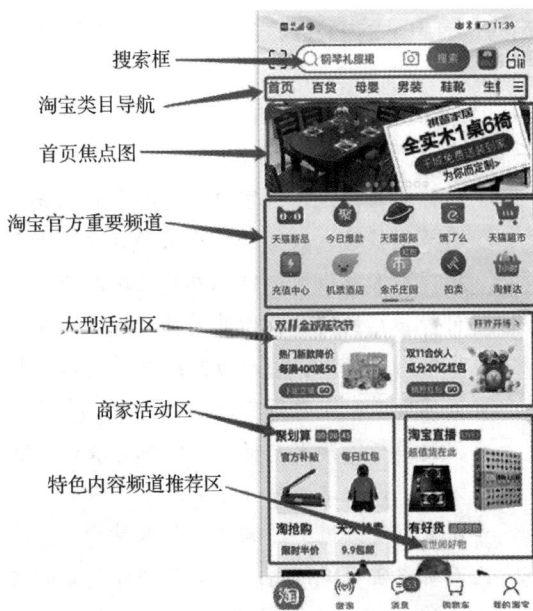

图 2-1-14　手机淘宝 App 首屏布局

- 搜索框，在搜索框，客户除了可以搜索日常商品关键词查找商品，也可以搜索聚划算、淘金币、淘抢购等关键词进入相关频道。有时候，淘系也会通过一些互动关键词的发布，引导客户参与互动体验。
- 淘宝类目导航，按照客户对淘系官方类目的受欢迎度进行从左至右排列，客户可以左滑看到更多的类目，并通过点击类目导航直接进入对应类目页面，也可以通过点击右侧折叠框直接进入对应类目。
- 首页焦点图，共计八张，之所以被称为焦点图，就是因为这个位置曝光量大，是商家付费广告投放的必争之地。
- 淘宝官方重要频道，主要包括天猫新品、今日爆款、天猫国际、饿了么、天猫超市、充值中心、机票酒店、金币庄园、拍卖、淘鲜达等官方重要频道，商家可以观察到淘系及阿里系对各个频道的重视度，重点关注各个频道的动态，有助于日后的网店运营。
- 大型活动区，主要是淘系对官方举行的一些大型活动而设置的预热、投放频道，包括"双十一"活动、年中"6·18大促"等。
- 商家活动区，是淘系对官方常规活动的流量入口，目前主要包括聚划算、淘抢购、天天特价，之所以把这些活动放置在首屏这么重要的位置，是因为淘系对常规活动足够重视，由此商家也应该体会到尽管在移动时代，这些常规活动仍旧是商家网店运营的重要组成部分。
- 特色内容频道推荐区，是淘宝直播、有好货、每日好店、淘宝头条等频道的入口，这是目前推动淘宝内容化、社区化运营的主要阵地，商家的相应内容如果表现突出，都会被推荐到这些栏目页的重要位置。由于内容化、社区化这种更软性、场景化的营销模式更为消费者所接受，因此这也是商家流量竞争的重要入口。

总而言之，手机淘宝首页流量可观，作为运营者，要充分认识到手机淘宝首屏的重要性，对每个栏目的内容来源做到了然于胸，充分应用；另外，尽管这些栏目结构排序是固定的，但展示的内容因客户日常关注内容的不同而有所差别，这也是淘系千人千面的突出体现。

② 第二屏主要展示的内容包括猜你喜欢、直播、便宜好货、洋淘等内容，都是以千人千面的形式展现的，如图2-1-15所示。

- 猜你喜欢频道，将客户和商品分别打标签后进行匹配，由平台主动分配，平台会根据季节变换及大数据反映出来的客户消费偏好变化切换流量，将最符合客户需求的商品展现在客户眼前。猜你喜欢频道既有平台从自然商品中筛选出的普通商品，又有商家付费推广的商品，但其前提都源于该类商品标签与客户的匹配度及该商品在该频道表现的人气情况，因此该频道也是商家进行流量竞争的重要入口。
- 直播频道，是商家直播的推荐区，与上述猜你喜欢频道的展示原理类似，是由系统根据商品标签和客户标签匹配推荐展示，2016年后直播、视频购物成为淘系发展的重点方向，因此这部分流量也是商家未来争夺的主要流量入口之一。
- 便宜好货频道，是淘系对加入特卖区商家的一个流量扶植入口，该频道主要面向一些百货类常规低价商品，对于部分商家而言，该频道是一个比较优质的流量入口。
- 洋淘频道，主要是买家秀，因此其内容更具参考性，是商家进行营销推广的主要渠道。

③ 底部栏目，淘宝首页底部栏目主要包括首页、微淘、消息、购物车、我的淘宝，商家可以好好利用的主要是微淘栏目，尽管微淘没有其他栏目的流量大，但微淘栏目已经成为部分客户经常网购"逛街"的地方，但前提条件是商家必须先让客户成为其粉丝。

（2）手机淘宝搜索页

手机淘宝首页是客户网络购物的必经页面，接着绝大多数客户都会通过搜索直接进入搜索页面。手机淘宝搜索结果页面主要包括主搜索框、店铺按钮区、品销宝广告展示区、商品属性筛选区、商品展示区，如图2-1-16所示。

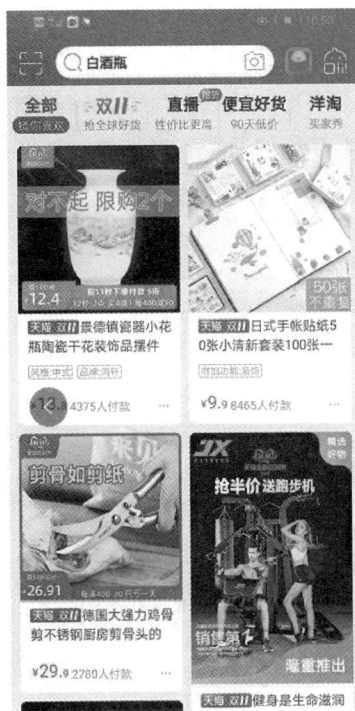

图 2-1-15　手机淘宝第二屏布局　　　　图 2-1-16　手机淘宝搜索页布局

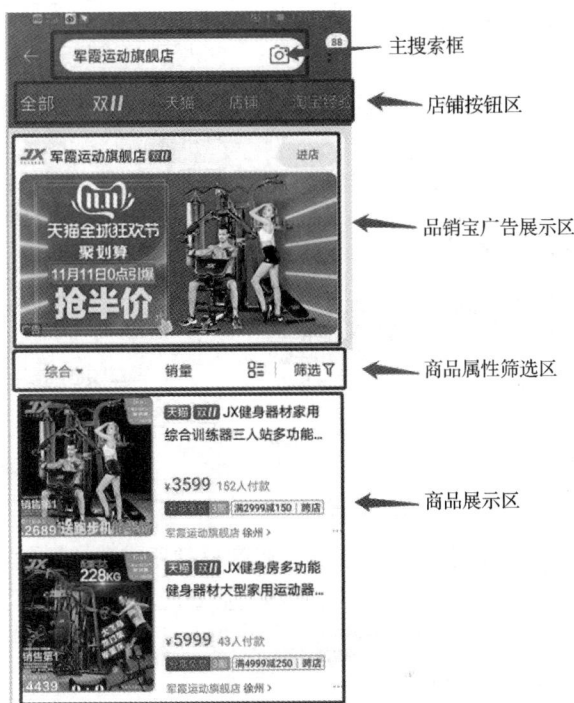

① 店铺按钮区，有全部、天猫、店铺、淘宝经验等选项，其中淘宝经验是在2019年前后出现的。在淘宝经验中，客户可以看到和自己搜索的商品或者品类相关的内容，涵盖评测、搭配心得、"种草推荐"等多种导购图文和短视频内容，辅助其购买决策，这些内容主要源于达人微淘号、商家微淘号、天猫"种草猫"频道以及部分小红书账号的分享。

② 品销宝广告展示区，展示的是旗舰店商家广告内容，当客户搜索内容有品牌关键词的时候，对应投放品牌关键词的商家广告就会展现出来。

③ 商品属性筛选区，包括综合（综合、信用、价格）、销量、筛选（包括品牌、折扣服务、价格区间、发货地等）等选项。

④ 商品展示区，是商品搜索结果的展示列表，由广告商品和自然排名商品交替排布。单品展示内容主要以左边首图，右边标题、口碑或属性特征、价格和交易人数、店铺活动促销、店铺名称的形式呈现。不同类目的商品，右边展现的个性化因素会略有差异。

（3）手机淘宝单品详情页

手机淘宝单品详情页主要分为商品（也称"宝贝"）、评价、详情、推荐四个部分，如图2-1-17所示。

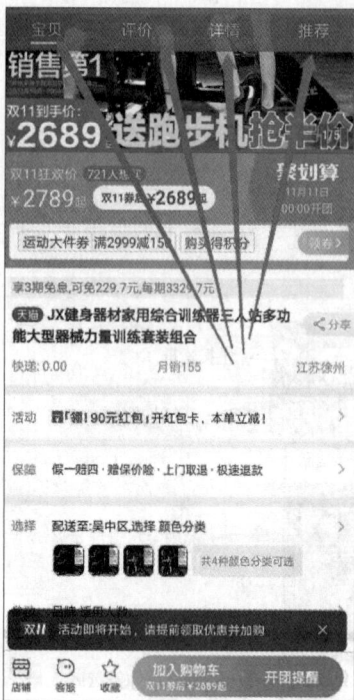

图 2-1-17 单品详情页

商品（也称"宝贝"）部分主要展示的是商品的视频、商品图片、活动促销情况及具体参数属性，通过这个部分客户可以对商品有个初步认识。

评价部分主要以商品标签属性的形式，展示客户给予商品的各种评价。

详情部分及推荐部分，分别展示的是商品详情和系统给予的同类商品推荐。

总之，对于平台前端页面结构展示部分，运营者应该做到准确地理解每个页面的结构布局、内容来源、展示意义，既能够站在客户的角度体验每一部分内容给客户带来的体验感受，又要从页面装修、网店推广、网店转化的角度考虑每部分内容对于商家运营的意义所在，尤其要做到及时关注前端页面的变化，并及时调整推广策略，例如理解淘系的千人千面、社交化、内容化运营对于商家在运营推广中的重要性，并知道应如何开展工作。

2. 后台功能

由于网店运营主要以天猫 PC 端后台功能为主，因此后台功能介绍主要围绕天猫 PC 端展开。

（1）商家中心首页看板

商家中心首页看板展示了商家日常所需要关注的各项指标情况，这些指标其实都分布在左侧的各项导航里面，在看板区显示出来是为了方便商家快捷浏览，如图 2-1-18 所示。

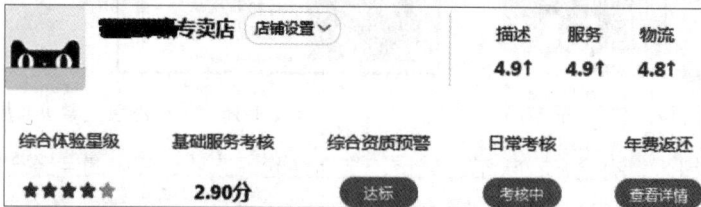

图 2-1-18 商家中心首页看板

① 天猫官方指标

天猫官方指标主要包括店铺动态评分、综合体验星级、基础服务考核、日常考核等信息。与淘宝平台不同，天猫平台对商家是有一定考核标准的，平台会认为达到标准的商家具备持续服务客户的能力；如果达不到指标，平台则认为商家不能持续地对客户负责，有可能中止商家在平台的经营。

● 店铺动态评分即 DSR 评分，主要是客户对商家商品描述相符、服务态度、发货速度三项服务的评分，客户一般在店铺购买商品结束后可以在交易后台对相应商品的三个指标进行五星评测，平台会结合商家近 6 个月的评价情况综合评分，当商家 DSR 评分在同行平均值以上时，店铺 DSR 会显示向上的红色箭头，相反则显示向下的绿色箭头，如图 2-1-19 所示。

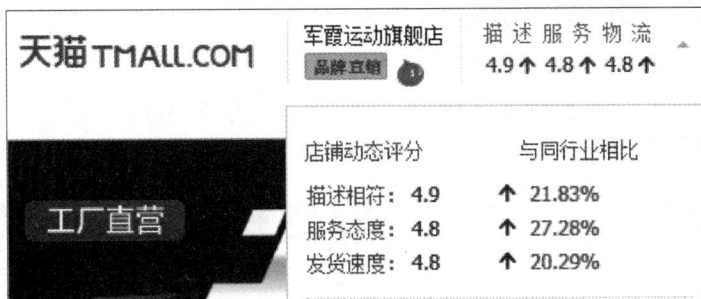

图2-1-19 商家店铺前台DSR评分界面

店铺DSR评分的现实价值在于：它不仅会影响客户的下单购买率，同时也是商家日后能否参加平台营销活动的重要指标。一般而言，当店铺DSR评分长期低于类目平均值以下时，商家就没有资格报名参加营销活动，甚至会被平台清退。但目前DSR评分日渐被综合体验星级、基础服务考核所替代。

- 综合体验星级，是天猫平台新推出的天猫消费体验指标，是天猫对实物类成交商家全链路消费体验考核的新标准，从商品体验、物流体验、售后体验、纠纷投诉、咨询体验及特色服务等维度对商家综合体验能力的认证评定，前面5项为共性考核，特色服务则会根据行业特色的不同进行调整。综合体验星级目前分为3星～5星，其中5星为最好，依次为5星、4.5星、4星、3.5星、3星，综合体验星级认证为5星的店铺及其商品可获得天猫无忧购透标。综合体验星级每月1日和16日进行考核和认证。综合体验星级也是影响客户下单的影响因素之一。图2-1-20所示为商家手机淘宝店铺首页综合体验星级界面。

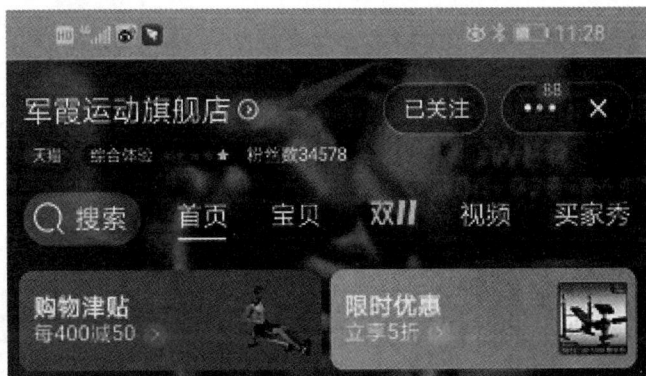

图2-1-20 商家手机淘宝店铺首页综合体验星级界面

- 基础服务考核，也是天猫平台新推出的天猫消费体验指标，其内在细分指标包括商品体验、物流体验、售后体验、纠纷投诉、咨询体验五个方面，涉及商品评价、物流评价、揽收及时率、仅退款时长、退货退款时长、纠纷退款率、投诉成立率、阿里旺旺回复率8个指标，未来基础服务考核这8个指标将会逐步取代店铺DSR动态评分，该考核指标根据类目要求各有差别，同样影响客户体验和店铺营销活动报名，同时还会影响到天猫商家年费折扣优惠结算。

- 日常考核，主要包括店铺销售额和基础服务考核两部分，如表2-1-2所示，在天猫店铺日常经营中，平台对商家店铺销售额和基础服务考核分有严格要求，如果店铺在一定周期内销售额（年）和基础服务考核（月，不同的类目，月份周期不一样）达不到指标要求，就面临被清退的风险。

表 2-1-2　户外运动类目店铺营业额考核指标

天猫经营大类	一级类目	二级类目	基础服务考核		店铺销售额目标（元）（≥）
			基础服务考核分目标（≥）	累计不符合基础服务考核分目标的月数（<）	
运动户外	运动鞋 new		2.5	< 4	1,050,000
	运动服 / 休闲服装		2.6	< 5	800,000
	运动 / 瑜伽 / 健身 / 球迷用品	跑步机 / 大型健身器械	2.2	< 4	1,000,000
		其他二级类目	2.2	< 4	600,000
	电动车 / 配件 / 交通工具		2	< 6	500,000
	自行车 / 骑行装备 / 零配件		2	< 6	350,000
	户外 / 登山 / 野营 / 旅行用品		2.5	< 4	300,000
	运动包 / 户外包 / 配件		2.5	< 4	150,000

② 待办任务

待办任务区域主要显示的是商家在日常交易时应该关注的项目，包括目前商家售前 & 售后情况、物流异常情况、宝贝管理情况、诚信经营情况、小二提醒等，如图 2-1-21 所示。值得一提的是，诚信经营情况需要大家尤为关注，这里面涉及待处理投诉数、待处理违规数、待处理管控数等。

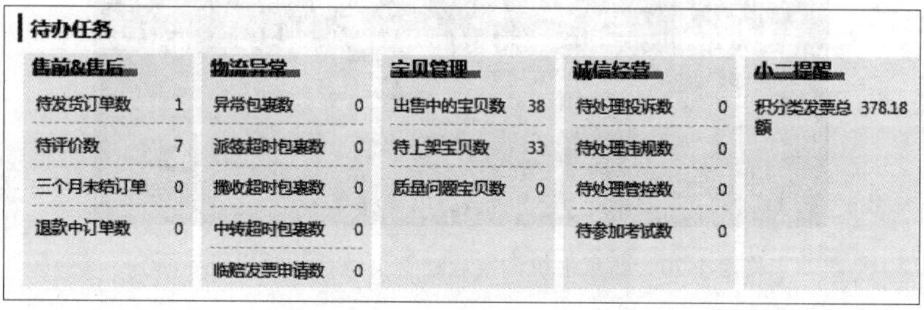

图 2-1-21　天猫后台待办任务

③ 营销服务、服务能力、合规中心

营销服务是商家目前可报名参加的官方活动和已报名活动的集合，服务能力和合规中心分别对应的是商家的商家体验星级和违规情况，如图 2-1-22 所示。

商家首页看板区除了上面几项外，下面还有生意参谋中的实时概况、行业排名、竞店流失、行业排名等概况，店铺资金情况、店铺诊断情况等。

总之，商家首页看板区是店铺各项经营情况的总览，商家通过这些窗口可以迅速掌握店铺概况。

图 2-1-22 天猫后台营销服务能力

（2）左侧导航栏

左侧导航栏是商家日常经营常用的功能集合，主要包括推广渠道管理、我购买的服务、营销中心、交易管理、物流管理、店铺管理、宝贝管理、货源中心、客户服务等多项内容。

① 推广渠道管理，其中包括天猫境外销售渠道、东南亚销售渠道、农村淘宝，分别对应的是天猫的跨境进口零售渠道（天猫国际）、阿里巴巴的跨境出口零售渠道以及阿里巴巴的村淘渠道，其中村淘和天猫国际都属于淘系体系，在淘宝网都可以找到相应的流量入口，对于已经入驻天猫体系的商家，如果有相应的资源优势，也可以开通相应渠道的服务，扩大销量规模。

② 我购买的服务，是指商家在淘系服务平台购买的第三方服务软件，主要包括流量营销管理类、店铺运营管理类的服务，例如可用于日常店铺运营效果分析的生意参谋、生意经，用于客服效果分析的赤兔客服管理等服务，只要是商家在淘宝服务频道购买的服务都会在这里展示。

③ 营销中心，主要包括官方活动报名、营销活动中心、营销推广中心、营销工具中心、自运营中心、客户运营平台、天猫快闪店等栏目。

● 官方活动报名和营销活动中心，是指商家报名参加活动的官方入口列表，包括"双十一"、聚划算、淘抢购及一些日常活动。

● 营销推广中心，是商家店铺上线后进行流量推广的各种手段入口，包括直通车、钻石展位、淘宝客等。

● 营销工具中心，是商家在日常经营或者活动中用于店铺促销活动的各种工具，包括优惠券、搭配销售、打折工具等。

● 自运营中心，是近几年随着客户移动化、内容化需求的提升，淘系推出的助力商家真正地从流量运营走向人群运营的商家私域运营工具，商家可以通过淘宝群、专属客服、客户运营平台、阿里巴巴创作平台、淘宝直播、客服直播等渠道触达客户，如淘宝直播、有好货、每日好店、淘宝头条、淘宝经验等都是这部分内容运营的结果。

● 客户运营平台，是淘宝官方为商家提供的客户关系管理平台，通过这个平台，商家可以对客户实现深度管理，而且还可以有针对性地对定向客户开展活动营销。这部分内容在后续客服部分还会专门介绍。

● 天猫快闪店是天猫近几年推出的一站式线上和线下活动融合平台，商家可以通过数据化选址筛选线下活动场地、智能硬件定制助力线上店铺的线下营销能力，提升店铺运营效果。商家可以通过这个功能报名开启线下营销活动。

在营销中心除了有以上常见功能外，还有天猫素材库、娱乐营销中心等诸多功能，这里就不再——展开介绍。总之，这个区域是商家推广促销人员日常运营推广促销最常用的部分。

④ 交易管理，主要包括已卖出的宝贝、评价管理、境外订单支持、分期管理、客户之声等功能，商家据此可以掌握已卖出商品的情况。

⑤ 物流管理，其主要功能是对物流运费模板进行设置、进行发货管理等。

⑥ 店铺管理，主要包括店铺基本设置、域名设置、品牌和类目管理、宝贝分类管理、店铺装修、子账号管理、媒体中心、搜索流量管理、账房店铺品质管理、发票管理等功能。

- 店铺基本设置，是对店铺名称、店铺标志、店铺简介、经营地址、主要货源的管理设置。店铺名称由于在申请时已确定所以不能更改，其他功能都是在店铺申请成功后需要初步完善的，相对比较简单。其中需要注意的是，商家尽量在店铺简介中填写上自己的品牌名称、主要经营商品，方便客户在前台搜索店铺时候查找到。店铺基本设置界面如图 2-1-23 所示。

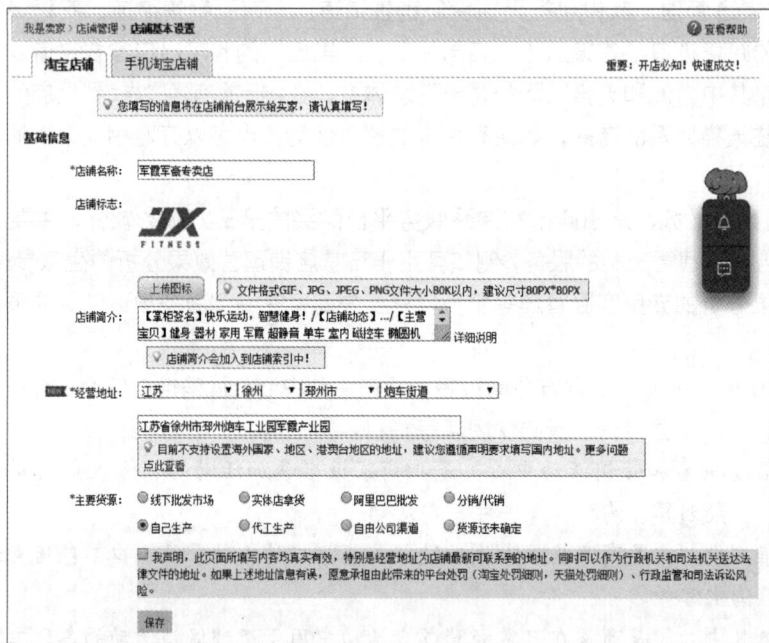

图 2-1-23 店铺基本设置界面

- 域名设置，由于域名在店铺申请时已经确定，所以在此也不能更改。
- 品牌和类目管理，在这个栏目下商家可以查看目前店铺申请授权的品牌有哪些，以及对应品牌授权经营的类目包括哪些，如图 2-1-24 所示。一般而言，店铺在申请之初已确定经营品牌及类目，商家只能发布对应类目的商品，并非店铺申请成功后可以发布任意类目的商品，当商家需要在该品牌下启用多个类目的时候可以在此处增加新申请。资质管理即商家经营类目商品所需要的各类资质，除了品牌授权书、税务登记证等申请店铺时需要的资料外，还要有对应经营类目需要的许可证书等，如《食品经营许可证》《医疗器械经营许可证》等。

图 2-1-24 品牌管理界面

- 子账号管理，是店铺负责人对参与店铺运营的人员进行账号分配、权限划分操作的功能区。账号设置完成后，对应的美工、客服、运营等人员可以以子账号形式登录平台，并且能够独立工作，避免干扰、越权。

⑦ 宝贝管理，在这个栏目下对应的功能主要有发布宝贝、无线宝贝管理、出售中的宝贝、仓库中的宝贝、体检中心，主要涉及宝贝发布、宝贝管理。在这些功能里面尤其需要关注的是体检中心（见图 2-1-25），它是对商家在网店运营过程中出现违反市场管理和市场规则的内容展示，如商家涉及违规不仅面临着罚款、扣分、降权等诸多可能，而且可能面临被清退的风险。

图 2-1-25 商家店铺体检中心

⑧ 货源中心，主要包括新品快订、我要进货、分销管理、淘工厂、阿里巴巴进货管理、企业采购频道。小规模商家或供应链不扎实的商家可以通过这些栏目对接一些货源信息。

⑨ 客户服务，主要包括阿里店小蜜、退款售后管理、发票管理、服务数据看板、申诉中心、规蜜等，是商家进行客户投诉管理、售后管理的区域，这部分也是日后客服人员需要经常维

护管理的地方，其中的退款售后管理、规蜜等功能尤其值得商家关注。

当然，在左侧导航栏，所有的栏目和功能都值得商家仔细揣摩，每一个按钮区都有它的应用价值。总之，后台功能模块每一个部分都是运营人员所应该熟知的。

（3）千牛卖家工作台

千牛卖家工作台是阿里提供给商家的客户端管理工具，分为 PC 端和移动端两个版本，其主要功能表现在两个方面：一方面替代了以往阿里旺旺的客户聊天功能，另一方面继承了商家平台的各项后台功能，与商家中心功能基本一致。总体而言，其应用比网页端商家中心更为便捷、安全。千牛卖家工作台的后台界面如图 2-1-26 所示。

图 2-1-26　千牛卖家工作台的后台界面

四、商品发布

1. 商品发布许可

基于平台管理需要，商家并非所有的商品信息都可以自由发布，淘系平台分别从店铺类型、店铺经营许可、禁发商品目录等方面做了明确的规定。

例如，上述提到的天猫店铺只能在已申请的品牌和类目下进行商品发布，如果要扩充类目商品发布必须再次提交申请；淘宝店铺发布食品类商品需要提交食品安全证明，发布工业类商品需要提交工业产品生产许可证，如图书、零食特产、乳品类等，都属于特殊的类目，商家都要提交一定的许可证明，同时还需要关注淘系平台的《禁发商品及信息名录 & 对应违规处理》规范。

总之，商家在经营前应该考虑到商品的发布和经营许可，避免出现违规情况，影响店铺长远规划。

2. 商品发布要点

店铺申请成功后，第一步就是发布商品，从目前淘宝、天猫及各大平台的发布流程看，整个商品发布流程相对简洁，下面着重对商品发布中的要点进行归纳。

① 类目选择要准确，在输入关键字后，可以根据下拉提示选择最为合适的类目。需要注意的是，类目填写不精准可能会影响到商品曝光度，甚至可能违反淘宝规则，造成店铺扣分、商品下架等问题。

② 标题最多 30 个汉字（60 个字符），要填写完整，既能够突出商品关键字，又能够突出品牌、属性关键字，体现商品的卖点、差异性；既能满足客户搜索需要，又达到吸引客户关注的目的。写标题的时候可以结合"品牌词＋营销词＋属性词＋类目词＋商品词"的格式进行表达，既体现商品品牌，又体现营销色彩和商品特性。在这里补充说明一下，天猫商家可以在标题后面发布 40 个字符的卖点信息，而淘宝商家则没有这个选项。

③ 多规格信息发布，部分类目的商品存在多种规格（型号、尺寸、颜色、口味等），多规格商品发布不仅可以减少平台上的重复信息，方便客户查找，从另一方面看，也方便商家以商品低价引流并积累销量、客户评价。

④ 物流信息设置，商家需根据客户所在区域和商品属性的不同，设置不同的快递模式及费用模板，如图 2-1-27 所示。

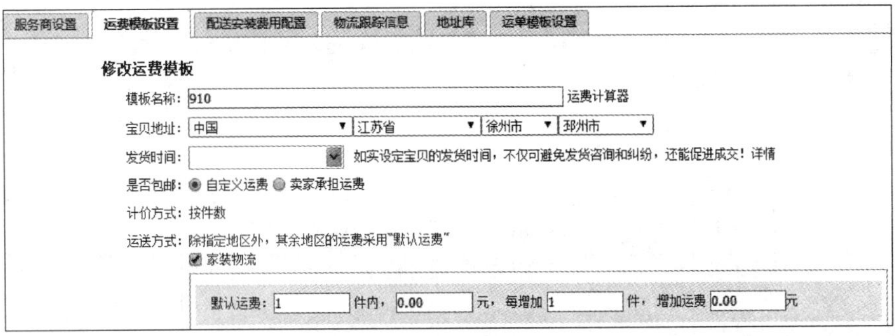

图 2-1-27　运费模板设置界面

⑤ 库存计数设置，商家可以根据自身特征选择客户拍下减库存还是客户付款减库存，以避免恶意买卖风险、超卖风险。

⑥ 商品图片和视频设置，淘系商家可发布商品图片和主图视频；天猫商家可发布专属的商品主图和商品竖图（800 像素 ×1200 像素，部分类目开放）、透明素材图（800 像素 ×800 像素），这些商品竖图、透明素材图有利于增加商品曝光机会。淘宝商家还可以通过发布商品第五张白底图来增加曝光机会。在图片发布规格方面，淘宝商家发布的图片只要大于 700 像素 ×700 像素，就可以显示放大镜功能；而天猫商家发布的图片大于 800 像素 ×800 像素时，才会显示放大镜功能。

⑦ 售后信息设置，天猫商家和淘宝商家在售后信息设置方面大体接近，不同点在于天猫商家必须设置买家返点比例、默认提供发票，而淘宝商家则不需要。

⑧ 预售商品发布，淘宝商家可以选择预售模式（全款预售、定时预售）发布，而天猫商家则要通过详情页设置发货时间（固定发货时间、相对发货时间）来实现。

总之，在商品发布过程中，淘宝商家和天猫商家的发布有明显的差异，其中有些关键点是商家都必须注意的，如类目选择要精准、商品信息中不要出现违反《中华人民共和国广告法》的违禁词；发布的商品信息与实际售卖商品要一致，不要出现滥发信息行为；主图不要出现任何形式的边框，不得出现水印，不得包含促销等文字说明；图片、文字不要存在涉嫌不当使用他人商标权、著作权、专利权等权利的行为。

3. 淘宝助理应用

在日常商品发布过程中，商家可以选择 PC 端发布商品，也可以选择千牛卖家工作台发布商品，除了上述通道外，淘宝还为商家提供了客户端淘宝助理。商家利用淘宝助理不但可以批量发布和编辑商品，而且可以使用其提供的交易管理、图片空间和应用中心等功能。淘宝助理设置界面如图 2-1-28 所示。

图 2-1-28　淘宝助理设置界面

五、网店对比分析

1. 淘宝集市店与天猫商城店对比分析

同为淘宝体系的店铺，淘宝集市店和天猫商城店在市场定位及商家主体方面、申请流程和费用方面、应用方面等存在着明显的差异。

（1）市场定位及商家主体方面

淘宝集市店主要面向中低端客户或个性化客户，以中低客单价的商品或者个性化商品为主，强调商品的质优价廉或者个性化，因此商家主要以个人、个体户和部分企业为主；天猫商城则主要面向中高端客户，强调商品质量的同时突出品牌和服务，相对而言，客单价较高，因此商家必须是企业法人，而且要拥有品牌，拥有一定的商品成交和服务能力。

（2）申请流程和费用方面

淘宝集市店，只要简单地通过支付宝个体或者商家认证，在网上提交基本资料即可，目前除了大部分类目必须缴纳一定的保证金外，基本没有其他成本开支；天猫商城店铺的审核比较严格，除了要提交上述的一系列材料外，还需要缴纳保证金、技术服务费、佣金，而且有试运营期要求。表 2-1-3 所示为必须缴纳保证金才能发布的商品类目。

表 2-1-3 必须缴纳保证金才能发布的商品类目

一级类目名称	强制保证金额度	二手是否需要	备注
数码相机 / 单反相机 / 摄像机	1000		
男装	2000		
笔记本电脑	8000		
MP3/MP4/iPod/ 录音笔	1000		
手机	50000		
美容护肤 / 美体 / 精油	5000		
住宅家具	5000		
彩妆 / 香水 / 美妆工具	3000		
珠宝 / 钻石 / 翡翠 / 黄金	5000		
运动服 / 休闲服装	2000	是	
特价酒店 / 特色客栈 / 公寓旅馆	5000		
影音电器	1000	是	
运动鞋 new	5000	是	
户外 / 登山 / 野营 / 旅行用品	2000	是	
平板电脑 /MID	50000		
美发护发 / 假发	2000		
电影 / 演出 / 体育赛事	3000		
度假线路 / 签证送关 / 旅游服务	5000		
景点门票 / 演艺演出 / 周边游	5000		
手表	5000	是	
运动包 / 户外包 / 配件	2000		

（3）应用方面

天猫商家是付费商家，能享受平台提供的一系列扶持政策，如商品发布功能支持、店铺装修功能支持、推广促销工具应用、活动报名等，相比淘宝集市店而言要优越得多。

2015 年 6 月，淘宝在集市店的基础上分出了一种新形式的店铺——淘宝企业店。淘宝企业店铺要求商家的资质必须是企业，而且企业店铺的标志将会展现在店铺的各个位置及搜索结果中，同时淘宝企业店铺在子账号应用、活动报名等方面比普通的淘宝集市店有明显的优势。总之，淘宝企业店铺明显地提升了集市店铺中企业会员的诚信度，也从侧面体现了淘宝商家的服务能力。

2. 天猫商城店与其他商城店铺对比分析

其他商城与天猫商城相比，除了在客户针对性、费用、服务功能方面有差异之外，所有商城的运营机制，包括店铺装修、商品发布、推广营销、客户服务乃至后续的发货和客户管理，基本上都与天猫商城类似。

（1）市场份额方面

网络经济服务平台电子商务研究中心监测数据显示，2018 年，我国 B2C 网络零售市场

（包括开放平台式与自营销售式，不含品牌电商）交易份额排名前三位的分别为天猫56.0%、京东25.4%、拼多多5.8%，排名第四至八位的分别为苏宁易购4.6%、唯品会4.4%、国美在线1.1%、亚马逊中国0.4%、当当0.3%，如图2-1-29所示。

一般而言，选择市场份额越大的平台，对商家来说可开拓的空间也就越大。从市场份额的角度讲，毫无疑问天猫、京东是市场首选，作为后起之秀的拼多多也应该引起商家关注。

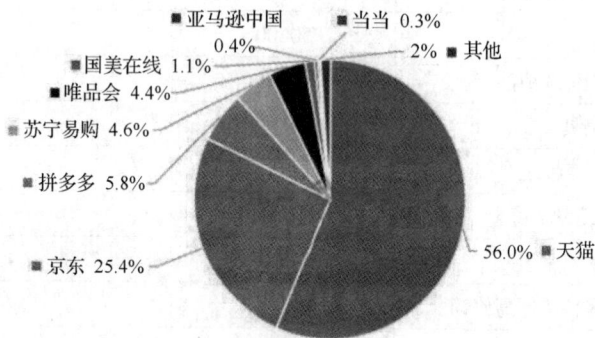

图 2-1-29　2018 年我国 B2C 网络零售市场交易份额

（2）行业定位及优势类目方面

尽管目前各大平台都在向百货类商品类目迈进，但从发展历史上看，天猫从一开始就定位在百货类，因此在化妆品等多个类目的整体表现都比较突出；京东开始是以自营家电起家的，且有京东物流做支撑，所以整体在家电类目上优势相对突出，且自营市场发展空间更大；拼多多作为后起之秀，以百货类为主，虽整体商品客单价偏低，以对价格敏感的中低端客户居多，但其成长速度快，尤其适合有成本优势的厂家运营；苏宁易购、国美在线在传统领域也起家于家电类目，因此其家电类目较为突出；唯品会以特卖品牌商品起家，因此在服饰领域、品牌特卖领域稍显突出。

总体而言，这些平台尽管在流量上还不能和天猫媲美；但这些平台在各自行业定位及优势类目方面都有自己的明显特点，因此商家在选择平台的时候，可以根据自己的品类和客户定位进行适当选择。

（3）平台机制和后台功能方面

天猫从开始就起家于平台模式，因此在整个平台机制和后台的完善度方面，无论是功能还是体验，天猫都远远优于其他平台，同时在新领域探索方面，如促销场景、移动端、社交电商、千人千面个性化展示、线上线下融合等，天猫生态体系相对更健全，明显处于领先地位；在物流保障条件方面，京东更具优势；在移动端活动促销方式方面，拼多多更为灵活。

总之，从平台机制和后台功能角度来看，天猫平台体验整体优于其他平台。

（4）日常运营方面

由于天猫平台机制更为完善，商家竞争更加激烈，天猫对商家运营团队能力要求更高，需要运营人员综合素养更突出，视觉美工团队更优秀，推广团队更优秀，客户服务更周到，其运营难度远远高于其他平台；相比较而言，京东对售前客服的要求宽松一些，但对活动促销人员的应急处理能力要求更高；而拼多多对客户投诉比较重视，因此要求商家在客户服务方面要及时，以避免出现客户投诉。

任务二　店铺摄影及装修设计工作

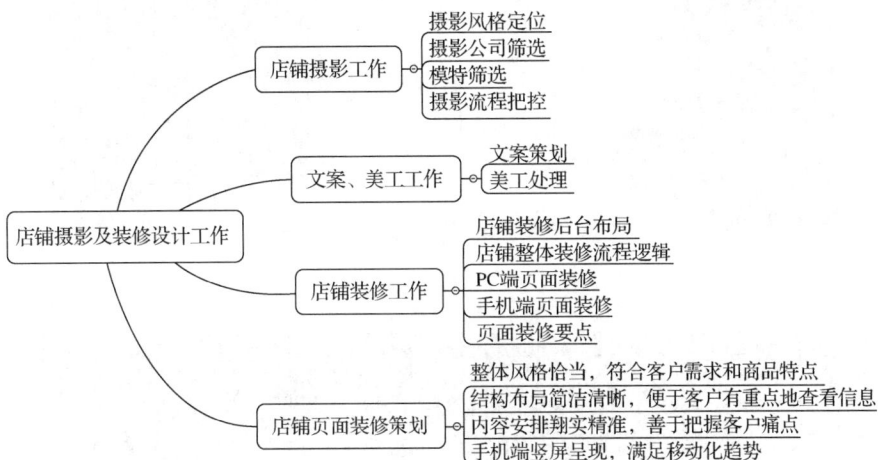

```
                        ┌─ 摄影风格定位
                        │  摄影公司筛选
              店铺摄影工作 ─┤  模特筛选
                        └─ 摄影流程把控

              文案、美工工作 ─┬─ 文案策划
                          └─ 美工处理

                        ┌─ 店铺装修后台布局
                        │  店铺整体装修流程逻辑
店铺摄影及装修设计工作 ─┤  店铺装修工作 ─┤  PC端页面装修
                        │  手机端页面装修
                        └─ 页面装修要点

                        ┌─ 整体风格恰当，符合客户需求和商品特点
                        │  结构布局简洁清晰，便于客户有重点地查看信息
              店铺页面装修策划 ─┤  内容安排翔实精准，善于把握客户痛点
                        └─ 手机端竖屏呈现，满足移动化趋势
```

在电商时代，消费者认识网络商品最直接的途径就是网店的图文、视频。消费者网络购物与其说是为商品买单，不如说是为商品文案买单。纵观网络上绝大多数的成功店铺，究其成功的原因，几乎都与店铺装修文案有着密不可分的关系。在视频、直播如火如荼的今天，视觉装修工作对店铺的成长也起到至关重要的作用。

一、店铺摄影工作

作为电商刚刚起步的公司，前期的摄影工作一般是交给专业摄影公司完成的，后期随着商品上新频繁，摄影工作更加频繁，公司慢慢地会培养自己独立的摄影团队、搭建自己的摄影场所。

作为一名电商运营人员，尽管不需要在具体摄影工作方面非常突出，但要做好电商工作，还是有必要对摄影工作有一定的认知，如店铺摄影风格定位、摄影公司筛选、模特筛选、摄影流程把控等。

1. 摄影风格定位

店铺摄影风格要与市场人群定位、商品品牌定位、商品特质、店铺风格相统一。店铺如果要呈现相应效果，就需要在场景、模特、摄影器材及摄影师的选择上与之相对应。

2. 摄影公司筛选

由于电商的快速发展，各地都出现了为数不少的电商摄影公司。一般筛选摄影公司主要从以下几个方面判断。

（1）摄影师情况

摄影师情况包括摄影师数量、摄影师工作年限以及摄影师相关类目的拍摄经验。一般相关经验比较丰富的摄影师在合作期间能快速理解商家对商品的拍摄要求，甚至提出中肯的拍摄方案，拍摄出满足商家调性要求的作品。

（2）摄影器材和场地条件

摄影器材包括相机、镜头、摄影灯、灯箱等，场地条件包括有无影棚、幕布及配套的摄影场景、固定合作的取景地点。设备高端、场景丰富，摄影公司才能为商家提供更高质量的服务。图 2-2-1 所示为摄影公司的影棚，图 2-2-2 所示为摄影棚的辅助器材。

图 2-2-1　摄影公司的影棚

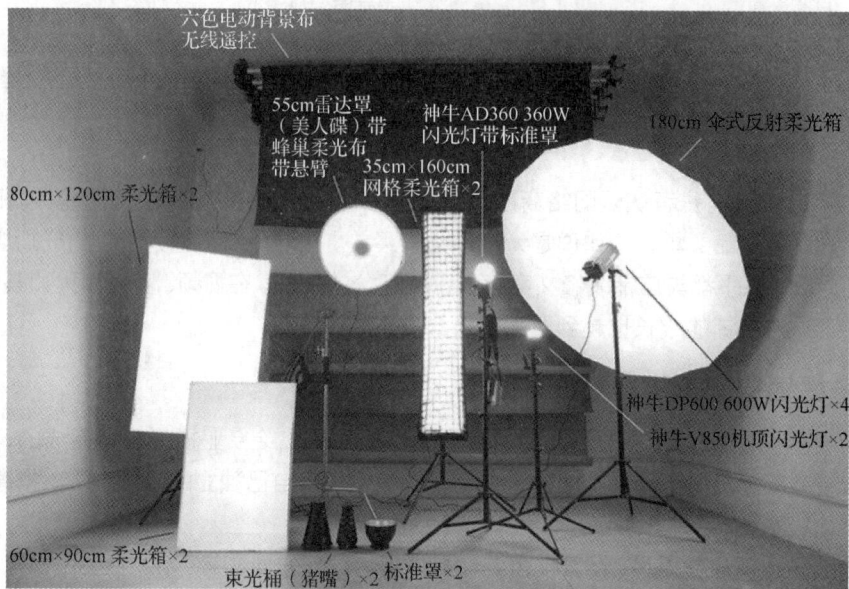

图 2-2-2　摄影棚的辅助器材

（3）摄影公司报价

目前市面上网络商品摄影有计件拍摄的，这种方式一般适合静物摆拍、挂拍等标准化拍摄，根据商品拍摄难度不同，一件商品收费几十元不等；也有按天报价的，主要适合模特动图跟拍，根据摄影师拍摄水平不同，一天收费从几百元到几千元不等。

3. 模特筛选

为体现商品层次以及商品的使用效果，多数店铺会选择模特拍摄，根据客户群体定位不同，选择不同风格的模特。根据模特经验的不同，模特计费模式也不一样，一般模特费用分为按小时和按天计费两种不同模式，费用从每小时几百元到上千元不等，优秀的模特可能每小时收费从一千元到几千元不等。

4. 摄影流程把控

一般高端拍摄费用不菲，而且还计时收费，因此提前规划、组织好拍摄流程非常重要，这就需要商家能够提前做好一定的准备工作，把控好如下环节。

（1）确定拍摄商品和周期安排

商品是整个拍摄工作的着陆点，同时商家要考虑到预期经营进度的安排，商家只有明确了商品和周期要求，摄影公司才能有计划地开展后续工作，因此确定拍摄商品和周期是商家和摄影公司必须提前确定好的。

（2）提前做好拍摄风格、模特、道具、场景布局等准备工作

拍摄商品和周期确定了，商家和摄影公司接下来就需要根据商品特性，确定需要表达的风格、调性，并以此来选择模特、道具和场景布局。要达到理想的拍摄效果，首先需要商家对这些工作有明确的规划，毕竟商家对商品所要表达的风格有更透彻的理解，然后在摄影公司的建议下进行精心准备。

（3）拍摄脚本写作，与摄影师确定拍摄脚本

拍摄脚本写得要详细，可以以PPT、Word打印稿的形式呈现，根据首页、详情页等不同场景适用的照片不同进行合理规划，包括要拍摄哪些整体图、细节图、模特图、场景图，甚至商品应用展示图、公司场景图、商品生产流程图等，要呈现什么样的图效、突出商品的哪些特征等。

（4）确定摄影师、模特、化妆师及日程

当下优秀的摄影师、模特资源都比较紧张且价格昂贵，因此为了保障拍摄任务如期完成，有效控制费用，商家必须及早确定相关日程，甚至需要确认准确的到达、拍摄、更衣、食宿时间。

（5）场地准备

为了节约时间、提升效率、保障效果，商家最好在正式拍摄之前，提前到场地布置场景、调试灯光、安排走位，进行不同角度的试拍，及时修正脚本中的不足之处，为顺利拍摄打下基础。在可能的情况下，摄影师、视觉主管、模特、摄影助理及现场辅助人员尽量提前开一次协调会，就拍摄流程、注意细节进行沟通协调。

（6）正式拍摄

在正式拍摄过程中，如果场地、灯光、脚本准备充分，现场拍摄就会比较快，只需要摄影师和商家文案人员合理安排摄影助理打灯、模特摆位、商品调整、场景调整即可。由于拍摄时间的长短和质量直接影响着拍摄费用以及后续进度，因此整个拍摄过程的规划一定要安排得当，尽量做到完美，为后期工作的开展打下良好的基础。

二、文案、美工工作

在商家完成商品照片拍摄后，以及店铺装修前、日后店铺维护过程中，通常会涉及两个关键的工作，即文案策划和美工处理。

1. 文案策划

文案策划是指文案人员根据店铺定位构思页面布局，策划其中图文、视频的主题，包括商品主图、主图视频、场景图、细节图及相关视频，以及店铺横幅图、广告图、促销活动图等，具体还涉及图片选择、文字卖点构思提炼、图文搭配，甚至制作相应的文案脚本方案，并授意美工部门完成。

2. 美工处理

美工人员根据文案策划人员的具体要求，从拍摄的图片库中选择合适的图片，进行抠图、修图、构图。

（1）选图：挑选适合主题活动的图片，挑选图片的标准包括拍摄的完整性、细节性、光线强度、模特表现力等是否满足主题表达的需要。

（2）抠图：根据表达的需要将拍摄的毛图抠边。

（3）修图：调整图片大小、亮度、饱和度等。

（4）构图：调整促销文案（文字）与图片布局、配色，保障其协调性，并突出卖点。

图 2-2-3 所示为军霞运动旗舰店首页，商品定位为中高端人群，因此整个店铺在装修方面要突出的就是简洁、大气、高档。通过黑色系、形象模特突出品牌定位的高端感，借助精美的商品细节图及模特动作图突出器材的厚重感，通过企业厂房、车间及荣誉证书、分销力量图增强客户对企业的信任感。

图 2-2-3　军霞运动旗舰店首页

三、店铺装修工作

店铺装修工作是相对流程化的工作，需要对店铺装修后台布局有准确的掌握和细腻的应用，一般由美工人员完成。近两年来，随着第三方平台店铺装修系统不断升级及手机端应用功能的提升，目前店铺装修越来越凸现智能化、移动化。下面以淘系装修后台为例进行介绍，淘系装修后台变化最大的地方在于手机端和 PC 端装修逐步统一化，并且呈现以手机端为主的趋势。

1. 店铺装修后台布局

打开"商家后台—店铺管理—店铺装修"，进入旺铺装修界面，其整体布局如图 2-2-4 所示。店铺装修主要包括为手机端和 PC 端两个部分，从顶部导航栏看，其主要功能包括店铺装修（首页、专题页等单页面装修）、详情装修（手机端详情页）和素材中心三大部分；从左侧导航栏的主要功能看，主要包括分类、模板、页面、人群，具体还包括手淘首页、视频、活动、新品、好物等具体页面选择。

2. 店铺整体装修流程逻辑

从店铺整体装修流程的逻辑看，其主要遵循以下轨迹。

（1）分类管理：单击左侧分类，对商品进行分类管理。

（2）素材中心：提前完成相应图片、视频文案的上传。

（3）模板选择：在模板中心选择官方默认模板或者第三方设计师付费模板，为店铺装修打下结构基础。

（4）页面装修：分别在手机端或者 PC 端进行相应的页面装修。

图 2-2-4　后台店铺装修功能布局

3．PC 端页面装修

PC 端页面装修主要包括对基础页（首页、店内搜索页）、商品详情页、商品列表页、自定义页和活动页等页面的装修，总体包括以下三大步骤。

（1）背景设置，即页面、页头背景图和背景色设置、配色设置，奠定页面的整体背景。

（2）布局管理，即通过模块拖动，设置页面结构布局安排，包括店铺招牌、图片轮播、宝贝推荐等基础模块。

（3）页面编辑，即对编辑页面的各个模块进行具体内容的填充和修改，如图 2-2-5 所示。

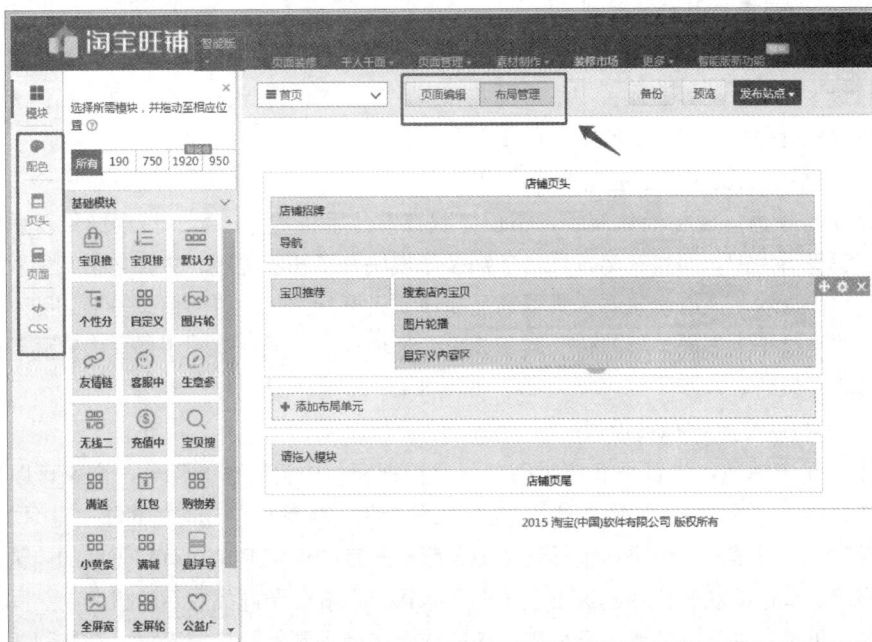

图 2-2-5　后台 PC 端店铺装修功能布局

4. 手机端页面装修

手机端页面装修从结构上来说比 PC 端更模块化、智能化，应用更加便捷。

（1）手机端页面主要包括首页、视频、活动、新品、买家秀、商品分类、自定义页及店铺印象、店铺搜索、内容管理、好店新客等通用页面，同时还包括单独的商品详情页。

（2）页面结构设置、内容填充，只要打开对应页面点击"装修页面"按钮进入模块化的装修过程，拖动页面对应的左侧模块进行添加及对各个模块进行内容填充和结构设置即可。

5. 页面装修要点

（1）图文尺寸要求

规范的图文尺寸是影响店铺展示效果的主要因素，同时也直接影响着客户的购物体验。在上述商品发布过程中，除了商品图片尺寸有明确规定外，店铺装修的结构，店铺招牌、Logo 都有明确的尺寸要求，每个具体模块的尺寸要求是美工人员所必须熟悉的。

① PC 端淘宝页头店铺招牌规定为 950 像素 ×120 像素，页身通栏内容布局主要包括 950 像素和 1920 像素两种规格，两栏结构分别为 190 像素和 750 像素，一般商品详情页图片宽度多数设计为 750 像素。天猫店铺页头与淘宝店铺尺寸规格相同，也是 950 像素 ×120 像素，但页身的尺寸相对要比淘宝店铺宽裕，页身通栏内容布局主要包括 990 像素和 1920 像素两种规格，两栏结构分别为 190 像素和 790 像素。

② 官方规定手机端店铺招牌为 750 像素 ×580 像素，Logo 为 120 像素 ×120 像素，由于移动端用户终端不同，图片自适应效果不同，因此手机端对详情页图片宽度没有特别具体的要求，规定 480 像素 ~ 1500 像素都可以，官方建议 750 像素为宜，当然具体的尺寸宽度，商家可以根据商品和客户特征进行微调。

美工人员要牢记这些图片的尺寸要求，在拍图、选图、修图的时候要了然于胸，同时还要注意图片的格式、大小要求。

（2）避免违规触犯淘宝规则

在店铺装修的过程中，有很多规则是需要注意的，如避免使用收费字体造成侵权，避免使用"最""第一"等违反《中华人民共和国广告法》的限用语，避免页面描述出现"质量比 ×× 品牌更好，价格比 ×× 品牌更低"等语句。

（3）手机端店铺装修智能化模块应用

淘系平台千人千面智能化展示，不仅体现在前台手机淘宝首页、搜索结果及后续商家推广、促销等行为中，而且在商家后台店铺装修模块有了初步呈现，主要包括智能双列、智能单列、猜你喜欢、人群优惠券、人群商品榜单、人群货架、人群海报、美颜切图、智能海报等，这些均是千人千面、标签化的展示效果，这种智能化展示有利于增加内容展示的精准度，提升客户体验。

（4）手机端个性化标签设置

在手机端店铺通用设置里有店铺印象、店铺搜索、内容管理等部分，商家可以依次完成对店铺介绍、店铺故事、搜索关键词、店铺印象标签、Ta 眼中的店等的设置（见图 2-2-6），这些内容对于引导客户、促进店铺标签生成，都有一定的现实意义，有利于增加店铺、商品在每日好店、猜你喜欢等栏目的透出度（淘系术语，系统给予商品展示的机会）；同时在商家中心的宝贝管理栏目下的商品素材中心中完成上传商品素材和店铺素材，都有利于提升店铺及商品标签的形成，促进在手机淘宝千人千面场景的透出。

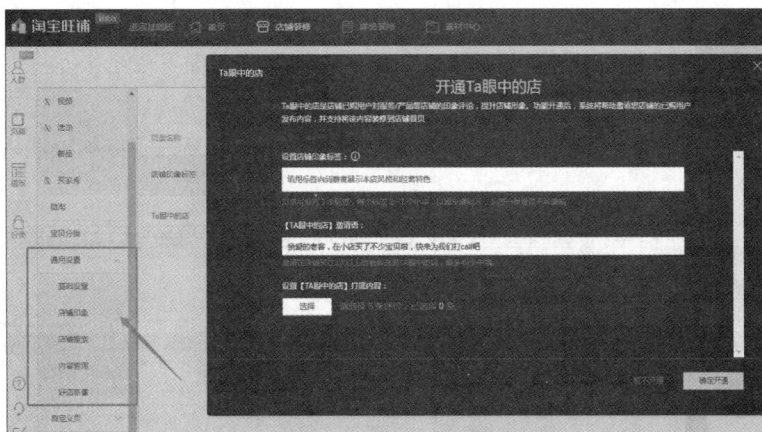

图 2-2-6 手机端店铺通用设置

四、店铺页面装修策划

作为一名电商从业人员，不一定必须具备摄影、图片处理上的技术能力，但需要具备店铺页面装修策划思维。在市场行为中，所有运营行为都是基于客户需求，因此有什么样的客户定位，就需要配套相应的运营方案，店铺整体装修策划也应该围绕客户定位展开。

店铺形象设计要符合店铺客户定位，主要指图文、视频所体现出来的品牌层次、商品材质、工艺水平符合客户需要。高端商品对应高端大气的店铺形象设计与装修；中低端商品一般不需要奢华的店铺设计装修，个性商品则要体现店铺的特点。

一般而言，店铺装修页面主要从整体风格、结构布局、内容安排、手机端竖屏呈现四大方面满足客户需求。

1. 整体风格恰当，符合客户需求和商品特点

商家可通过店铺色彩、图文格式的统一搭配来表达并满足客户的第一印象需求，具体体现为店铺、商品页面的背景色、背景图片、前景色、前景图片、文字格式、商品摆位方向相统一，包括页面中所涉及的文字字体、大小、颜色的统一，页面中所涉及图片色彩、构图、元素、尺寸、结构、角度的统一，商品所涉及的统一标识、拍摄角度的统一，色彩、图、文整体的统一。整体色彩搭配上与店铺 Logo 色调相统一，主色调不要超过三种颜色，商品拍摄角度和图文处理前景、背景保持统一。整体色调、风格要能体现出行业、商品所传递的感觉，如儿童用品店铺多用亮色调，体现出活泼、生动的风格；大型家电商品多用深色调，体现出精密、稳定的优势。

2. 结构布局简洁清晰，便于客户有重点地查看信息

结构布局清晰，主要包括店铺导航、商品分类结构清晰以及页面结构设计清晰。

（1）店铺导航结构清晰

PC 端店铺首页栏目导航可以根据客户对商品的需求，按照主次展示商品分类，也可以根据店铺特质展示上新栏目、店铺活动栏目，甚至是会员服务、品牌故事栏目。手机端店铺可以根据后台页面设置选择是否开启视频、活动、新品、买家秀等栏目导航。

（2）商品分类结构清晰

商品分类尽量能够多维度体现，如健身器材，既能按照健身器材的大小进行分类，如大型、小型健身器材，又能够根据商品品类进行分类，如跑步机、综合训练器、腹肌板等，甚至可以按照价格段、适合人群进行分类，便于不同客户快速筛选商品。

（3）页面结构设计清晰

页面结构设计清晰主要是指详情页、首页及其他页面内容逻辑结构安排得当。详情页上主要体现商品详情与店铺的促销活动、爆款商品及搭配商品等内容，以促进客户购买或者关联消费。首页店招、通栏横幅等突出位置上显示店铺爆款、新品等结构模块以引起客户关注，如图 2-2-7 所示。

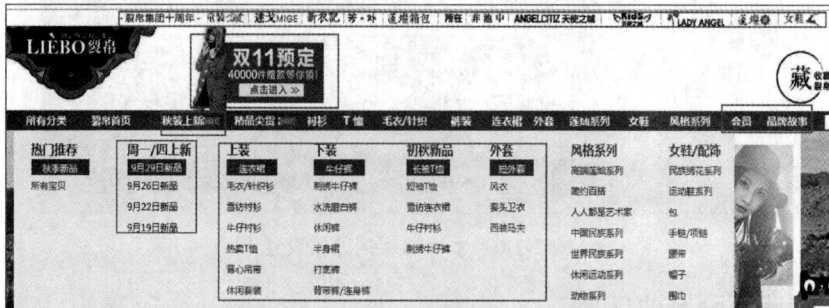

图 2-2-7　店铺装修页面的结构布局

总之，合理的结构布局，可以方便客户快捷地查找需要的信息，能大大提升客户体验度，从而促进客户消费及品牌形象的传播。

3. 内容安排翔实精准，善于把握客户痛点

内容安排主要是指商品详情页及促销文案、广告图等内容设计，既要能突出客户需要的详细信息，又能体现商品卖点，促进客户购买。

在商品详情页方面，商家需要将场景、商品细节、商品规格、商品使用说明、售后问题甚至包括商家、品牌实力表述清楚，条件允许可以辅以视频增加客户对商品的认知、信任。

促销文案方面，要求简洁、凝练，主次有序、层次鲜明，突出商品卖点、促销紧迫感，能从商品实力或者情感角度打动客户，促进客户下单。

4. 手机端竖屏呈现，满足移动化趋势

目前随着移动端比例的不断上升，客户主要通过手机终端浏览店铺、产生购买行为，因此店铺视觉也由 PC 端的横向思维转向手机端的竖屏思维，在淘系端最明显的体现就是在商品发布环节开始支持 3∶4 比例的商品主图和主图视频，且部分类目已出现 800 像素 ×1200 像素的规则尺寸的商品竖图。从客户的手机浏览习惯来看，竖屏呈现将会渐渐成为店铺图形设计、视频拍摄、文案设计的主流，如图 2-2-8 所示。

在移动电商时代，竖屏替代了横屏，原有的横屏文案展示在竖屏手机上往往会导致横向位置上内容压缩 1/3，纵向纬度上留白 2/3，图片内容展示不充分、文字不清晰、内容臃肿，且竖屏容量出现空余等问题，与此同时，随着客户碎片化浏览时间的增加、浏览深度的下降，横屏信息无法准确传达商品的真实信息。

因此结合手机大像素、高密度、一屏化的特征，店铺视觉设计也应做出相应的改良。

（1）思维模式：摆脱 PC 端横屏惯性思维，培养手机端竖屏思维。

（2）文案原则：凝练内容，做到简洁易懂。

（3）具体方法：摄影、文案策划、美工方面由传统的横向左右分栏、左右构图法转向纵向上下分栏、上下构图法，减少左右留白；一屏一个主题，内容简洁明了，主题突出，标题文字行高尽量大于屏幕的 1/10，图文相间，文字内容不要超过 3 行；图文内容分离，不要在图片上面覆盖文字，如果文字太多，可以全屏以文字显示。

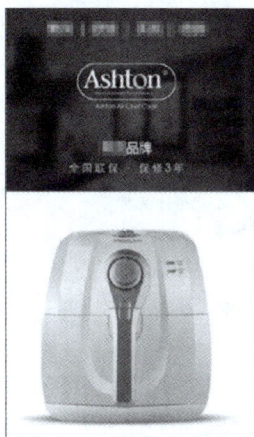
（a）

（b）

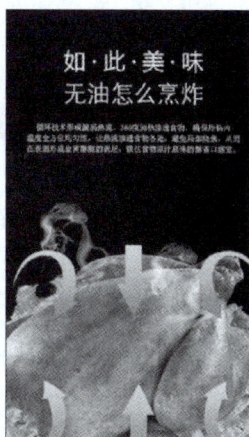
（c）

图 2-2-8　手机端的竖屏呈现

任务三　平台规则与《电子商务法》约束规则

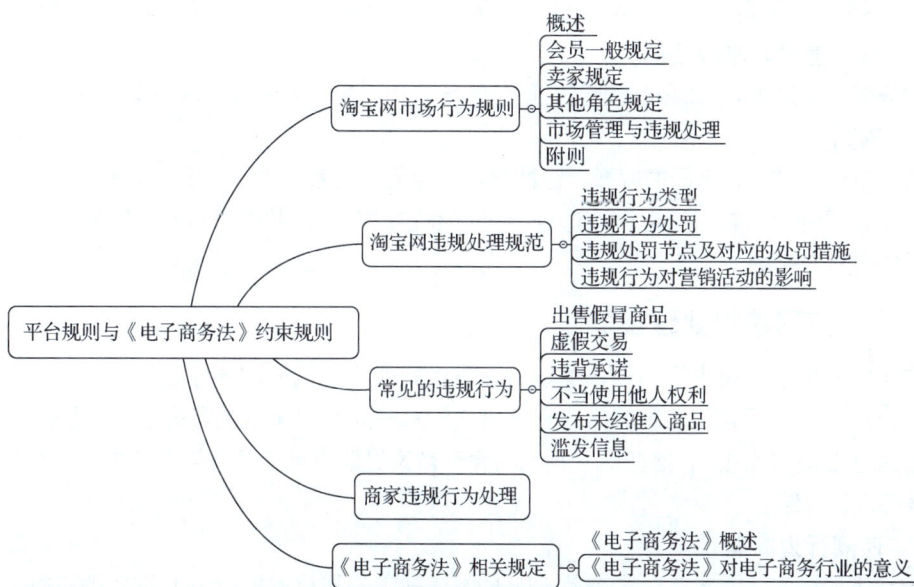

任何一个交易市场都有相应的规则来规范和约束市场主体的各种行为，以保障市场的正常运转。同样，在网络平台中也有各种各样的规则来约束买卖双方的行为。在网络平台的规则里有面向买家的规则，也有面向商家的规则；有针对各个行业的普适性市场基础规则，也有针对不同行业实施的行业标准规则；有通行的营销规则，也有特殊要求的营销活动规则。

平台规则一方面是国家法律制度在平台管理方面的体现，另一方面也是平台方便管理的需要。这里有持续不变的原则，也有随着市场环境变化而不断升级的规范规则。尤其是《中华人民共和国电子商务法》（以下简称《电子商务法》）对电商平台方及平台上的经营者的行为有了更为明确的界定。

商家严守法律法规，熟悉市场规则，不仅可以避免运营中出现违规行为，同时还可以有效保障自己的合法利益。

一、淘宝网市场行为规则

以淘宝为例，市场行为规则分别从概述、会员一般规定、卖家规定、其他角色规定、市场管理与违规处理、附则方面做出了相关的规定和具体解释。

1. 概述

概述部分明确了《淘宝平台规则总则》的规则目的、规则基础、规则原则、适用对象、规则体系及效力、规则程序、规则溯及力。

2. 会员一般规定

会员一般规定规范了平台通用原则，会员注册、认证、交易、评价行为及不得发布的信息类型。

3. 卖家规定

卖家规定规范了淘宝网卖家的开店与退出行为、资质备案行为、发布信息及质量行为、交易履约与服务保障行为、营销行为，以及行业与特色市场行为。

4. 其他角色规定

其他角色规定，主要是指关于淘宝平台上非常规卖家和买家的相关规定，主要包括供销平台用户、淘小铺平台用户、服务市场用户、阿里拍卖平台用户、闲鱼用户等角色的相关规定。

5. 市场管理与违规处理

市场管理与违规处理部分规定了会员风险行为和违规行为的范畴及处理措施。

6. 附则

附则是对平台基本用语的解释，包括用户、会员、买家、卖家、淘宝网等。

总之，平台规则在网店运营的过程中无处不在，卖家必须对规则非常熟悉，而且时刻关注平台规则的变化。

二、淘宝网违规处理规范

在淘宝网平台的诸多规则中，市场管理与违规处理规范最应该引起商家注意，它们分别是对会员的风险行为采取的非扣分管理措施和对违规行为采取的具有惩戒性质的处理措施，尤其是违规处理规范，触犯这些规则将会对商家经营带来最为直接的影响。下面对违规处理规范进行介绍。

1. 违规行为类型

会员违规行为分为出售假冒商品（即 C 类违规）、严重违规行为（即 B 类违规）及一般违规行为（即 A 类违规），三者独立扣分、分别累计、分别执行。

（1）出售假冒商品指出售假冒注册商标商品或出售盗版商品的行为。

（2）严重违规行为指除出售假冒商品外的其他严重破坏淘宝平台经营秩序或涉嫌违反国家法律规定的行为。

（3）一般违规行为指除出售假冒商品与严重违规行为外的违规行为。严重的一般违规行为会上升至严重违规行为。

2. 违规行为处罚

一旦触犯违规行为，商家账户权限、经营权限会受到管控，包括屏蔽评论内容、限制会员登录、限制使用阿里旺旺、限制店铺装修、限制商品发布数量、限制参加营销活动、屏蔽店铺等。同时违规商品和店铺还会面临搜索降权、屏蔽、下架、监管、删除等处理，关联影响涉及支付宝账户及/或其账户资金被管控，包括限制解冻保证金、支付违约金等，具体内容详见《淘宝网市场管理与违规处理规范》，涉及严重的可能还会受到国家法律的制裁。

3. 违规处罚节点及对应的处罚措施

违规行为成立后，淘宝网对商家进行扣分。当扣分达到一定节点时，淘宝网对商家采取相应的节点处理措施；被执行节点处理的商家，当其全部违规行为被纠正、违规处理期满、违规处理措施执行完毕且通过节点考试后，方可恢复正常状态；商家的违规扣分在每年的 12 月 31 日 23 时 59 分 59 秒清零，因出售假冒商品扣分累计达 24 分及以上的情况除外。违规处罚节点及对应的处罚措施如表 2-3-1 所示。

表 2-3-1 违规处罚节点及对应的处罚措施

违规类型	扣分节点	公示警告	限制发布商品	下架所有商品	屏蔽店铺	限制创建店铺	删除店铺	监管账户	查封账户
一般违规（A类）	每12分	7天	7天	×	7天	×	×	×	×
严重违规（B类）	12分	7天	7天	×	7天	7天	×	×	×
	24分	14天	14天	14天	14天	14天	×	×	×
	36分	21天	21天	21天	21天	21天	21天	×	×
	48分	永久	永久	永久	永久	永久	永久	30天	永久（30天后执行）

违规类型	扣分节点	公示警告	删除商品	限制发布商品	下架全部商品	删除全部商品	搜索屏蔽全部商品	屏蔽店铺	删除店铺	限制创建店铺	限制发货	限制会员登录	限制登录阿里旺旺	关闭订单	特种类目清退	限制买家行为	监管账户	查封账户
出售假冒商品	C2情形每累计C12	7天	√	7天	×	×	7天	7天	×	7天	×	×	×	×	依照相关行业要求进行清退	×	×	×
	一次性C12	14天	√	14天	×	×	14天	14天	×	14天	×	×	×	×		×	×	×
	一次性C24	21天	√	21天	√	×	21天	21天	21天	21天	×	×	×	×		×	×	×
	C48	永久	√	永久	×	√	×	永久	永久	永久	永久	永久（30天后执行）	永久	30天后执行		永久	30天	永久（30天后执行）

4. 违规行为对营销活动的影响

《淘宝网营销活动规范》明确规定淘宝网商家自活动报名之时起至活动结束，在违规处理记录方面满足以下条件要求的方有机会参加营销活动：近 90 天内无一般违规行为节点处理记录；近 730 天内虚假交易分值未达 48 分，且近 90 天内无虚假交易扣分；近 365 天内无严重违规行为节点处理记录；近 730 天内出售假冒商品分值未达 24 分，且近 365 天内出售假冒商品分值未达 12 分；近 90 天内无虚构交易等扰乱市场秩序行为；未在搜索屏蔽店铺期。图 2-3-1 所示为淘宝网后台体检中心处罚影响图。

另外，违规行为还会影响商家直通车、钻石展位、品销宝及淘宝客等广告推广行为。

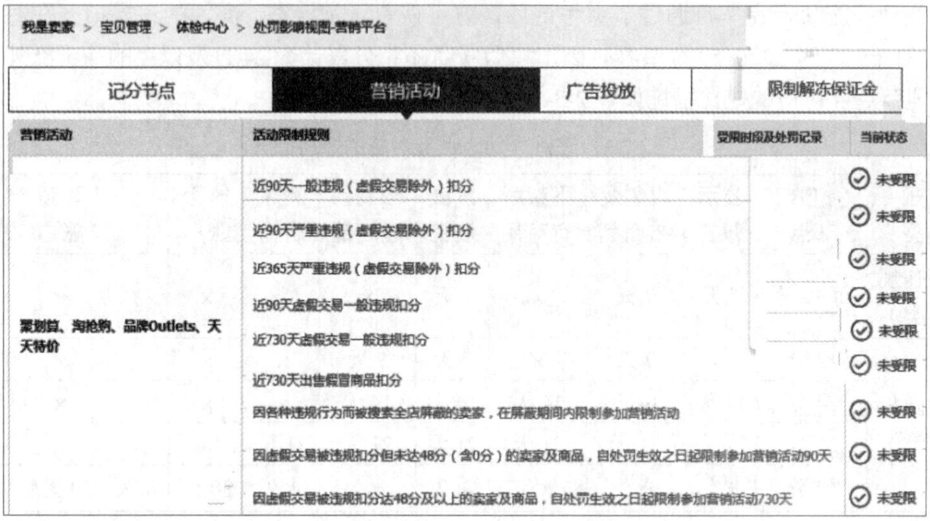

图 2-3-1　淘宝网后台体检中心处罚影响图

三、常见的违规行为

1. 出售假冒商品

出售假冒商品属于 C 类违规，该行为被发现后，淘宝网将删除商家所发布过的假冒、盗版商品或信息，同时根据情节的严重程度进行处罚，通过信息层面判断商家是否存在出售假冒、盗版商品行为，卖家实际出售假冒、盗版商品的行为，每次扣 C 类 12 分；卖家违规情节严重的行为，每次扣 C 类 24 分；卖家违规情节特别严重的行为，每次扣 C 类 48 分。为出售假冒、盗版商品提供便利条件的商家行为，每次扣 C 类 2 分，情节严重的，每次扣 C 类 12 分。

同时淘宝网视情节严重程度会采取下架商品、删除商品、限制发布商品、限制解冻保证金、要求其支付违约金、查封账户等措施。对利用阿里妈妈营销推广平台出售假冒商品的，淘宝网视情节严重程度加重处理。表 2-3-2 所示为淘宝网出售假冒商品违规行为条文及违约金处罚标准。

表 2-3-2　淘宝网出售假冒商品违规行为条文及违约金处罚标准

违规情节		限制解冻保证金	店铺是否含有须缴纳保证金的经营类目	违约金标准
当年出售假冒商品次数	账户当前出售假冒商品违规扣分			
第一次	0＜账户当前售假违规扣分＜24	30 天	/	/

违规情节		限制解冻保证金	店铺是否含有须缴纳保证金的经营类目	违约金标准
当年出售假冒商品次数	账户当前出售假冒商品违规扣分			
第一次	24≤账户当前售假违规扣分<48	90天	是	店铺须缴纳保证金金额的50%
			否	1000元*50%
	账户当前售假违规扣分≥48	90天	是	店铺须缴纳保证金金额的100%
			否	1000元*100%
第二次	0<账户当前售假违规扣分<48	90天	是	店铺须缴纳保证金金额的50%
			否	1000元*50%
	账户当前售假违规扣分≥48	90天	是	店铺须缴纳保证金金额的100%
			否	1000元*100%
第三次	/	90天	是	店铺须缴纳保证金金额的100%
	/		否	1000元*100%

2. 虚假交易

虚假交易是指商家通过虚构或隐瞒交易事实、规避或恶意利用信用记录规则等不正当方式，获取虚假的商品销量、店铺评分、信用积分、商品评论或成交金额等不当利益的行为。虚假交易属于一般违规行为（A类），情节严重的可上升至严重违规行为（B类）。

通常大家会单纯地认为"刷单"是虚假交易，但从内涵看，发布纯信息、发布免费获取或价格奇低的商品、将一件商品拆分为多个不同形式或页面发布、将赠品打包出售或利用赠品提升信誉、使用虚假的发货单号或一个单号重复多次使用、以直接或是间接的方式变更商品页面信息、大幅度修改商品价格或商品成交价格等行为都可能被列为虚假交易。

对于虚假交易行为，淘宝网会处以下架商品、取消虚假交易产生的不当利益（删除销量、店铺评分和信用积分不累计、屏蔽评论内容、成交金额不累计）等惩罚。虚假交易违规处罚标准如表2-3-3所示。

表2-3-3 虚假交易违规处罚标准

严重程度	具体情形	违规纠正	扣分
情节轻微	第一次或第二次且虚假交易笔数<96笔	取消虚假交易产生的不当利益	A2
情节一般	1. 第一次或第二次且虚假交易笔数≥96笔； 2. 第三次且虚假交易笔数<96笔		A12
情节严重	1. 第三次且虚假交易笔数≥96笔； 2. 第四次或以上虚假交易行为； 3. 短期内进行大规模虚假交易（不论次数和笔数）	取消虚假交易产生的不当利益、下架全店商品	A48
情节特别严重	1. 累计三次以上被认定的"情节严重"的虚假交易行为； 2. 短期内进行大规模虚假交易后，再次进行大量虚假交易； 3. 存在手段恶劣、行为密集、规模庞大、后果严重、恶意对抗监管等特殊情节； 4. 为他人虚假交易提供服务、帮助或便利	取消虚假交易产生的不当利益	B48

严重程度	具体情形	违规纠正	扣分
涉嫌	单个商品涉嫌虚假交易（不论次数和笔数）	单个商品降权30天，多次发生的，降权时间滚动计算	无

3. 违背承诺

违背承诺指卖家未按约定或淘宝网的规定向买家提供承诺的服务，妨害买家权益的行为。违背承诺属于一般违规行为（A类）。根据违规行为的不同，淘宝网处罚措施不同。

（1）卖家违背发货时间、交易价格、运送方式等承诺

卖家违背交易价格、运送方式、发货时间等承诺，须向买家支付该商品实际成交金额的10%作为违约金，且赔付金额最高不超过100元，最低不少于5元，特殊商品除外。卖家未在淘宝网判定投诉成立前主动支付违约金的，除须向买家支付违约金外，还须向淘宝网支付同等金额的违约金。情节严重的，淘宝网还可采取扣A类6分、下架商品、删除商品等措施。其具体内容如下。

① 违背交易价格

● 买家付款后，卖家拒绝按照买家拍下的价格交易的（交易双方另有约定的除外）。

● 买家付款后，卖家拒绝给予买家其曾在交易过程中与之达成的对商品价格的个别优惠或折扣的。"个别优惠或折扣"的有效期，如双方已有约定的从约定；双方未约定的，有效期视为卖家给出优惠或折扣价格的当日，买家在有效期内拍下且完成付款，即可享受约定的优惠或折扣。

② 违背运送方式

交易订立过程中卖家自行承诺或与买家约定特定运送方式，特定运送物流、快递公司等，但实际未遵从相关承诺或约定的。

③ 违背发货时间

在"买家已付款"后，除定制、预售及适用特定运送方式的商品外，普通商品如未设置发货时间的需在48小时内发货，超过48小时就是违背发货时间，包括如下情况。

● 买家付款后，卖家以商品存在瑕疵或缺货等理由，导致买家申请退款的。

● 买家付款后，卖家因自身原因（如担心后续得到中差评等）单方面拒绝发货或中止发货的（如擅自召回已发出但未送达的货物等）。

● 系统显示卖家确认发货，但实际未按承诺的发货时间发货的。

（2）卖家违背交易方式、服务承诺

卖家违背交易方式、服务承诺的，每次扣A类4分，其情形主要包括以下内容。

① 淘宝网判定卖家确实应该支持消费者保障服务之"七天无理由退货"，但卖家拒绝履行的。

② 淘宝网判定卖家确实应该承担退货承诺、破损补寄、破损包退等服务承诺，但卖家拒绝承担的。

③ 买家选择支付宝担保交易，但卖家拒绝使用的。

④ 加入货到付款或信用卡支付或蚂蚁花呗付款服务的卖家，拒绝提供或者拒绝按照承诺的方式提供前述服务的。

（3）卖家违背特殊承诺

卖家违背特殊承诺的，每次扣 A 类 6 分。其情形主要包括以下内容。

① 加入淘宝网活动的卖家，未按照活动要求（除发货时间外）提供服务的。

② 卖家参与"试用中心"的活动，但在买家报名成功后拒绝向买家发送或延迟发送已承诺提供的试用商品的。

③ 卖家承诺"境外发货"的商品，但商品并非从其他国家或地区发出，或商品并非通过直邮方式送达买家手中的；同时，卖家需对买家进行违约赔付。

4．不当使用他人权利

不当使用他人权利指卖家发布的商品或信息涉嫌不当使用他人商标权、著作权、专利权等权利，或造成不正当竞争的行为。不当使用他人权利属于一般违规行为（A 类），情节严重的可上升至严重违规行为（B 类）。

对于不当使用他人权利的行为，淘宝网会删除商品或信息；情节一般的，每次扣 A 类 2 分；情节严重的，每次扣 A 类 6 分，情节严重达三次及以上的每次扣 A 类 48 分；情节特别严重的，每次扣 B 类 48 分。

（1）卖家发布的商品或信息涉嫌不当使用他人商标权、著作权、专利权等权利

卖家发布的商品或信息涉嫌不当使用他人商标权、著作权、专利权等权利，其具体行为包括以下内容。

① 不当使用商品、商品信息、店铺名、域名等。

② 不当使用他人商标权，指卖家出售的商品被认定为商标侵权，但不属于假冒的情形。

③ 不当使用他人著作权，指卖家出售的商品被认定为著作权侵权，但不属于盗版的情形。

④ 不当使用他人专利，指卖家出售的商品侵犯他人外观设计专利、实用新型专利或发明专利的。

（2）卖家发布的商品或信息造成不正当竞争的

如在商品信息中描述"质量比 ×× 品牌更好，价格比 ×× 品牌更低"，这就属于属不正当竞争。

5．发布未经准入商品

未经准入商品是指卖家未备案或未通过淘宝网审查的商品。准入要求包括卖家准入要求和商品准入要求。发布未经准入商品属于一般违规行为（A 类），情节严重的可上升至严重违规行为（B 类）。

对于发布未经准入商品的行为，淘宝网会下架商品、删除商品。情节一般的，商品资质未备案或未通过淘宝网审查，每次扣 A 类 6 分，卖家资质未备案或未通过淘宝网审查，每次扣 A 类 12 分；情节严重的上升至 B 类，扣 6 分和 12 分；情节特别严重的，每次扣 B 类 48 分。

商品准入要求包括但不限于：国家强制性产品认证（3C 认证）、食品生产许可、食品添加剂生产许可、保健食品注册 / 备案、化妆品注册 / 备案、工业产品生产许可、医疗器械备案、特种设备制造许可、道路机动车辆生产企业及产品准入、能效标识备案、农药生产许可和注册 / 备案、兽药生产许可和注册 / 备案、种子类农药生产经营许可和备案、农用机械生产许可和注册 / 备案等法律规定或平台要求的相关资质和信息。具体商品准入要求以商品发布页面的提示为准。

凡是卖家不具备相应资质发布相应商品的行为都属于发布未经准入商品。

6. 滥发信息

滥发信息，指会员未按《淘宝平台规则总则》及相关规则要求发布商品或信息，妨害买家权益或平台秩序的行为，滥发信息属于一般违规行为（A类）。

对于滥发信息的行为淘宝网视情节严重程度扣 A 类 0.2 至 6 分，同时采取下架商品、删除商品、删除店铺相关信息、搜索降权商品、限制发布商品、监管账户等措施。

滥发信息包括发布不以成交为目的的广告信息、信息与实际不符、信息重复、商品要素不一致、规避信息、品牌不一致、行业特殊要求。

上述情况属于淘系平台商家比较常见的违规行为，除此之外，还包括不当注册、盗用他人账户、骗取他人财物、不当获取使用信息、假冒材质成分、扰乱市场秩序、不正当牟利、发布违禁信息、提供虚假凭证等一系列的违规行为。

总之，关于淘宝违规行为表述还有更为具体的规定，上述只是进行了分类列举，要真正清晰地掌握这些违规行为，还要结合具体案例进行分析。例如在网店运营中，常见的盗用别人图片等属于不当使用他人权利；卖家出售自营品牌的家用小电器，但在商品信息中描述"质量比××品牌更好，价格比××品牌更低"，就属于不正当竞争；常见的使用"国家级""最高级""最佳"等用语的夸大描述就属于滥发信息中的信息与实际不符的问题。

四、商家违规行为处理

商家违规行为发生后，在后台宝贝管理商家体检中心都有展示，一旦出现触犯了市场管理和违规的行为，商家在体检中心可以看到提醒。一般当违规行为发生后，平台方会给商家一定的期限进行申诉处理，如果商家确实存在隐情，可以通过发起申诉，根据要求提交证明资料，要求撤销处罚。

把握平台规则是网店运营的重要组成部分，无论是前面讲到的网店申请、选品、定价规划还是店铺装修以及后续项目提到的网店推广、促销，客服等环节都与平台规则息息相关，因此网店运营人员要做到深度地理解和灵活地把握平台规则。

五、《电子商务法》相关规定

一个网店运营人员为了更好地经营网店，除了要清晰地把握上述的淘宝平台规则外，还需要对《电子商务法》有清晰的认知。

1. 《电子商务法》概述

《电子商务法》特点如下：科学合理界定《电子商务法》调整对象；规范电子商务经营主体权利、责任和义务；完善电子商务交易与服务；强化电子商务交易保障；促进和规范跨境电子商务发展；加强监督管理，实现社会共治等。

2. 《电子商务法》对电子商务行业的意义

（1）填补了电子商务行业的法律空白

伴随着互联网的不断进步，电子商务在中国发展迅猛，但是相应的法律规范及监管处于有待完善的状态。此次《电子商务法》的出台，最大的意义在于从监管层面认同了这一商业模式的合法地位，并为行业竞争提供了可参考的法律依据。

（2）明确了电子商务平台的义务

电子商务是网络上的商业行为，电子商务平台有义务对平台上经营的商品进行审查。也就是说电子商务从业者要为客户购买的商品负责，要严格把控商品质量安全。此次《电子商务法》明确了这样的责任，从而保证了商品的质量安全以及销售经营者的真实性，更好地维护了客户的合法权益。

（3）规范了电子商务经营者行为

《电子商务法》出台了相关规定，将对电子商务中的苛刻条件、格式条款、霸王条款，甚至对技术绑架这些行为进行规范，杜绝商家凭借技术、服务和地位优势，侵害客户的合法利益。《电子商务法》的实施使得众多电子商务经营行为进入了法律的监管范围，也意味着将尊重消费者的体验和感受提到了新高度。

课后作业

1．打开天猫店铺招商后台，仔细了解店铺申请的每个细节。

2．对比分析天猫三种店铺的申请资质、费用方面的具体差别。

3．打开手机淘宝 App，尝试了解首页每个模块的内容布局来源，了解搜索结果页的内容来源。

4．打开淘宝（天猫）后台，深入了解并尝试商家中心（卖家中心）后台对应的每一项功能。

5．下载千牛卖家版工作台和淘宝助理，尝试应用它们的每一项功能设置。

6．在淘宝后台发布商品，熟练理解并掌握商品发布过程中的每一个功能选项。

7．分别查看京东、拼多多、唯品会、头条特卖等渠道，掌握商家入驻要求、费用、流程。

8．查看天猫超市、天猫国际、天猫供销平台，了解其入驻要求、入驻流程。

9．查看京东 POP 平台的四种合作模式及京东自营的入驻要求。

10．选择摄影公司的评判依据主要有哪些？

11．常规店铺摄影流程工作包括哪些？

12．美工的具体工作主要包括什么？

13．店铺整体装修流程逻辑是怎样的？

14．尝试进行淘宝 PC 端页面背景设置、布局管理、页面编辑工作。

15．尝试完成淘宝手机端首页、视频、活动、新品、买家秀、宝贝分类、详情等页面的设置工作。

16．尝试从整体风格、结构布局、内容安排角度理解店铺装修策划工作。

17．尝试在店铺拍摄、文案美工、装修过程中应用竖屏思维。

18．查看市场管理与违规处理规范，尤其是要熟悉课程内容中提到的常见的六种违规行为。

19．查看店铺后台体检中心，了解店铺是否存在违规情况。

20．查阅《电子商务法》。

项目导入

在经过多次资料提交、修改与审核后，江苏康力源健身器材有限公司自己的军霞运动旗舰店终于申请成功，然后经历了店铺摄影、美工、装修工作后，店铺正式上线。按照初期规划，公司依次开始店铺SEO推广、直通车推广、钻石展位推广工作，那么这些工作究竟是如何开展的呢？如何才能够做好这些工作呢？

项目分析

◆ 熟悉店铺流量来源的主要渠道
◆ 了解搜索引擎优化的含义
◆ 掌握影响SEO的主要因素及具体工作
◆ 深刻理解SEO工作的内涵
◆ 掌握付费推广的主要形式、条件要求、展示位置
◆ 掌握直通车推广的操作流程和操作要点
◆ 熟悉直通车推广的运营思路
◆ 熟悉钻石展位推广的展示位置、展示逻辑和定向逻辑
◆ 掌握钻石展位推广的操作流程和投放要点
◆ 准确理解淘宝客推广的应用要点
◆ 熟悉店铺微淘和直播推广的应用流程

任务一 搜索引擎优化工作

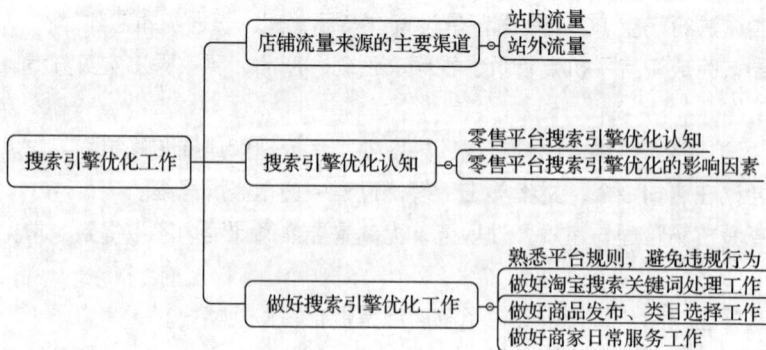

```
                          ┌─ 站内流量
           ┌─ 店铺流量来源的主要渠道 ─┤
           │              └─ 站外流量
           │
           │                ┌─ 零售平台搜索引擎优化认知
搜索引擎优化工作 ─┼─ 搜索引擎优化认知 ─┤
           │                └─ 零售平台搜索引擎优化的影响因素
           │
           │              ┌─ 熟悉平台规则，避免违规行为
           │              ├─ 做好淘宝搜索关键词处理工作
           └─ 做好搜索引擎优化工作 ─┤
                          ├─ 做好商品发布、类目选择工作
                          └─ 做好商家日常服务工作
```

一、店铺流量来源的主要渠道

网络店铺申请成功并完成商品发布、店铺装修后，商家首先面临的就是流量问题，没有流量就没有成交。从平台视角看，对于大多数商家而言，其店铺流量来源渠道主要分为站

内流量和站外流量；从费用视角看，流量来源渠道主要分为免费流量和付费流量。

下面重点从平台视角讲述一下站内流量和站外流量。为便于理解，下面主要以代表性的淘系平台为例。

1. 站内流量

站内流量包括免费的搜索引擎优化（Search Engine Optimization，SEO）流量、付费推广流量（淘系内直通车、钻石展位、淘宝客、品销宝、新推出的超级推荐等）、活动流量（淘系站内的聚划算、淘抢购、"双十一"活动等）、其他免费流量（淘系内每日好店、有好货、直播、微淘、店铺收藏、回头客等），同样在京东、拼多多体系也有类似流量。

2. 站外流量

站外流量包括搜索引擎流量，站外广告流量，论坛、博客、微博、微信、快手、抖音等社交流量，站外活动流量等。

二、搜索引擎优化认知

商家可以通过各种各样的渠道引入流量，但总体而言，搜索引擎优化流量意义更为突出，一方面，大多数客户主要通过搜索进入商家店铺；另一方面，较其他流量方式而言，搜索引擎优化流量的总体性价比是最高的，且可操作性强。

网络信息量大、繁杂，客户要快速地找到信息，搜索是最便捷的方法之一，因此搜索引擎优化也是网络世界永恒的话题。尽管信息流推荐的去中心化特征在不断削弱搜索地位，但依然无法撼动搜索引擎优化在网店推广的地位。

1. 零售平台搜索引擎优化认知

零售平台搜索引擎优化就是指根据网络零售平台搜索引擎工作原理，商家通过优化自己的商品信息使自己的商品和店铺在零售平台排名靠前，以促进客户关注、购买的行为活动。零售平台搜索引擎不同于综合类搜索引擎在整个互联网进行数据的抓取、分析和归类，然后结合网站内容、外链等进行自然搜索展示。对于零售平台而言，商家商品发布的过程就是零售平台建立商品搜索索引的过程，有了按关键词、类目、属性发布的商品，就有了搜索索引基础，然后平台可以根据其排名要素，将客户搜索的商品信息展示出来。

2. 零售平台搜索引擎优化的影响因素

究竟怎么做才能使零售平台上的搜索排名靠前呢？日常观察各大平台的搜索框搜索筛选条件基本就能获知。以淘宝为例，打开搜索框，会看到可以按照店铺类型、综合、销量、品牌、价格区间、区域进行搜索，因此这些相关信息都是影响搜索结果排名的因素，但具体细分下来主要表现为以下几个方面。

（1）违规因素

违规因素是商家商品参与搜索排名的必要因素，商家一旦触犯平台规则，商品就没有资格参与搜索排名，在影响搜索排名的规则中比较有代表性的就是虚假交易规则。以淘系为例，规则明确指出触犯虚假交易规则的商品将面临搜索降权的处罚：涉嫌虚假交易（不论次数和笔数）单个商品降权 30 天。另外，淘系还明确规定搜索作弊行为包括虚假交易、重复铺货、广告商品、错放类目和属性、标题滥用关键词、价格不符、邮费不符等，此类行为一旦被发现，商品都会被降权。

（2）文本因素

文本因素是指在商品发布的过程中，在遵循商品特质的基础上，商家要围绕客户搜索关键词来布局商品标题和属性，乃至店铺相关内容，因为搜索引擎优化工作是以关键词搜索为基础的，淘系搜索引擎优化也不例外。从搜索原理分析，如果标题和属性中没有对应关键词，那么商品几乎不可能出现在对应搜索结果中。

（3）人气因素

人气因素主要是指商家商品在客户搜索结果中的点击率、收藏率、加购率、转化率、熟客率、流量、销量等因素。准确地说，在诸多因素满足的情况下，人气因素是决定商品搜索排名的核心因素，而且人气因素的原理也适用于直通车、钻石展位、超级推荐等诸多场景。

（4）类目因素

类目因素主要是指商家在商品发布过程中一定要精准选择类目，填写的精准与否会直接影响到商品信息的排名。在网络商业行为中，类目划分是常规分类管理的初始，是淘系商品关键词分类的基础，也是客户查找信息的一项重要依据。商品类目选择，如图3-1-1所示。例如儿童配饰发梳，从商品的角度讲，它可以选择很多类目，首选类目是"饰品/流行首饰/时尚饰品新＞发饰"；但从应用场景的角度讲，它应该归属于"童装/婴儿装/亲子装＞儿童配饰＞发饰"类目。一旦放错类目，就会在本应该展示的类目中失去了排名优势。

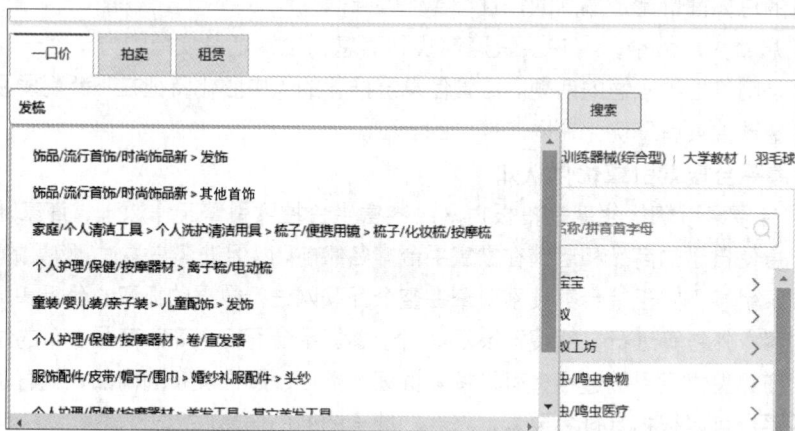

图3-1-1　商品类目选择

（5）服务因素

服务因素指商家服务于客户过程中涉及的各种因素，表现指标有投诉率、纠纷率、退款率、旺旺响应时效等一系列的因素，综合的表现为后台操作中对应的DSR指标、综合体验星级、基础服务考核分等。当这些指标达到类目平均水平以上的时候，平台会给予对应的店铺商品优先排序；反之，则对商品排序起到反作用。

（6）个性化因素

个性化因素是指淘系在统计分析的客户购买偏好（个性化标签）基础上，往往会把商品优先展示在其对应标签的客户浏览结果中。其影响因素包括但不限于：客户成交价格区间、店铺偏好、属性偏好、品牌偏好、类目偏好等。如果客户经常在某个店铺购买商品，当客户搜索同类商品的时候，该店铺商品在排序结果中就会有更突出的表现。例如某客户经常购买高客单价的商品，低客单价的商品在其搜索结果中排名就不会表现很突出。目前，由于淘系大数据分析愈加完备精准，千人千面式的个性化展示已被广泛地应用在淘系的各个领域，如手淘首页、搜索结果页等。

当然影响平台搜索引擎优化排名的因素还有很多，如店铺动销率、主营类目权重、新品标签等，尤其是随着网络环境的变化，这些排名因素会不断地调整，在过去的排名机制中，下架时间、橱窗推荐也有一定加分因素，但在 2018 年以来，淘系基本淡化了这些因素的权重。总体而言，以上 6 个方面是影响淘系搜索引擎优化排名的主要因素。

三、做好搜索引擎优化工作

搜索引擎优化工作是一个系统工程，不是单纯做好其中的一个或几个方面就能收到理想的排名效果，因此要做好搜索引擎优化工作，就需要扎扎实实地做好每个环节的工作，落实到每一个步骤，不能顾此失彼。

1. 熟悉平台规则，避免违规行为

商家要避免出现违规行为，就需要熟悉平台规则。淘系商家尤其需要关注上述提到的搜索降权行为；除上述明显违规行为外，还要注意淘系规则中的其他因素，如违背承诺、不当使用其他人权利、不当谋利，发布违禁品或假冒品。尽管淘系没有明确这些行为会造成搜索降权，但扣分一旦达到节点，就会造成店铺降权乃至屏蔽、下架商品，也就没有所谓的排名可言了。

2. 做好淘宝搜索关键词处理工作

商家要填写准确的商品标题、属性，满足客户搜索需求，主要包含三方面的工作：关键词查找工作，关键词的选用和布局工作，准确书写商品属性的工作。

（1）关键词查找工作

通常情况下，淘系查找关键词的方法有如下几种。

① 利用生意参谋查找关键词

生意参谋是淘系的官方大数据平台，如图 3-1-2 所示。打开"生意参谋—市场—搜索分析—相关分析"，输入相关核心关键词确认，查看相关词分析，包括相关搜索词、关联品牌词、关联修饰词、关联热词。与之对应，同时需要考虑对应关键词的点击率、商城点击占比、支付转化率等数据，便于全面了解关键词情况并进行抉择。

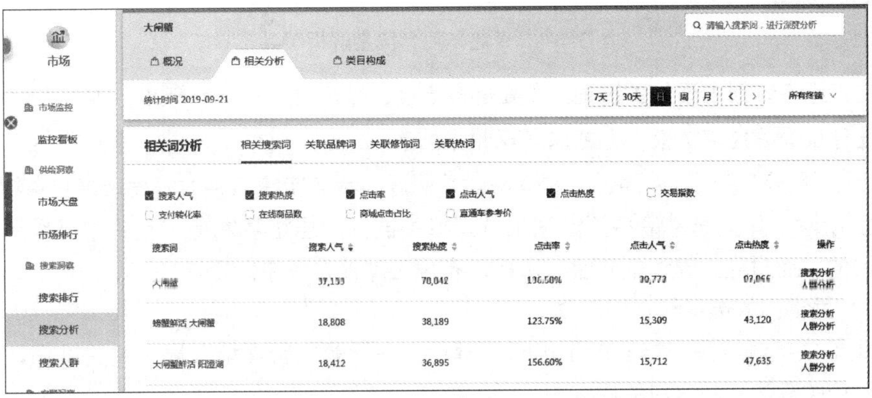

图 3-1-2　生意参谋后台页面

② 通过淘宝搜索下拉框来判断关键词

● 这是淘宝商家通用的一种方式，方法简单且相关关键词搜索量一般都比较大。其具体方法是把客户可能搜索的关键词放在搜索框中，相关的关键词就会以下拉单的形式展现出来。当然，商家也可以通过切换不同的通用词，来发现更多下拉词，如图 3-1-3 所示。

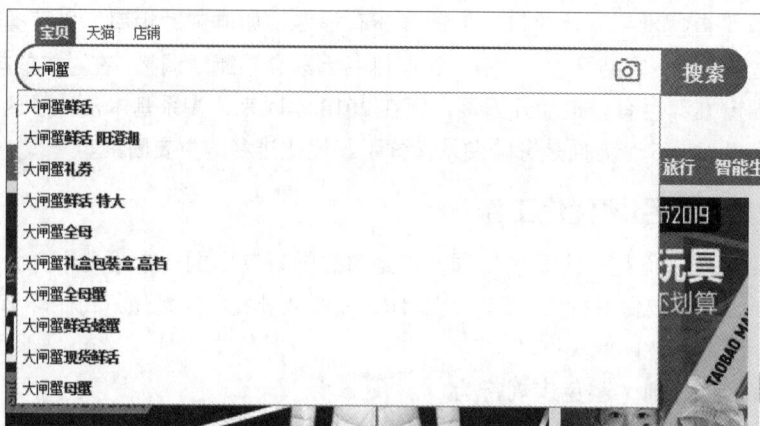

图 3-1-3　搜索下拉框

③ 通过淘宝直通车后台流量解析工具或推广计划添加关键词来发现不同的关键词

● **流量解析工具**：具体使用方法是打开淘宝直通车后台，选择流量解析工具，输入核心关键词进行搜索，相应关键词就会呈现在结果栏中，如图 3-1-4 所示。商家通过淘宝直通车后台流量解析关键词分析查找得到相关词分析。

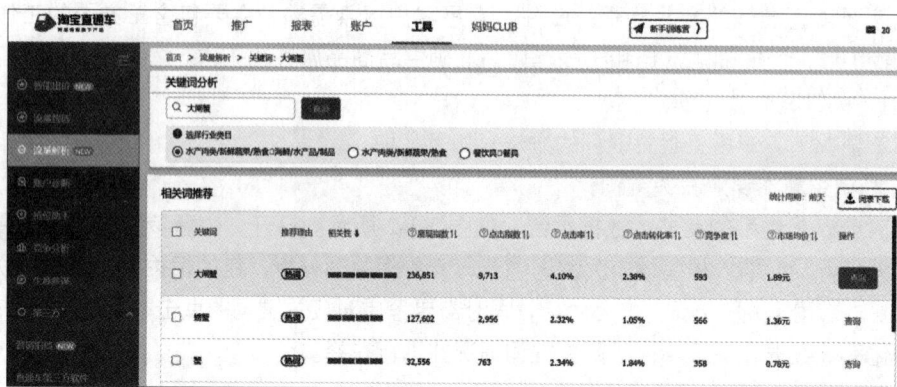

图 3-1-4　直通车后台流量解析工具

● **在直通车计划中添加关键词**：在直通车后台，打开相应的计划商品，单击添加关键词，进行核心关键词搜索，也可以发现相应结果。

除此之外，商家还可以通过查看竞争对手标题、看店宝等多种方式发现潜在关键词。

综上所述，其实通过诸多关键词工具查找关键词的思路基本是一致的，都是围绕客户数据开展的，而对应关键词的判断、选取、布局工作才是重中之重。

（2）关键词的选择和布局工作

收集好关键词以后，接着就是选择关键词，在标题中合理地布局相关关键词，在属性中选择对应关键词，其对应的原则如下。

① 前期以转化率高的长尾关键词为主，循序渐进拉动核心关键词。关键词筛选出来之后，商家应该如何在诸多关键词中做选取呢？若选择核心关键词，虽然流量可观，但竞争太大，排名并不一定能够马上靠前；而选择长尾关键词，尽管流量可能不大，但竞争相对小，精准性好，且可以循序渐进地拉动核心关键词的排名。所以建议新店商家初期推广时重点考虑有一定流量的长尾关键词，一些有运作实力的商家可以选择核心关键词或较热门的

关键词。

② 尽量有效利用关键词，合理地将标题字数使用到位，避免无效留空。以淘宝为例，标题共计可以写下 30 个汉字，要选择合适的关键词尽量将 30 个字的标题使用得恰到好处，毕竟每多放进去一个关键词，客户搜索到的概率就会增加。很多商家在发布标题的时候空了大量标题字符是很可惜的。

③ 将客户需求和商家、商品的特点有效地融合在一起，避免生搬硬套。选择关键词，平台搜索数据是依据，但筛选的基础还在于商品特质，避免一味地迎合平台数据，如果关键词与商品契合度不高，那么即便流量再大也无法保障后期转化。

④ 将合理的关键词有效组合，避免大量重复使用相似关键词，不要使用怪异的符号分割标题，在标题里大量重复铺设相似关键词会被淘宝认定为违规行为。

注意：当商家有大量同类商品时，还需要注意避免所有商品选用共同的关键词，毕竟对同一店铺、同样的关键词，淘系首页同时展示的数量一般不超过两个，如果相同的关键词布局在大量的同类商品上，就会造成关键词内耗和浪费。

（3）准确书写商品属性的工作

商品属性乃至店铺介绍中的关键词也是搜索文本检索的区域，因此在商品属性选择、填写的时候，适当融入的关键词也是触发搜索、优化搜索排名的补充手段。图 3-1-5 和图 3-1-6 分别所示为商品属性后台设置页面和商品属性前台显示页面。

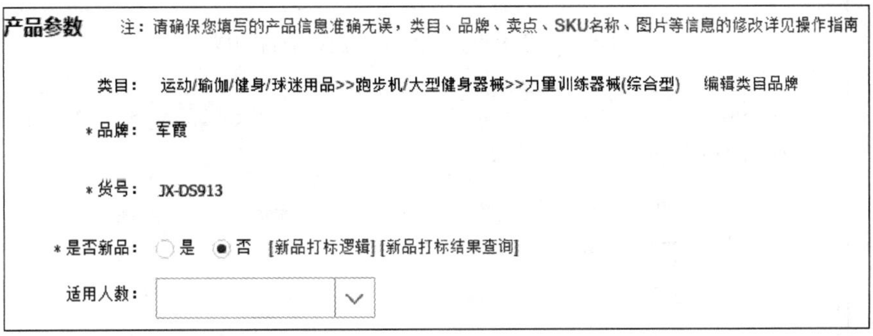

图 3-1-5　商品属性后台设置页面

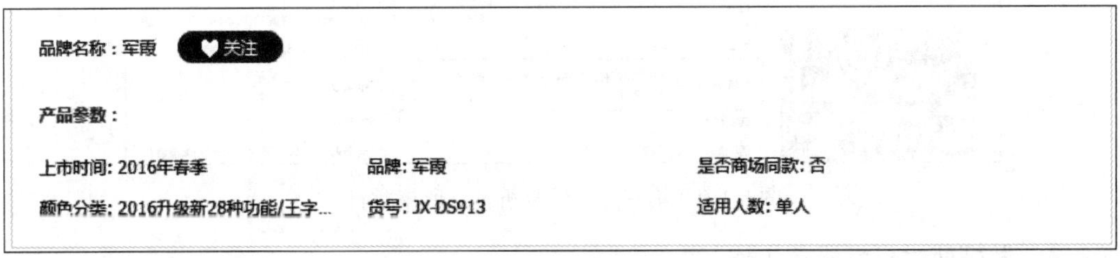

图 3-1-6　商品属性前台显示页面

3. 做好商品发布、类目选择工作

做好商品发布、类目选择工作就要做到准确选择商品所在类目。在发布商品、选择类目时，要通过搜索商品关键词确定最适合的类目（见图 3-1-7）。在类目难以抉择的时候，可以通过"生意参谋—市场—搜索分析—类目构成"参考选择（见图 3-1-8），也可以借助第三方工具，分析同行竞品所属类目（见图 3-1-9）。

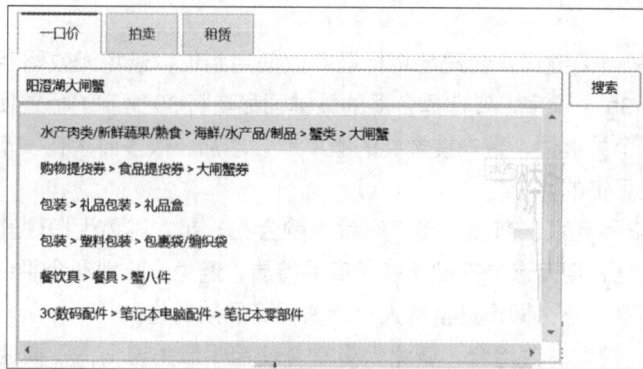

图 3-1-7　类目选择页面

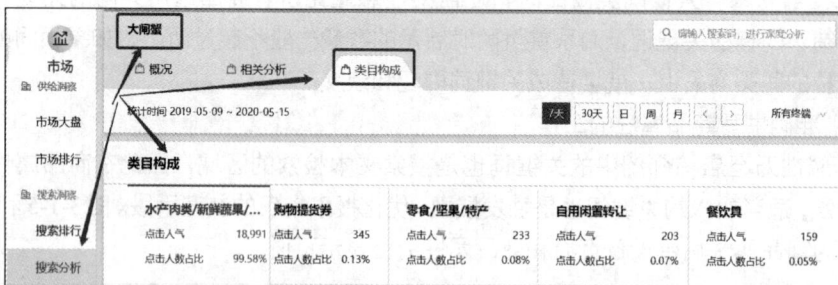

图 3-1-8　生意参谋搜索分析关键词类目构成

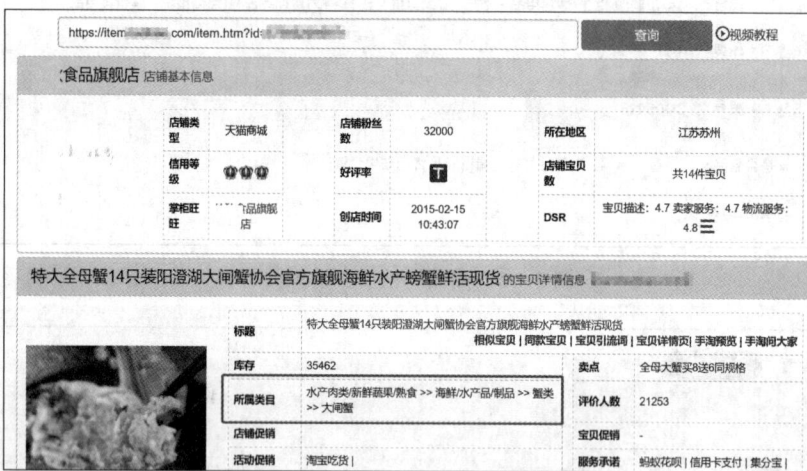

图 3-1-9　第三方工具分析竞品所属类目

4. 做好商家日常服务工作

商品人气是做好搜索引擎优化工作的核心，前面提到的各种工作只是做好优化的基础，要做好搜索引擎优化关键还是提高商品人气，这就要求做好商家日常工作，包括提升客服服务水平，做好客户对店铺及商品的收藏、加购、评价的引导工作，提升店铺转化率、客户的重复购买率、店铺 DSR 值，减少投诉率、纠纷率、退款率，当然提高商品人气最重要的还是做好商品的选款、定价工作。

要做好搜索排名，还有很多细节需要做，上述主要讲述一些主要的工作，其他的不再展开介绍，大家可以课后深度查阅学习。

```
                                    ┌─ 站内付费推广的主要形式
                    站内付费推广概述 ─┼─ 站内付费推广的特征
                                    └─ 商家付费推广要求

                                    ┌─ 淘宝/天猫直通车展示位置
                                    ├─ 淘宝/天猫直通车开通操作流程
                         CPC推广 ────┼─ 淘宝/天猫直通车标准推广操作流程
                                    ├─ 直通车操作要点
                                    ├─ 直通车运营思路
                                    └─ 销量明星

                                    ┌─ 钻石展位概述
                                    ├─ 钻石展位的特征
                                    ├─ 钻石展位展示位置
   站内付费推广工作 ────               ├─ 钻石展位展示逻辑
                         CPM推广 ────┼─ 钻石展位定向逻辑
                                    ├─ 钻石展位扣费原理
                                    ├─ 钻石展位操作流程
                                    └─ 钻石展位投放要点

                         超级推荐

                         明星店铺

                                    ┌─ 展示原理角度应用思路
                    付费推广综合应用思路─┼─ 展示位置和曝光量角度应用思路
                                    ├─ 展示内容角度应用思路
                                    └─ 整体应用角度应用思路
```

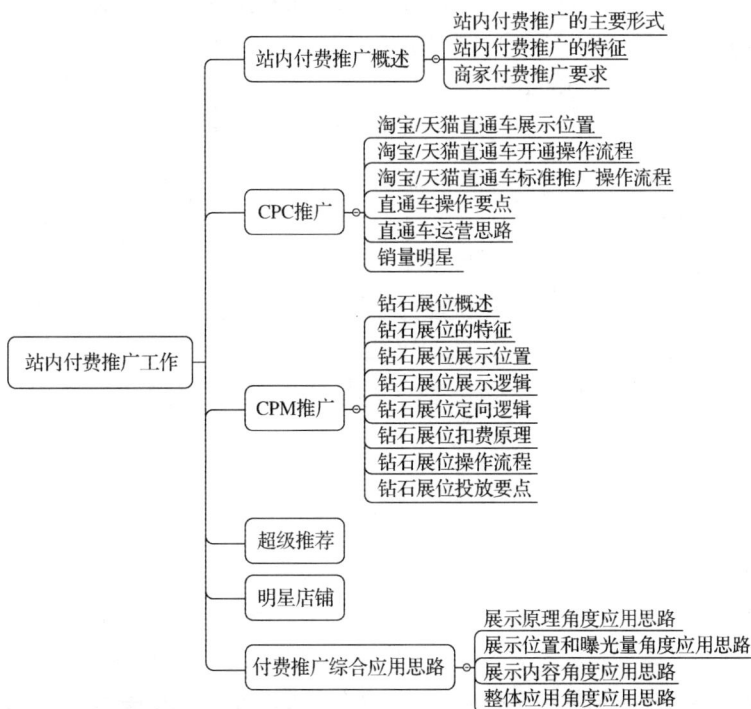

一、站内付费推广概述

1. 站内付费推广的主要形式

站内付费推广是网店流量的重要来源之一，尤其是当下网店竞争激烈，站内付费推广以其多样性和高效性广受商家推崇。

按照当下广告扣费的形式划分，站内付费推广主要表现为点击计费推广（Cost Per Click，CPC）、千人成本推广（Cost Per Mille，CPM）、交易收费推广（Cost Per Sales，CPS）三种主要形式，如业内常讲的淘宝直通车、京东快车、多多搜索等就是CPC推广的典型代表，淘宝钻石展位、京选展位等是CPM推广的典范，淘宝客、京挑客是业内具有代表性的CPS推广形式。当然，除此之外，还有淘系超级推荐、拼多多场景等各式的付费推广。

2. 站内付费推广的特征

（1）付费性质，一切引流活动都是以商家付费为前提。

（2）高效性、针对性，免费搜索引擎优化工作引流是需要一定周期的，而付费推广一般只要开始推广，其商品基本就可以即时展现，起到快速引流的效果。与站外推广相比较，由于站内付费推广都是以站内消费数据、站内展位为基础开展的，因此其针对性更强。

（3）多样性，目前随着技术的不断推进，付费推广越来越灵活多样，不仅广告计费的模式多种多样，可以按照展示、点击、成交付费，而且其展现位置、形式也越来越多样化，可以按照搜索关键词展现、人群展现、站内展现、站外展现等。

3. 商家付费推广要求

商家参与平台的各种付费推广都有一定的要求，并非可以无条件参加。以淘系为例，要参加淘宝直通车、钻石展位和淘宝客推广，商家就要在违规情况和店铺运营等方面符合一定的要求。

（1）违规方面要求

根据违规类型及扣分分值的不同，有周期内处罚时间限制，如当商家严重违规行为（出售假冒商品除外）扣分达到 6 分小于 12 分的情况下，处罚必须满 30 天后才能开启推广活动，付费推广违规方面要求如表 3-2-1 所示。

表 3-2-1　付费推广违规方面要求

违规类型	当前累计扣分分值	距离最近一次处罚扣分的时间
出售假冒商品	6 分及以上	满 365 天
严重违规行为（出售假冒商品除外）	大于等于 6 分，小于 12 分	满 30 天
	12 分	满 90 天
	大于 12 分，小于 48 分	满 365 天
虚假交易（严重违规虚假交易除外）	大于等于 48 分	满 365 天

（2）店铺运营要求

店铺运营状态正常，淘宝店铺的开通时间不低于 24 小时，近 30 天内成交金额不能为零，店铺每项 DSR（淘宝店铺的动态评分）值在 4.6 及以上。

（3）特殊要求

除了上述普通要求外，不同的推广形式、不同的商品类目，其要求也有细微差别。

开通钻石展位要求淘宝商家店铺信用等级为一钻及以上（天猫店铺没有此项要求）。

如需开通特殊类目，需要提交相应的资质条件，例如对于化妆品类目，直通车推广要求商家必须提供行政部门核发的批准文号；对于农药 / 兽药类目，平台要求商家必须出具广告审查表。有些比较特殊的类目，平台不允许进行直通车推广，例如交通票、国货精品数码类目；有些比较特殊的类目，天猫商家可以开通直通车推广功能，但淘宝商家无权开通，如书籍 / 杂志 / 报纸、闪存卡 /U 盘 / 存储 / 移动硬盘类目。

当然，更为详细的规定可以具体查看《淘宝网营销活动规则》要求及直通车、钻石展位等广告服务使用规范。

与淘系类似，其他网络零售平台对商家网络推广基本都有类似的要求，这里不再赘述。

二、CPC 推广

目前网络推广方式中，CPC 推广几乎是所有平台的标配。所谓 CPC 推广就是指商家通过后台关键词、创意文案、排名出价等设置，将广告展示在客户面前，按照客户点击付费的一种广告模式。在网络零售平台中最具有代表性的就是淘宝 / 天猫直通车、京东快车、多多搜索、多多场景等，当然淘宝钻石展位广告也有 CPC 的成分。由于各大平台 CPC 广告应用原理类似，所以下面以淘宝 / 天猫直通车为例进行介绍，分别从展示位置、开通操作流程、标准推广操作流程、操作要点等方面展开介绍。

1. 淘宝 / 天猫直通车展示位置

（1）搜索展示

PC 搜索结果页带有"掌柜热卖"标识，移动端带有"hot"标识的即为直通车的展示位置。

① PC 端主要展示位

● 关键词搜索结果左侧带有"掌柜热卖"标签的商品。

● 关键词搜索结果页右侧，"掌柜热卖"栏显示的 16 个结果。

● 关键词搜索结果页底部，"掌柜热卖"栏显示的 5 个结果。

② 移动端主要展示位

移动端淘宝 / 天猫直通车展位和自然搜索结果是混排在一起的，而且不同的移动设备展示位也有所区别。图 3-2-1 所示为淘宝 / 天猫直通车对应不同品牌手机的展位。

移动设备型号	移动设备型号	含义
iOS	1+5+1+5+1+10+1…	每隔5或10个宝贝有我们的1个展示位
Android	1+5+1+5+1+10+1…	每隔5或10个宝贝有我们的1个展示位
iPad	1+5+1+15+1+20+2…	每隔5、15或20个宝贝有我们的1个或2个展示位
WAP	1+20+2+20+2…	每隔20个宝贝有我们的2个展示位

图 3-2-1　淘宝 / 天猫直通车对应不同品牌手机的展位

（2）定向推广展示位

定向推广为分为站内和站外两个部分，其中站内定向推广有定向推广 PC 端展示位置和定向推广移动端展示位置。

① 定向推广 PC 端展示位置　　② 定向推广移动端展示位置

● 我的淘宝—已买到的宝贝　　　● 手机淘宝—猜你喜欢

● 购物车—掌柜热卖　　　　　　● 手机淘宝—购后猜你喜欢

● 单品—淘宝订单详情页　　　　● 手机淘宝—淘好物活动

● 我的淘宝首页—猜我喜欢　　　● 手机淘宝—购中猜你喜欢

● 我的淘宝—物流详情页　　　　● 手机淘宝—首页猜你喜欢

● 收藏夹—热卖单品　　　　　　● 平台营销会场

2. 淘宝 / 天猫直通车开通操作流程

在 PC 端打开淘宝"卖家后台—营销中心—我要推广"，如图 3-2-2 所示。

首次使用淘宝 / 天猫直通车推广需要签订淘宝直通车软件服务协议并充值（见图 3-2-3、图 3-2-4），然后开始使用。

图 3-2-2　淘宝 / 天猫直通车后台推广中心界面

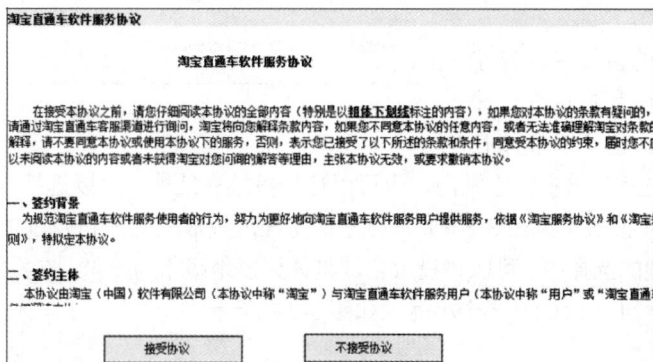

图 3-2-3　淘宝 / 天猫直通车软件服务协议

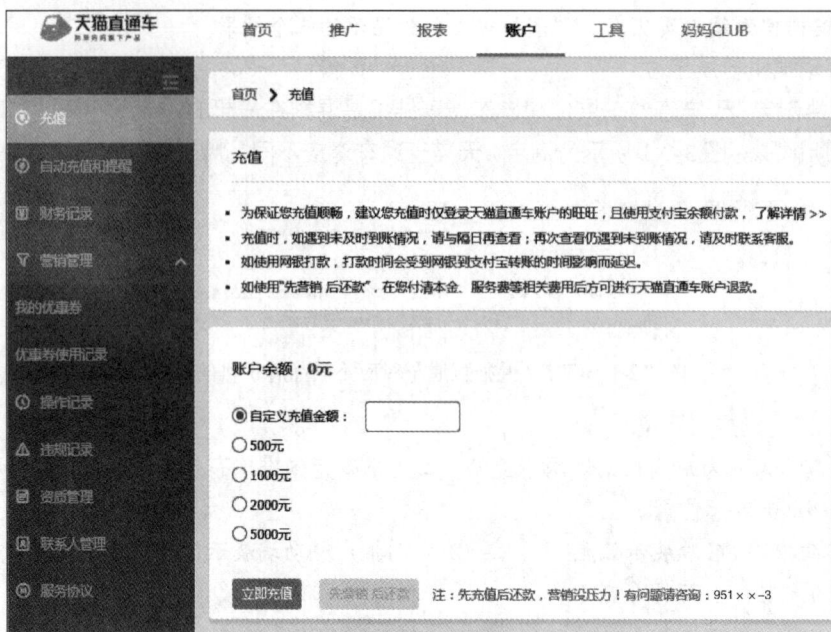

图 3-2-4　淘宝 / 天猫直通车充值界面

3. 淘宝 / 天猫直通车标准推广操作流程

目前新版的淘宝 / 天猫直通车（以下简称直通车）推广后台，其常规推广主要包括两类，即标准推广和智能推广，其中智能推广是系统为初级使用者推荐的便捷推广方式，商家只需简单设置系统便会为其匹配流量。对于一般商家而言，系统默认可新建 8 个标准推广计划，可新建 20 个智能推广计划，当然根据商家运营能力、消费额度的提升，也可以申请开通更多计划。下面以标准推广计划为例，具体介绍一下直通车推广操作流程。

打开直通车后台，在标准推广下，单击"新建计划"按钮，接着将进行三个流程的操作，分别是投放设置、推广设置、完成推广。

第一步，投放设置，该设置主要是对该计划名称、日限额、投放平台 / 地域 / 时间、投放方式（见图 3-2-5）等内容的设置，即商家可以根据要推广的商品情况合理地规划设置，以达到在预算内精准推广的目的。

在投放平台的设置中，商家可以选择将推广商品投放在计算机设备（默认），也可以投放在

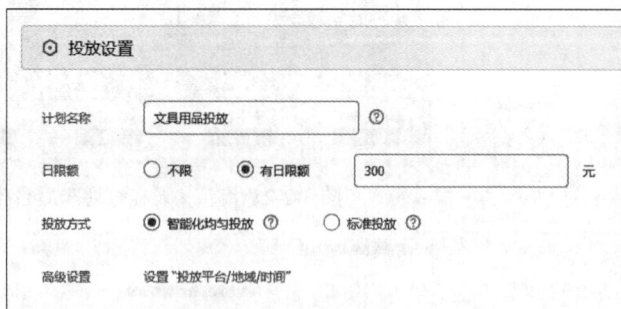

图 3-2-5　直通车投放设置界面

移动设备；可以选择投放在淘宝站内，也可以选择投放在站外；可以选择搜索推广投放，也可以选择定向推广投放（见图 3-2-6），但是定向推广投放只对一钻及以上卖家和天猫卖家开放。在投放地域的选择中，可以将投放区域具体到以地级市为单位。在投放时间的选择中，可以具体到 7 天 ×24 小时的某半个小时，如图 3-2-7 所示。

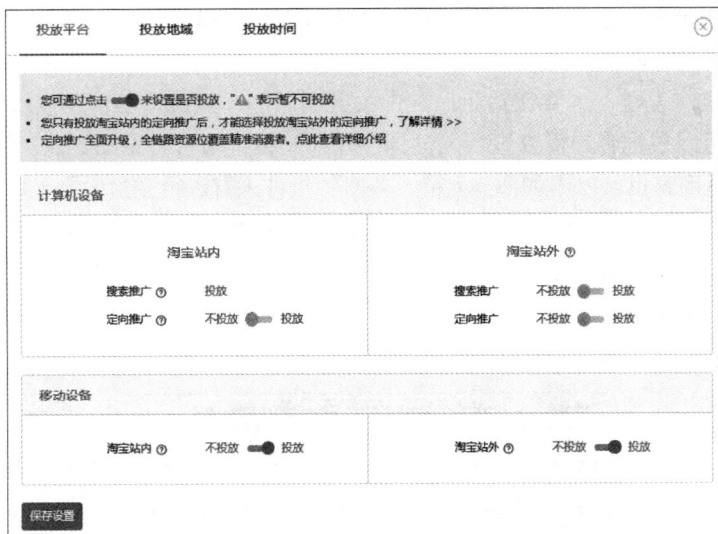

图 3-2-6　直通车投放平台设置

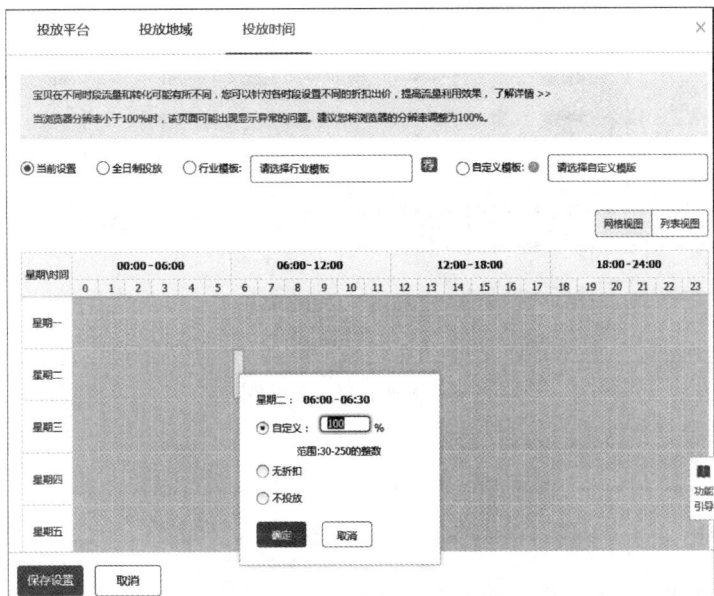

图 3-2-7　直通车投放时间设置

在单元设置中，可以选择目前店铺具体要推广的商品（见图 3-2-8），一个计划下面最多可以选择 500 个商品。

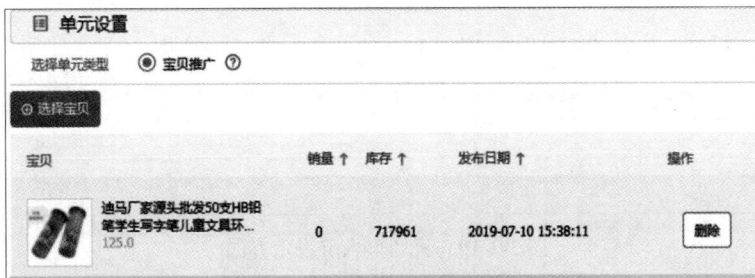

图 3-2-8　设置具体要推广的商品

在创意设置部分，默认的是投放商品的主图和简化标题，具体创意的修改可以在方案完成后再对图文进行调整。

第二步，推广设置，主要包括商品推广关键词添加、关键词出价及投放人群添加和溢价设置。商家可以根据客户需求进行关键词选择和关键词出价（见图 3-2-9），同时基于这些关键词，选择商家也可以添加相应人群，并对针对性人群进行溢价设置，增加广告创意在对应人群的优先曝光量；还可以自定义组合人群，包括宝贝定向人群、店铺定向人群、行业定向人群、基础属性人群和达摩盘人群，如图 3-2-10 所示。可以针对定向推广人群进行溢价设置，如图 3-2-11 所示。

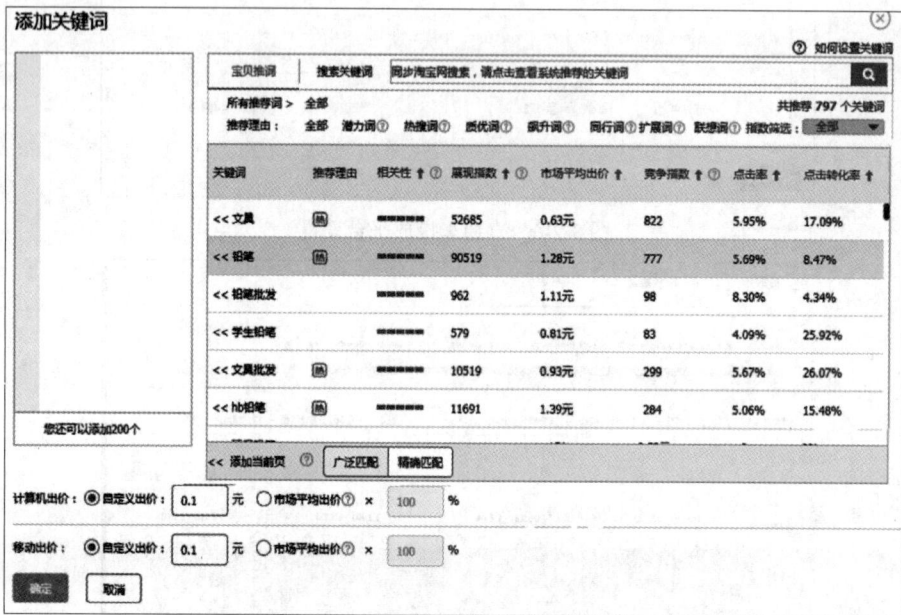

图 3-2-9　直通车关键词出价界面

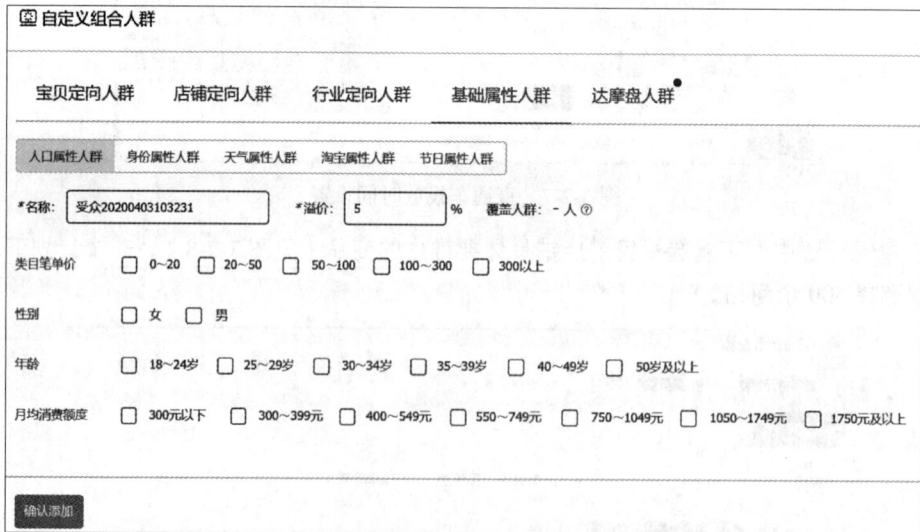

图 3-2-10　直通车人群设定界面

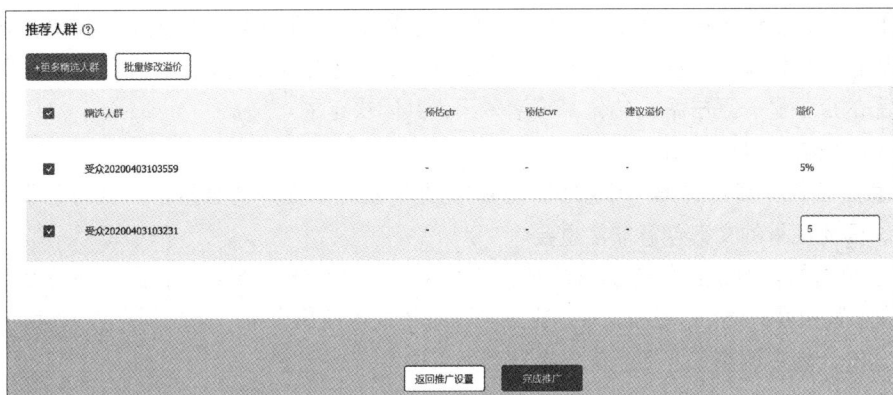

图 3-2-11　直通车人群投放溢价设置界面

第三步，完成推广，直通车推广流程就结束了。

4. 直通车操作要点

直通车是淘系网店推广商家使用频度高、效果较为突出的推广方式之一。要高效地应用好直通车，商家必须关注以下操作要点。

（1）精准的计划设置

网络广告最大的优势就在于其精准性，计划设置要想达到精准的效果，其影响因素有以下几个方面：根据商品特征进行计划分配，将具有类似权重、客户消费特征（时间、平台、区域）的商品放置在同一计划下面，可以共享日预算、投放平台、时间、区域等因素，达到精准投放的效果。商家一般都会给予权重高、回报率高的商品大量付费推广预算，因此这类商品适合放置在同一个计划下面共享高预算；客户消费特征类似的商品，其客户网络购物时间、平台、区域特征相对一致，因此也适合放置在同一个计划中。

总之，要综合多个纬度考虑，将不同的商品放置在同一个计划，要充分考虑商品是否在客户消费行为上具备相同的预算、投放平台、区域和时间等，尽量将这些指标做到精准化。

（2）优质的选品（单元）

推广的目的是为了成交，因此选品和创意也是其中的重要环节，优秀的创意设置影响着广告曝光后客户的关注度、点击量，而有竞争力的选品是影响最终成交的关键。因此商家在推广之前，要充分对比和查看商品在品质、功能、工艺、款式风格、价格、基础销量、客户评价等方面是否具备明显的优势，再决定推广。

（3）恰当的关键词设置

关键词选择得恰当与否、排名如何、投放人群怎样，都直接影响着客户能否点击以及后期转化的力度，因此恰当的关键词选择与投放也不可或缺。

关键词选择、出价及投放人群方面要注意选词的适用性，预算充裕的商家可以选核心词、高出价、广泛人群投放，以获得更多的关注和转化；初级商家则要重视精准度、投入回报比（Return On Investment，ROI）、量入为出，根据目标要求选择适合的关键词、出价，自定义人群定向溢价，以达到精准营销的目的。

需要强调的是，直通车实际支出不是严格按照出价扣费的，而是由竞争对手的出价和自己关键词的质量决定的，扣费 =（下一位的出价 × 下一位的质量得分）/ 自己的质量得

分 +0.01 元。关键词质量分为 1 ~ 10 分，关键词质量分高不仅可以大大提升排名效果，而且还可以达到降低单次点击出价的效果。质量分的高低是由商品关键词和标题、创意相关度，推广商品的点击量、点击率、转化率等诸多因素共同决定的。

（4）优秀的文案创意设置

创意是客户与商家的第一个触点，创意优秀不仅可以提升访客量，而且有助于促进客户购买，因此优秀的文案创意非常重要。

在创意方面，要综合借鉴优秀的竞品创意文案，做好推广图片、标题，充分地体现出商品优势，紧扣客户痛点。在推广中，充分利用系统提供给每个推广商品的广告创意机会（在创建成功的计划中调整），不断优化提升商品点击率、转化率。

（5）持续的推广方案优化

直通车投放效果受展现量、点击率、关键词质量分和投入回报比等多个因素影响，但从盈利的角度讲，最终还在于投入回报比，因此优秀的直通车方案不是一成不变的，而是需要商家根据呈现效果不断地动态调整，持续优化。

综上所述，商家高效地开展直通车运营不单是某个环节的问题，它需要商家根据运营目标进行综合考虑，包括前期选品、定价、视觉装修、基础销量评价铺垫；投放过程中，宝贝计划分配、预算设置，投放平台、区域、时间优选，推广关键词、出价、精准人群定向优化；投放后客服跟进、效果跟进，不断优化预算、投放设置，优化关键词、优化关键词出价、优化人群定向，从而带动正向循环，达到不断提升曝光率、点击量、点击率、收藏率、加购率、支付转化率、关键词质量分、提升投入回报比的目标。

5. 直通车运营思路

直通车主要应用于商品推广引流，但在实际操作过程中，由于商家发展阶段不同、运营水平不同、运营目标差异，直通车又可以延伸出不同的运营思路。

（1）辅助商品推广，以直接盈利为目的

对于部分初级或者保守型商家而言，开直通车的目的是辅助商品推广、稳定盈利。因此他们的通常做法就是选择优质商品，精准化平台、区域、时间投放，优化创意，选择高转化关键词，精准化人群溢价投放，不断降低成本、高效带动宝贝销售，稳定获取利润。

（2）应用于测试，以商品选款、测图为目的

直通车受众多数是以关键词搜索为基础，购物目的明确，且能让商品在短期内快速曝光，因此部分成熟商家将直通车应用于前期选品和测图，他们通常的做法是适度投放（平台、时间、区域）设置、选取高流量转化关键词、高出价以达到快速曝光和快速积累客户点击的目的，通过点击率、收藏、加购情况来判断直通车创意图片及商品的受欢迎度，从而为图片优选和选款寻找依据，这种一般为短期行为，持续 1 ~ 2 周即可。

（3）应用于提升商品标签精准度，明确运营人群

当下千人千面式个性化展示的推行，商品标签在日常运营中的权重不断提升，因此快速提升商品标签精准度成为运营的关键环节。同时由于直通车在转化及人群定向上的突出优势，利用直通车快速提升商品标签精准度也成为成熟商家的前期推广的惯用手法，通常的做法是在前期开启区域投放，选取精准词，低出价，开启定向人群高溢价，不断获取精准人群流量、点击和转化，迅速提升商品标签精准度。

（4）以拉动自然搜索打造爆款为目的

直通车具有拉动自然搜索的功效，且自然搜索流量成本更低，因此部分成熟的商家会

利用直通车运营拉动自然流量，以追求潜质商品迅速热卖、持续盈利，表面上看直通车投入提升了，但综合投入回报比更高。通常的做法是在完成测款、测图、商品标签精准化后，商家持续关键词高出价、人群定向溢价，不断拉动大量关键词自然搜索排名靠前，当自然流量高于直通车流量的时候，慢慢地减少直通车投入，当然前提条件是保障搜索引擎优化流量的转化率，有节奏地减少直通车投入。

（5）以蓄积流量，提升活动效果为目的

部分商家为了使活动达到更好的效果，也会在活动前进行大量的直通车引流，为活动蓄积流量。通常的做法是在活动前期选取类目、高流量词及对活动的相关兴趣人群，为活动爆发期蓄积流量，活动开始后，有针对性地定向选择已浏览人群、购物车人群进行精准投放，促进转化。

当然，有关直通车的运营思维还有很多，有专门以提升质量分，降低单次扣费为目的的操作思路，有以拉动手淘流量为目的操作思路，有与钻石展位配合共同打造爆款的，还有与竞争对手"抢位攻防"的，其具体的操作方法因商品特质、商家发展阶段而定，应用灵活，不能一概而论。

6. 销量明星

在淘宝直通车体系下，还有一项功能被称为销量明星，因为销量明星并非针对所有商家开放，所以很多商家对它并不了解，在这里对它进行一个补充介绍。

（1）销量明星概述

销量明星是针对手淘销量排序页进行商业广告卡位的推广功能，通过销量明星推广的商品将会展示在销量排序搜索结果下的固定位置第 1 位和第 11 位，与普通直通车左上角带有"hot"标识不同，销量明星商品左上角带有"皇冠"标识，如图 3-2-12 所示。

（2）销量明星机制

手淘搜索销量 tab（常用说法，指手淘上的一个导航栏）下，也是通过关键词竞价方式来获取广告位进行推广，让商家优质商品的排名优先。

图 3-2-12　直通车销量明星手淘展位（左边第 1 位、右边第 11 位）

（3）销量明星商家门槛

对商品销量有一定的要求，销量排序页关键词搜索结果，销量排在前 10 的商品可竞争第一位广告位，销量排在 11 ~ 20 的商品可竞争第 11 位广告位。

（4）销量明星功能优势

有别于目前综合排序页下千人千面式个性化展示机制，销量明星将成为目前淘系唯一非个性化流量的搜索推广功能。

（5）销量明星应用场景

销量明星主要应用于新品爆款推广、稳定销量排名、淡季快速起量等场景。

图 3-2-13 所示为直通车后台销量明星栏目。

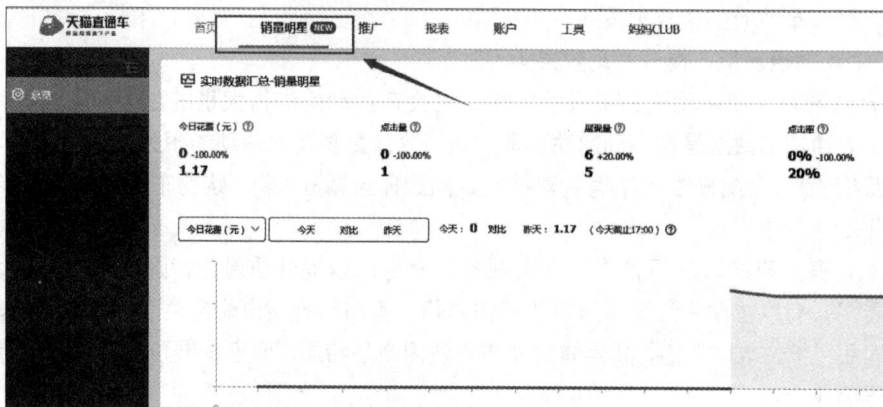

图 3-2-13　直通车后台销量明星栏目

三、CPM 推广

CPM 是一种按照千次曝光进行计算收费的推广模式，网络广告也起源于 CPM 形式，从网络资讯平台到零售平台，CPM 从未缺位过，以淘系为代表的钻石展位、京东展位、头条广告、腾讯体系的广点通及各大平台的信息流广告都有 CPM 的基因。尽管在历史的更迭中，按照点击量来进行收费（Cost Per Click，CPC）和按照实际的销售量进行收费（Cost Per Sales，CPS）的广告已然崛起，但 CPM 推广依旧是网店运营不可或缺的部分。下面以淘系钻石展位为例，介绍一下 CPM 推广的应用。

1. 钻石展位概述

钻石展位是面向全网精准流量实时竞价的展示推广平台，支持按展现收费和按点击收费，以精准定向为核心，为商家提供精准定向、创意策略、效果监测、数据分析等一站式全网推广投放解决方案，帮助商家实现更高效、更精准的全网数字营销。准确地说，从开始发展到现在，钻石展位已经由单纯的 CPM 广告转化为 CPM 和 CPC 的结合体。

2. 钻石展位的特征

（1）媒体资源丰富，高效提升品牌价值

展示位置方面，覆盖淘宝网首页、天猫首页和无线端等站内资源位；推广内容方面，既可以推广首页、自定义页面、单品，又可以推广直播、微淘；支持 CPM 和 CPC，引流成本可控，无论是为店铺营销活动和销量引流，还是面向目标客户积累多次品牌印象，都可以通过钻石展位丰富的展现形式实现。

（2）全网大数据，精准定向目标客户

与直通车相比，钻石展位人群定向展示效果更为强大，可以通过重定向、拉新定向、达摩盘定向等多种定向方式，"圈定"目标客户，目标投放更为精准。

（3）相对门槛高，可挖掘潜力大

相比直通车推广而言，钻石展位要求商家店铺信用等级一钻及以上，把很多小商家拒之门外了。正是如此，相比直通车，钻石展位的应用率及竞争性并没有那么大，因此其可挖掘潜力也相对较大。

3. 钻石展位展示位置

钻石展位目前有上百个资源位，分布在淘宝网、天猫和各大站外媒体，如腾讯、新浪、网易、豆瓣、今日头条、土豆、抖音等。站内资源位包括但不限于 PC 端淘宝钻石展位（见图 3-2-14），移动端淘宝钻石展位（见图 3-2-15），移动端首页焦点图、淘金币焦点图轮播、旺旺弹窗焦点图，手淘首页猜你喜欢等位置。具体的资源位均可在钻石展位后台的"资源位"中查看，如图 3-2-16 所示。

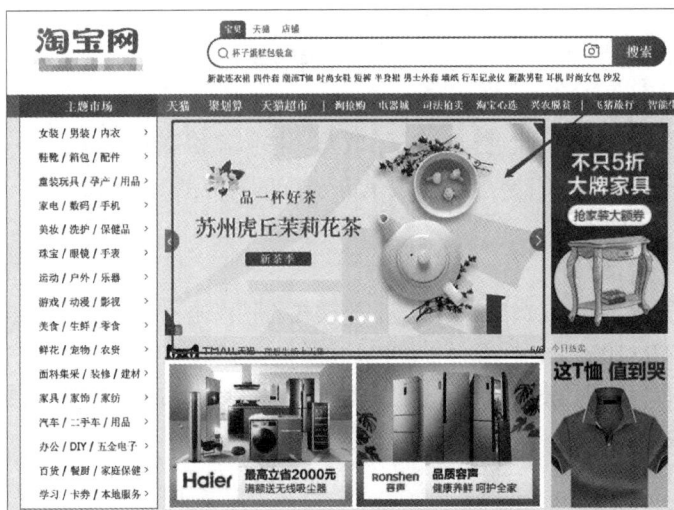

图 3-2-14　PC 端淘宝钻石展位

图 3-2-15　移动端淘宝钻石展位

图 3-2-16　钻石展位"资源位"

4. 钻石展位展示逻辑

钻石展位按照出价高低顺序进行展现，系统将各时间段的出价，按照竞价高低进行排名，价高者优先展现，出价最高的预算消耗完后，轮到下一位，以此类推，直到该小时流量全部消耗，排在再后面的无法展现。商家能获得的总流量 = 总预算 /CPM 千次展现单价 ×1000，在同样的预算下，千次展现单价越高，获得的流量反而越少，因此商家需要在保证出价能展现的基础上，合理竞价。

5. 钻石展位定向逻辑

钻石展位最为突出的功能就是人群定向能力强大。钻石展位的定向逻辑原理在于：每个访问淘宝的客户，都会形成搜索、浏览、收藏、购买等各种行为，钻石展位的系统会根据这些行为给客户打上各种标签。因此每个行为不同的人，在同一时间打开钻石展位的广告位，看到的广告都是不一样的。商家通过合理定向，把广告展现给目标人群，从而获得精准流量和好的广告效果。目前改版之后的钻石展位就是以定向为核心，面向全网精准流量实时竞价的展示推广平台。

6. 钻石展位扣费原理

钻石展位支持按展现收费（CPM）和按点击收费（CPC）的扣费模式。

（1）按展现收费

按照 CPM 竞价收费，即按照每千次展现收费，点击不收费。按照竞价高低进行排名，价高者优先展现，获得的总流量 = 总预算 /CPM 千次展现单价 ×1000，实际扣费 = 按照下一名 CPM 结算价格 +0.1。

（2）按点击收费

按照 CPC 竞价收费，即展现免费，点击收费。进入付费投放模式，将"点击出价"折算成"千次展现的价格"（CPM=CPC×CTR×1000），折算后的 CPM 出价与其他商家进行竞争，价格高的优先展示。与直通车的 CPC 不同，直通车的 CPC 是基于关键词点击扣费，而钻石展位是基于人群定向展示后的点击扣费。

7. 钻石展位操作流程

从总体流程看，钻石展位操作流程与直通车比较接近，主要包括选择营销目标、设置计划、设置单元、添加创意、完成创建五大步骤。

（1）选择营销目标

根据推广内容、展示位置、定向人群及其他设置条件（包括出价方式等）的差别，将钻石展位分为全店竞价推广、视频推广、单品推广、内容推广、直播推广五大场景（新版钻石展位由原来的单纯的全店推广升级了更多应用场景，见图 3-2-17），从这个角度分析，钻石展位推广的内容比直通车更加丰富化，展示的位置也更加多元化。

图 3-2-17　选择营销目标

为了便于介绍，下面以代表性的全店竞价推广为例，继续介绍钻石展位操作流程。

（2）设置计划

设置计划主要是对营销参数（计划类型、营销目标、生成方案）、基本信息（竞价方式、预算、计划名称、投放日期、推广主体、地域设置等内容）的设置（见图3-2-18和图3-2-19）。其各项设置基本与直通车类似，与直通车不同的是，其推广落地页可以是首页、单品页和自定义页面，投放区域是以省为单位的，投放时段是以7×24小时的每单个小时为单位的，预算不能低于300元。

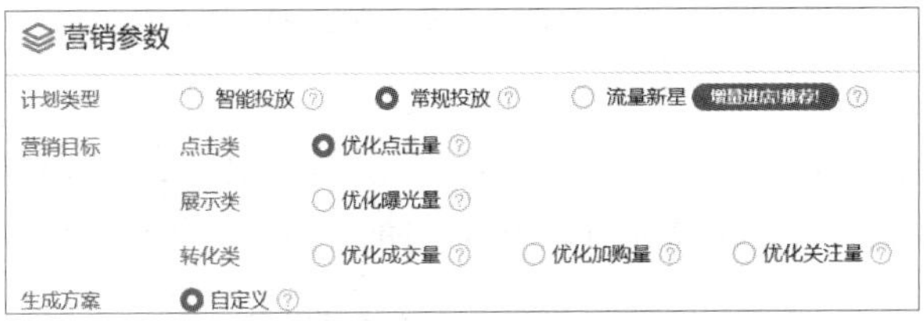

图 3-2-18　营销参数选择

图 3-2-19　基本信息设置

其中，计划类型中智能投放和流量新星相对智能化，减少了后续单元设置人群定向、资源位的选择。营销目标则是商家根据自己达成的目的选择，一旦营销目标确定，后续在单元设置中人群定向的范围就会更有针对性。

（3）设置单元

设置单元主要是对人群定向、资源位和出价的设置。其中人群定向中主要包括通投、智能定向、关键词人群、私域定向、公域定向、达摩盘定向、达摩盘–平台精选资源位和竞件设置，取代了以前的群体定向、兴趣点定向、访客定向，增加了关键词人群，总体更加智能化了。

① 通投主要是指不限人群投放，相对比较宽泛，主要适用于预算比较充裕的商家。

② 智能定向是系统根据商家的店铺或宝贝（商品）挑选的优质人群，商家可以在此基础上选择店铺优质人群、店铺扩展人群、宝贝优质人群等，相对智能性高，适合新手使用，如图3-2-20所示。

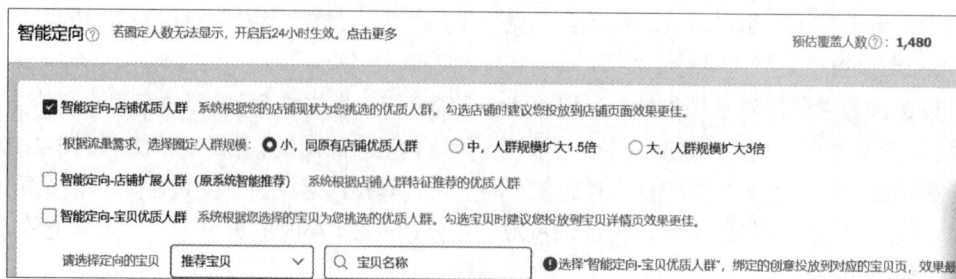

图 3-2-20　智能定向设置

③ 关键词人群是系统根据近 30 天搜索过该关键词或浏览过包含该关键词的商品的人群。商家可以选择全网人群热词、购买人群热词、店铺访客热词、粉丝热词，针对范围有一定差异，商家可以根据自己的预算和目标进行选择，如图 3-2-21 所示。

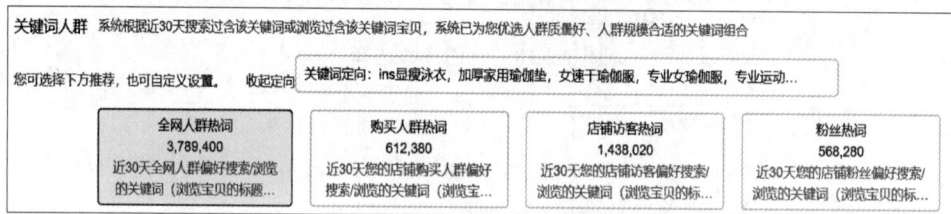

图 3-2-21　关键词人群设置

④ 私域定向（原重定向）是系统对触达过商家店铺 / 商品 / 内容等的老客户进行的定向投放，满足商家精细化老客户运营的需求，其中包括店铺人群、渠道人群、粉丝人群。店铺人群和粉丝人群根据触达深度不同有相应的分类；渠道人群包括通过手淘猜你喜欢、手淘内容、站外媒体、手淘搜索、"手淘首焦"等渠道自然流量和广告流量触达的客户。商家可以根据营销目标进行推荐选择，也可以进行更精准的自定义设置，如图 3-2-22 所示。

图 3-2-22　私域定向设置

⑤ 公域定向不同于重新定向，它基于全网优质人群，从店铺 / 粉丝 / 场景等维度展开，满足商家多维度拉新的需求。它可以根据店铺人群、粉丝人群、场景人群维度及下属的几十个更小的维度进行细腻的选定。商家同样可以进行推荐选择，也可以进行更精准的自定义设置，如图 3-2-23 所示。

⑥ 达摩盘定向是指商家可以根据淘系大数据（达摩盘）上千种客户特征标签自行圈定人群进行投放，相比上述的各种人群投放，其面对的人群库更广泛而且维度更加细腻灵活。

⑦ 达摩盘 - 平台精选则是系统根据商家特征以达摩盘数据为基础为商家推荐的定向人群，商家可以根据自己的情况选定。与达摩盘定向比较，其操作相对更为便捷。

图 3-2-23　公域定向设置

⑧ 资源位和竞价设置即对投放位置的选择和展示出价的设置（见图 3-2-24）。

钻石展位在站内外有着丰富的媒体资源位，支持各种规格尺寸、各种创意类型，流量大小各不相同，在资源位设置的时候，添加资源位是关键，一定要考虑到资源展示的位置，争取做到资源位面向的浏览群体与商品潜在客户相对应。

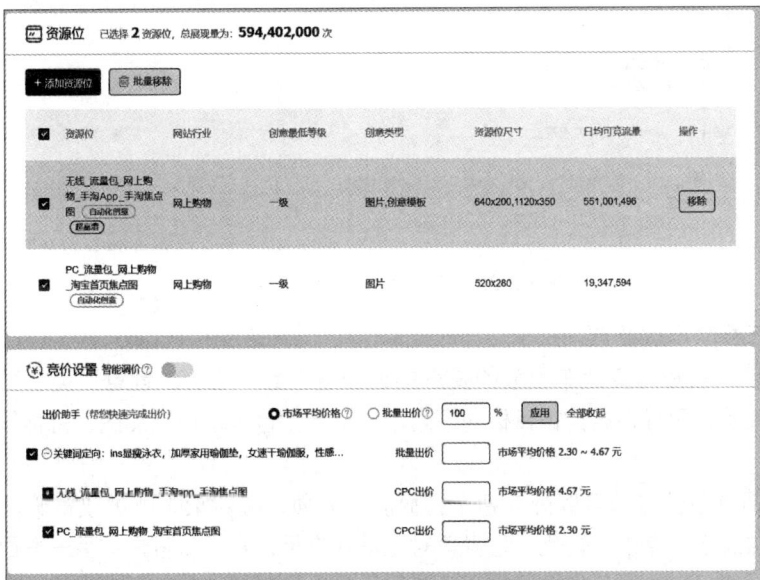

图 3-2-24　资源位和竞价设置

（4）添加创意

添加创意主要是根据选择资源位的尺寸添加相应创意。需要注意的是，不同规格的创意图片设置都有明确的规范，图片不符合规范是很多商家被拒绝投放的关键原因。添加创意页面如图 3-2-25 所示。

同时，在淘系平台，钻石展位创意是分等级的，等级关系为一级＞二级＞三级＞四级，不同的展示位置对等级要求不同，部分优质位置创意等级要达到四级，具体要求如图 3-2-26 所示。为了便于创意制作，商家可以通过钻石展位后台淘积木功能便捷地完成创意设计。

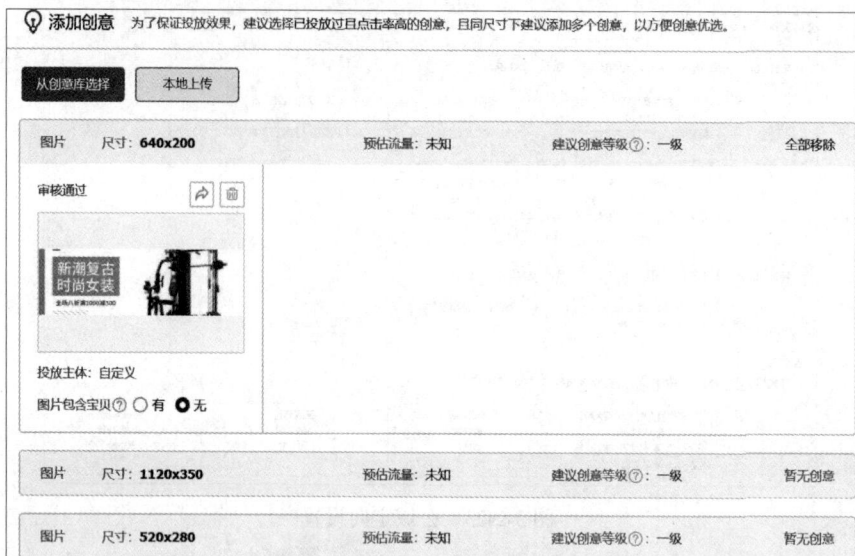

图 3-2-25　添加创意页面

创意等级	对应资源位	资源位对创意要求
一级	淘宝站内首页位置，如淘宝首页，天猫首页，手淘App首页，天猫App首页，触摸版手淘首页，天猫所有资源位	仅一级创意可以绑定
二级	站内：站内其他位置 站外：无线App全部资源位	一级二级创意可以绑定
三级	站外门户，影视等体资源位流量包	一级二级三级创意可以绑定
四级	站外地方门户，教育，动漫图片，健康，母婴，小说等类型资源位； 还有流量包： 智能优化流量包，App_banner,app_feeds,wap_banner流量包	一级二级三级四级创意可以绑定

图 3-2-26　创意等级及其对应资源位

8. 钻石展位投放要点

钻石展位的投放与直通车投放的要点接近，与选品、定价、创意质量、资源位、出价都有密切的关系，同样根据营销目标的不同，钻石展位也可以用来测图、打标签、推手淘首页等。

通常钻石展位的应用可以分为两个方面。一方面，拉新策略即进攻策略，通过加大投入推动创意被展示、点击、转化，与竞争对手争夺流量，开发新客户；另一方面，收割策略即防守策略，通过精准投放促进老客户收藏、加购、点击、转化，提升业绩。

四、超级推荐

超级推荐是淘系在 2019 年新推出的一种推广模式，是在手淘猜你喜欢等推荐场景中穿插原生形式信息的推广功能，其扣费模式也包含 CPM、CPC 两种。超级推荐推广设置流程与直通车、钻石展位相似，其展位主要展示在手淘端猜你喜欢、微淘、直播广场、有好货等位置，且支持商品、图文、短视频、直播间、淘积木等多种创意形式，但从本质上理解，超级推荐恰恰是迎合了客户"逛"的需求、满足了当下"人找货"的情景需求，而非过去商品信息硬性展示的"货找人"场景。

五、明星店铺

明星店铺是淘系品销宝的基础营销服务，按千次展现计费，主要面向旗舰店或专卖店的天猫用户开放（集市用户暂不开放）。通过设置品牌流量包、出价系数以及制作推广创意，即可完成整个推广操作。当有客户在计算机端淘宝网 / 手机淘宝 /UC 浏览器的搜索框中输入特定品牌关键词时，出价为第一名的店铺（明星店铺）即可在搜索结果页最上方的位置获得展现（见图 3-2-27、图 3-2-28）。因此，明星店铺尤其适合品牌类店铺曝光、推广及品牌宣传。

图 3-2-27　计算机端明星店铺展示位　　　　图 3-2-28　手淘端明星店铺展示位

六、付费推广综合应用思路

1. 展示原理角度应用思路

直通车推广是基于搜索关键词的展现方式，更适合相对标准化的商品或者是购物目的比较明确的人群推广投放，且对自然搜索排名拉动效果更为明确；钻石展位和超级推荐更多是基于人群的定向投放，因此更适合关键词较少抑或是个性化比较突出的商品人群投放，尤其是超级推荐，由于其主要是以内容化场景出现的，更适合个性化商品人群投放。

2. 展示位置和曝光量角度应用思路

直通车、钻石展位的展示位置更突出，相对比较丰富且曝光量更为充分，在店铺运营初期或是要求短期爆发的情形下，直通车和钻石展位的推广力度更加突出。超级推荐展示场景相对有限且以内容化为多，因此适合长期培养用户，利于长远店铺效果的拉动；同时由于超级推荐在新品人群匹配上效率更高，也比较适合新品。

3. 展示内容角度应用思路

钻石展位、超级推荐展示内容比较丰富，可以以图文、视频、直播、商品等多种形式展现，因此在多内容展示、多渠道推广方面，成效更为显著。

4. 整体应用角度应用思路

三种付费推广方式虽然各有差异，但并非是对立的，反而是相辅相成的。在实际网店运营中，除了根据自身特征选择合适的推广方式外，还应考虑如何将直通车、钻石展位、超级推荐三种推广方式结合起来应用，这样才能达到更高效的运营效果。

任务三　其他推广方式的应用

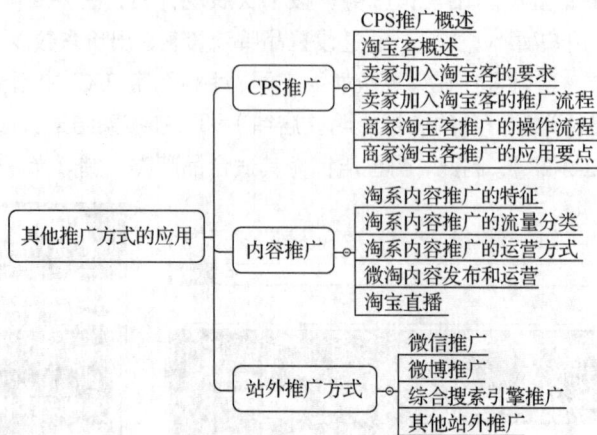

店铺引流是卖家店铺开张后的首要任务，搜索引擎优化以及 CPC、CPM 推广被多数卖家视为首选引流途径，但除此之外也有很多优秀的卖家通过其他渠道来充实流量，甚至把其他途径视为自己流量的重要源泉，如 CPS 推广、淘宝直播推广，还有微博、微信等渠道推广。

一、CPS 推广

1．CPS 推广概述

CPS 推广是一种按照成交来计费的广告推广模式，其流程是推广者借助于自己的网络资源帮助卖家推广商品，客户通过推广的链接进入完成交易后，卖家支付给推广者一定比例的佣金。自 CPS 推广诞生以来，其发展迅速，从早期以凡客联盟为代表的凡客广告到后来的淘宝客广告，再到现在的京东的京挑客、拼多多的高佣联盟，CPS 推广应用越来越广泛，尤其是随着移动端 App 的发展，CPS 推广成交规模不断攀升。

下面为了便于理解，以应用较为广泛的淘宝客为例进行介绍讲解。图 3-3-1 所示为淘宝客工作原理图。

2．淘宝客概述

淘宝客是帮助卖家推广商品的平台。淘客是帮助淘宝卖家推广商品并按照成交效果获取佣金的推广者（以下称为淘客），类似于传统销售方式中的导购人员。作为导购人员，他们只要具备网站、导购端、App、软件资源就可以将卖家广告植入到自己的这四类资源中（见图 3-3-2），由于网站、App 和软件一般是由专业人士开发的，所以一般人不具备这种资源。由于一般多数人都有导购资源，如独立网站、QQ 群、微博、微信群等，因此大多数人都可以自己做淘客。同样也正是如此，卖家的淘宝客推广的商品被展示的区域也多种多样，如目前大家熟悉的花生日记、返利、省钱快报等。

3．卖家加入淘宝客的要求

对于卖家而言，如果要加入淘宝客，除了违规方面的要求外，还包括卖家店铺信誉、商品数量及店铺动态评分等方面明确的具体要求，如图 3-3-3 所示。

图 3-3-1　淘宝客工作原理图

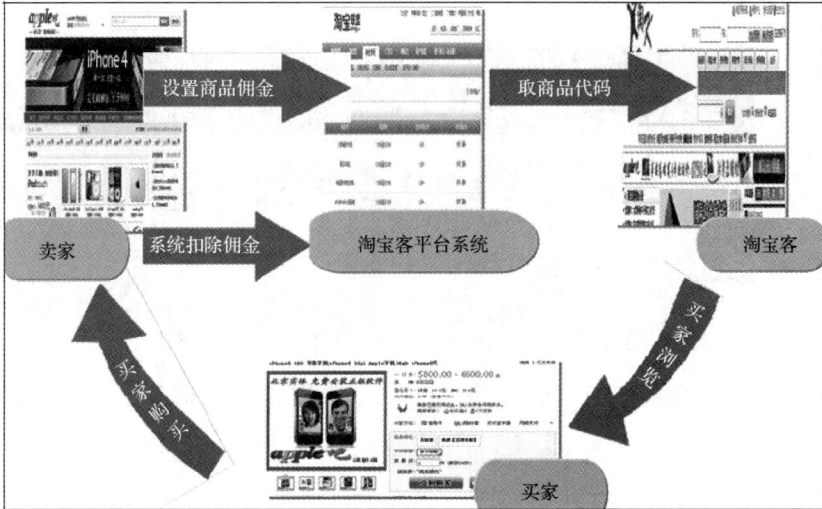

图 3-3-2　淘宝客具备的四种推广资源

店铺类型	店铺信誉	商品数量	店铺动态评分
集市店铺	个人店铺信用等级一心及以上或参加了消费者保障计划	正常且出售中的商品数≥10件	店铺动态评分各项分值均不低于4.5
企业店铺	企业店铺信用度等级>0	正常且出售中的商品数≥10件	店铺动态评分各项分值均不低于4.5
天猫店铺	无要求	正常且出售中的商品数≥10件	店铺动态评分各项分值均不低于4.5

图 3-3-3　加入淘宝客的店铺要求

4. 卖家加入淘宝客的推广流程

（1）在计算机端打开淘宝网，登录店铺账户，选择"我是卖家—营销中心—我要推广—淘宝客"，单击"开始拓展"按钮，如图 3-3-4 所示。

（2）查看"淘宝客推广软件产品使用许可协议"，仔细阅读后勾选"我已阅读并同意《淘宝客推广软件产品使用许可协议》"复选框，如图 3-3-5 所示。

（3）查看协议确定提示，确认无误后单击"确定"按钮，如图 3-3-6 所示。

（4）输入支付宝账户、支付密码和校验码，单击"同意协议并提交"按钮即可参加推广，如图 3-3-7 所示。

图 3-3-4　加入淘宝客

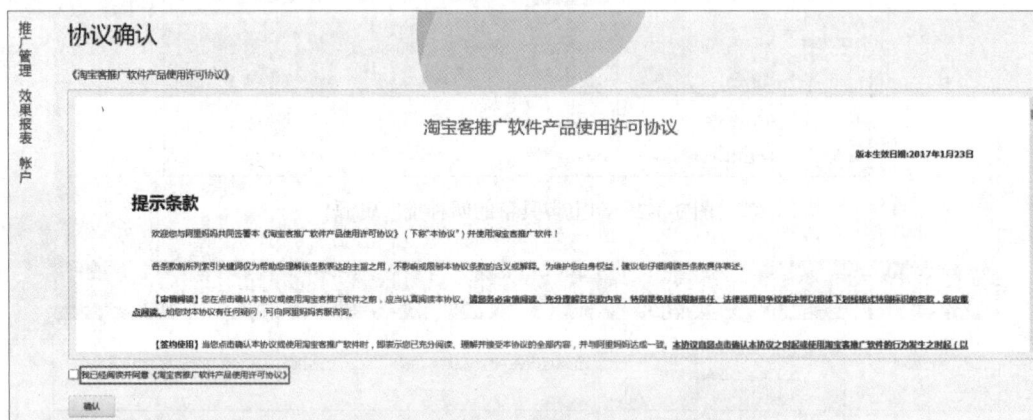

图 3-3-5　协议确认

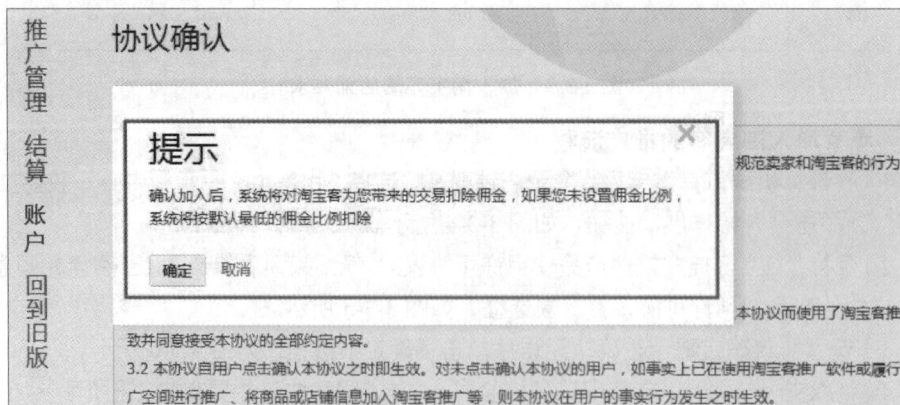

图 3-3-6　协议确认提示

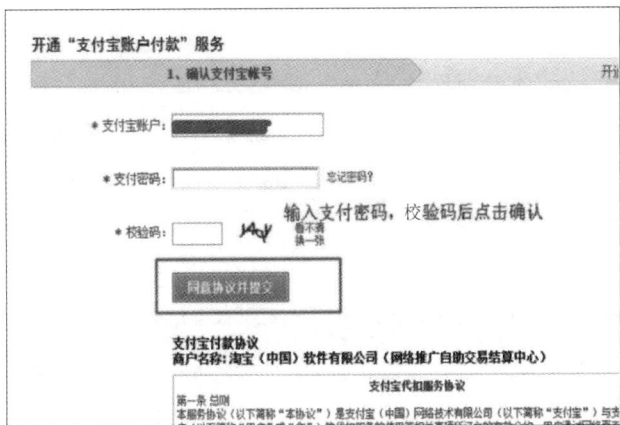

图 3-3-7　开通"支付宝账户付款"服务

5. 商家淘宝客推广的操作流程

淘宝客推广操作流程相对比较简单，商家只要选择推广计划类型，在对应计划里面添加对应的商品、设置相应的淘宝客推广佣金即可，其细节流程因计划不同而有所差异。

打开淘宝客操作后台，其推广方式主要包括通用计划、营销计划、如意投计划、定向计划、自选计划五种主要类型，另外还有活动类、分享类、权益类、返利类推广方式。

① 通用计划

商家开通淘宝客推广后，默认开通通用计划，全店商品参与推广，根据类目不同，佣金范围总体在 0.5% ～ 50%（见图 3-3-8），默认以类目最低佣金形式呈现。不同商家无法单独针对个别商品设置佣金比率，但可以在类目范围内调整。通用计划无法删除、暂停，只有店铺退出淘宝客推广才可以停止。若不想大规模应用通用计划，只要将通用计划佣金比例设置到类目最低比例即可。

图 3-3-8　淘宝客佣金管理

② 营销计划

营销计划是商家在联盟后台进行单品推广的新计划。该计划支持推广单品管理、优惠券设置管理、佣金管理、推广时限管理等基本功能，并支持查看实时数据及各项数据报表。大型淘客通过 App 或者微信群等渠道给用户发放优惠券促进用户购买，较多就是建立在营销计划下的淘客推广。图 3-3-9 所示为添加主推商品页面。

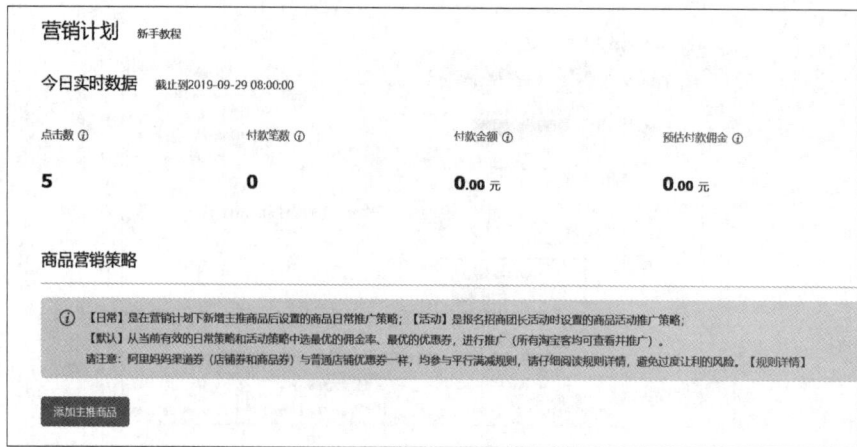

（a）

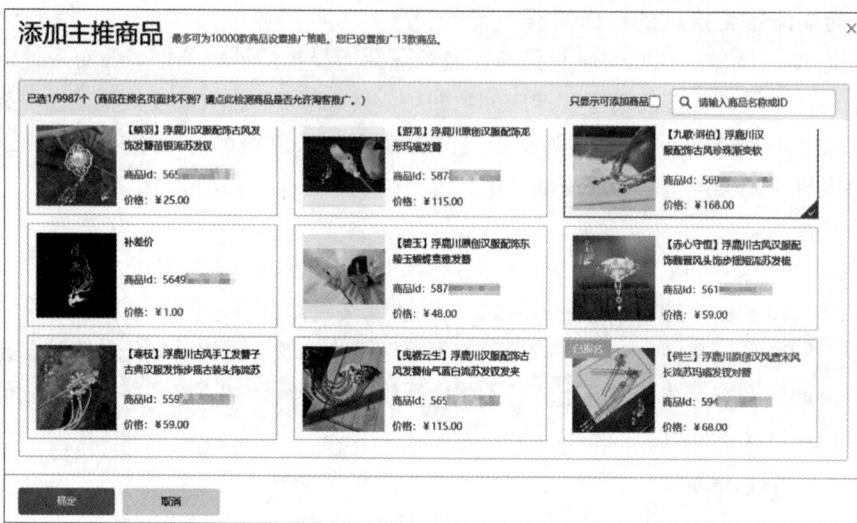

（b）

图 3-3-9　添加主推商品页面

接下来设置推广时间，设置佣金率。图 3-3-10 所示为设置商品佣金率页面。

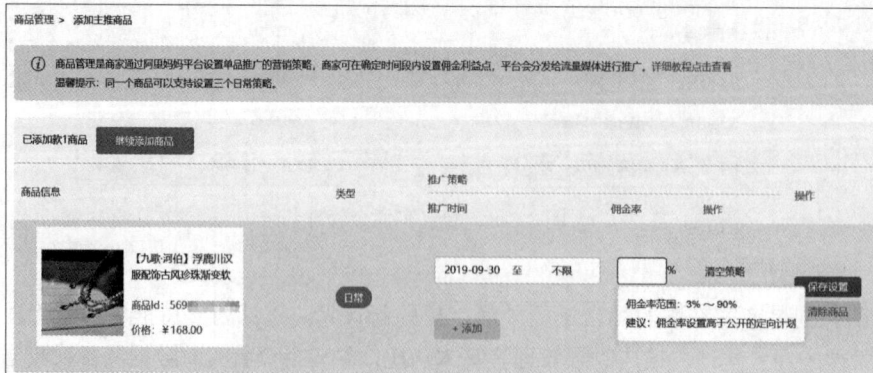

图 3-3-10　设置商品佣金率页面

添加商品成功后，可以看到对应界面有佣金率，如图 3-3-11 所示。

为了促进商品销售，还可以为该商品设置专门的优惠券以调动大型淘客推广的积极性，关于优惠券的设置后续在促销工具部分再做介绍。

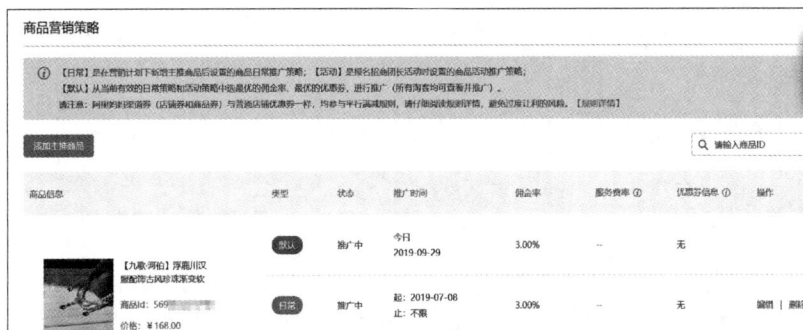

图 3-3-11　添加商品成功

③ 如意投计划

如意投计划是系统根据商家佣金比例和商品的综合质量情况设置的计划，将商品智能推送到爱淘宝搜索结果页、中小网站橱窗推广等页面上，佣金比例可以在类目最低佣金到 50% 之间设置。

④ 定向计划

定向计划是商家针对不同质量的淘客设置的推广计划。商家可以筛选加入的淘客等级，也可以自主联系淘客来申请加入，如图 3-3-12 所示。

定向计划生成后，会生成计划的定向链接，商家如有合作淘客，把对应链接发给对方即可，如图 3-3-13 所示。

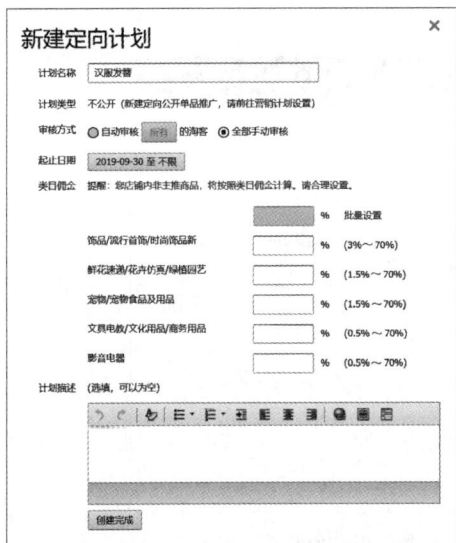

图 3-3-12　新建定向计划

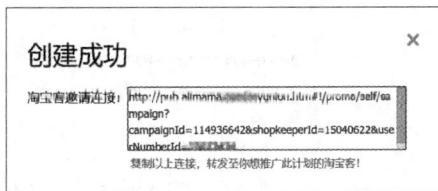

图 3-3-13　定向计划创建成功

⑤ 自选计划

自选计划是原有公开定向计划的升级版，是店铺为商家管理淘客而量身定制的新计划（见图 3-3-14）。通过数据分析，商家还可根据各淘客的实力，选择与之建立具体的推广关系。自选计划有且仅有一个，商家可自行选择是否参与该计划推广，参与商家需要分别设置类目佣金率和主推商品（最多 30 个）的佣金率。

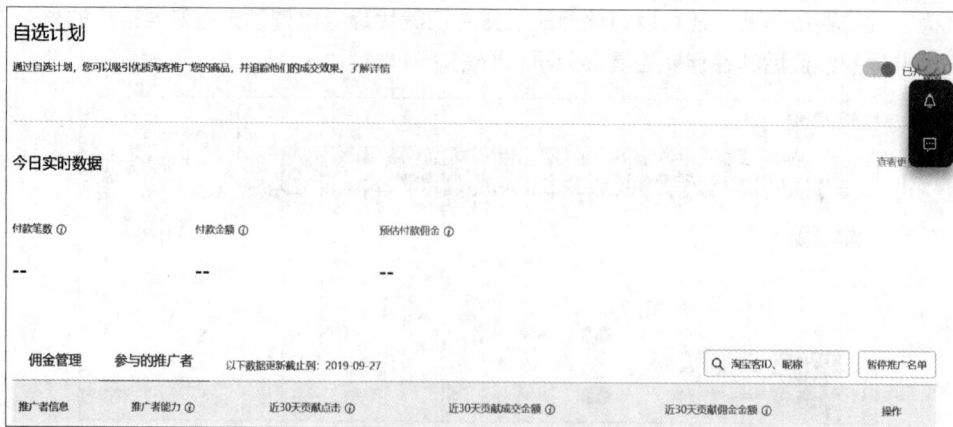

图 3-3-14　自选计划

⑥ 活动类推广

活动类推广是淘宝官方或者经官方审核通过的第三方，借助于淘系平台或者第三方资源开展的淘客推广，由于组织方有广泛的受众资源而且以活动形式进行，所以爆发力强，短期销量比较大。活动类推广一般对商家店铺资质、商品质量、商品佣金的要求比较高，甚至除此之外商家还要另外缴纳服务费。商家按要求进行报名参加，通过审核后，可以以营销计划的形式进行推广。

⑦ 分享类、权益类、返利类推广

商家只需要在后台开启推广即可参与官方组织的分享类、权益类、返利类推广活动，主要面向的推广者是淘系消费者散户，交易成功后，推广者享受红包、佣金、权益、返利等，如图 3-3-15 所示。

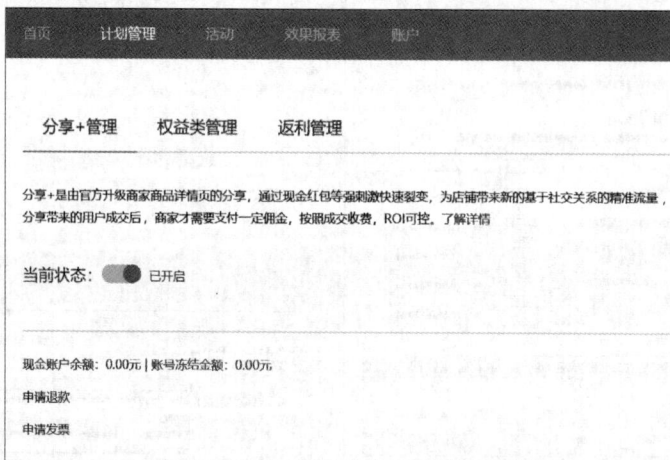

图 3-3-15　分享类、权益类、返利类推广

6. 商家淘宝客推广的应用要点

（1）淘宝客推广的关键是选品及佣金

淘宝客推广是一种按成交结算的推广模式，广受商家推崇，但淘宝客推广要达到良好的效果，其根基还在于选品和佣金设置，毕竟淘客帮商家推广的目的就在于赚取佣金，因此有突出优势的选品和有诱惑力的佣金才是真正调动淘客主动性的最大推动力。

（2）淘宝客推广是商家提升基础销量、评价及开展清仓活动的"撒手锏"

目前，淘宝客推广的受众多数是价格敏感型用户且用户类型复杂，因此在当下千人千面的趋势下，庞杂的用户购买行为对商家人群标签的形成尤为不利，且自然搜索权重拉动效应日渐淡化，其应用优势每况愈下。由于淘宝客销量爆发力强，目前更多商家利用淘宝客推广的直接目的在于提升商品基础销量、评价及开展清仓活动，但须充分考虑利用淘宝客推广对人群标签的干扰情况。

（3）精准淘宝客推广对个性突出商品销量的拉动效应较为明显

在网络零售市场中，个性化商品由于其突出的个性特征，价格受市场波动影响较小，所以对于个性鲜明的商品，由于其人群标签吻合度高，精准的淘宝客推广对提升商品标签精准度、提升手淘首页流量有巨大的推动作用，大大提升商品销量。

二、内容推广

近年来，随着用户量的不断提升，移动端网络入口越来越趋于多元化，用户对网络内容的诉求也愈加趋向多样化、个性化。因此，原来主要以单纯购物为目的的搜索、类目、活动为中心的流量入口，逐步向以内容为中心的流量入口拓展。

为满足用户需求，淘系不断地推进内容化运营，先后推出微淘、淘宝直播等内容化栏目，并最终形成了微淘、淘宝直播、有好货、每日好店、淘宝头条等一整套的内容体系。与此同时，京东也及时推出了发现好货、逛好店、发现、新品首发等内容渠道。

下面以相对成熟的淘系内容推广为例进行介绍。

1. 淘系内容推广的特征

淘系内容推广不再是商家单纯的直抒胸臆式、单向式的商品介绍，取而代之的是商家场景化、趣味化、互动化的内容文案，淘系内容推广通过粉丝关注或者系统分发有针对性地将内容传递给用户，能达到更好的推广的目的，于无形中占领用户心智，引导用户购买。也正是如此，这种推广也更适合那些出现在生活化场景中的有一定重复购买率的商品，如女装、化妆品、家居等，当然随着内容的不断外延化，其应用的类目范围会得到不断拓展。

2. 淘系内容推广的流量分类

目前根据淘系对内容受众面的影响，可以将内容流量主要划分为两种形式：商家自主渠道（私域）流量和平台公共（公域）流量。

（1）商家自主渠道（私域）流量

商家通过自主内容制作，通过私域渠道（微淘、直播、淘宝群等）发布内容，吸引粉丝的那部分流量。

（2）平台公共（公域）流量

商家将自己的高质量内容或达人推荐内容发布在淘系公域流量区（淘宝直播、有好货、每日好店、淘宝头条），以获取大众关注的流量。私域流量影响的是商家自己的受众，受众面比较窄且维护成本相对较高，因此私域流量运营比较适合粉丝量大或商品有一定的重复购买率、个性特色鲜明的商家，而公域流量由于受众广泛，所以广泛适合各种规模的商家。

3. 淘系内容推广的运营方式

目前商家如果要获取这些内容渠道的流量，主要操作方式有两种：自主运营和寻求"达人"合作运营。

（1）自主运营

商家自己组织内容团队，通过渠道（微淘、淘宝直播、有好货、每日好店）发布内容，获取内容流量。自主运营的特点是商家要有自己的内容团队，而且对团队人员要求较高，要能产出高质量、场景化、趣味性、互动性的内容。

（2）寻求"达人"合作运营

商家可以寻求成熟的"达人"进行合作，以获取公域流量，促进商品销售、品牌推广。与"达人"合作的优势是"达人"粉丝量大、内容曝光量大；另外，"达人"更熟悉淘系内容社区的环境，因此他们制作的内容更容易被有好货、每日好店、淘宝头条等栏目采纳、曝光。商家需要甄选适合自己商品的"达人"，以保障引流的精准性。

4. 微淘内容发布和运营

作为淘系内容推广的重要形式，下面重点讲解微淘内容发布和运营要点。

（1）微淘内容发布

商家在后台打开"自运营中心—发微淘"，选择对应模式发布即可，商家可以选择官方提供的店铺上新、好货种草、洋淘秀（原买家秀）、主题清单、粉丝福利这五种范式发布，也可以选择图文教程、短视频、店铺动态、转发等类型进行发布，如图3-3-16所示。内容发布成功后，用户可以通过店铺首页—店铺微淘部分查看；如果用户是商家粉丝，发布的内容也会自动呈现在用户手淘首页下方的微淘栏目内。

图 3-3-16 微淘发布

（2）微淘内容运营

微淘内容发布流程较简单，但真正地运营好微淘需要商家精心策划内容。微淘内容运营的要点在于：图文清晰、内容突出，以介绍商品卖点、风格为主，结合真实用户使用感受、优质用户评价，灵活应用粉丝福利，设计投票、征集活动等互动模式（微淘发布中包含的功能）。如果微淘内容质量较高，不仅会在私域空间收到良好的成效，而且有可能被官方推荐到公域空间得到更多的展现。当然，如果能报名官方的热门活动，参与官方的微淘招募清单活动，微淘内容会得到更大的曝光。

5. 淘宝直播

2019 年是淘宝直播在淘系渠道里爆发的一年，一方面视频推广已成为未来趋势，另一方面淘宝直播得到淘系大力度的支持。2018 年淘宝直播交易额达 1000 亿元，2019 年仅"双十一"直播交易额就近 200 亿元，未来几年预计规模将达到 5000 亿元。

（1）商家直播开通条件

商家要开通直播须具备一定的条件，如商家店铺信用等级须为一钻及以上；主营类目在线商品数≥5，近 30 天店铺销量≥3，且近 90 天店铺成交金额≥1000 元；同时无论是淘宝商家还是天猫商家，都要具有一定的微淘粉丝量、客户运营能力和主播素质。

（2）开通淘宝直播权限

"淘宝主播"App 的下载界面，如图 3-3-17 所示。商家下载完成后，打开 App 进行注册并登录后，入驻淘宝直播，选择"商家入驻通道"（见图 3-3-18），也可以在手机淘宝或者计算机端淘宝网申请，符合条件即可开通直播。

图 3-3-17　"淘宝直播"App 下载界面

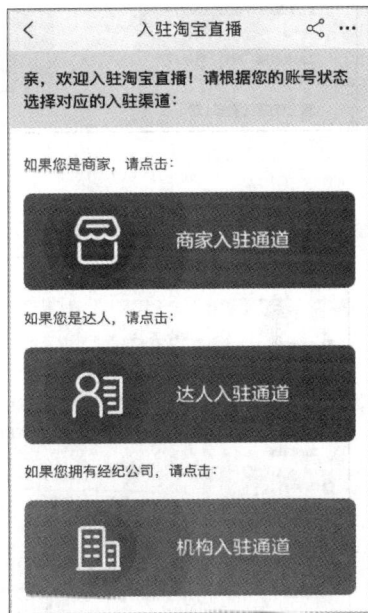

图 3-3-18　入驻淘宝

（3）创建直播

在淘宝直播计算机端后台单击进入"自运营中心—直播"，进入淘宝直播中控台，单击右上角"创建直播"按钮，进入"发布直播"页面，选择"普通直播"，单击"开始创建"按钮，如图 3-3-19 所示。

进入直播信息设置页面按照要求填写对应内容，并选择直播中对应的商品，可以是单个也可以是多个商品，如图 3-3-20 所示，单击"发布"按钮，正式发起直播。然后单击"正式开播"按钮，如图 3-3-21 所示。

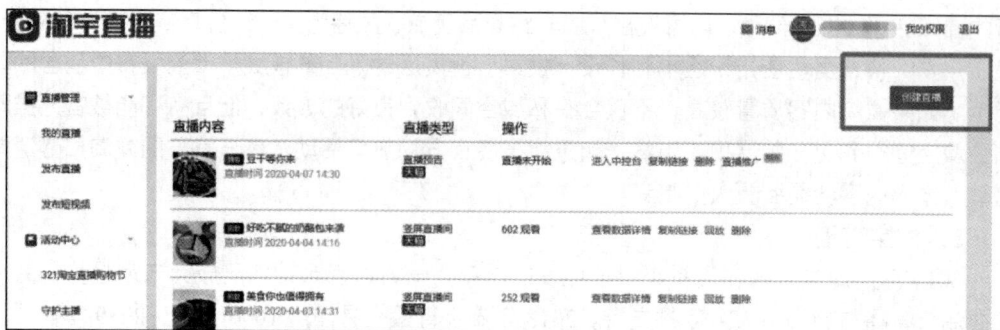

（a）

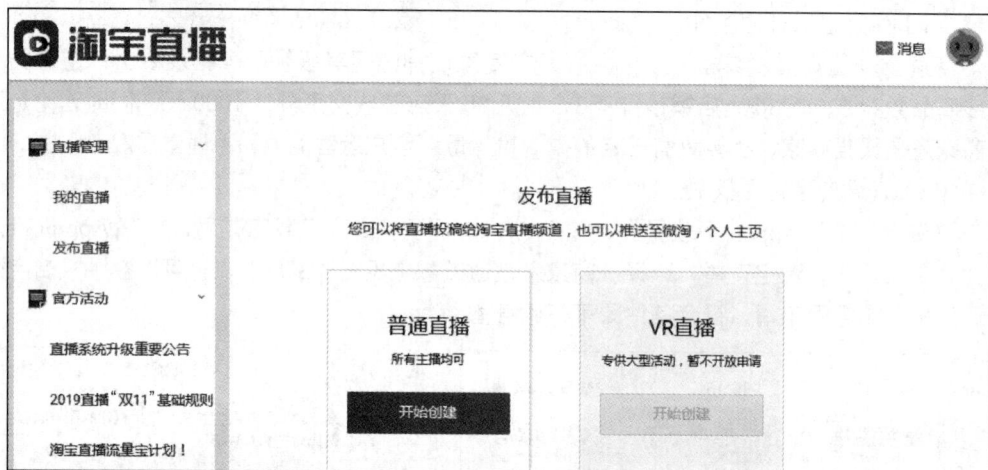

（b）

图 3-3-19　创建直播

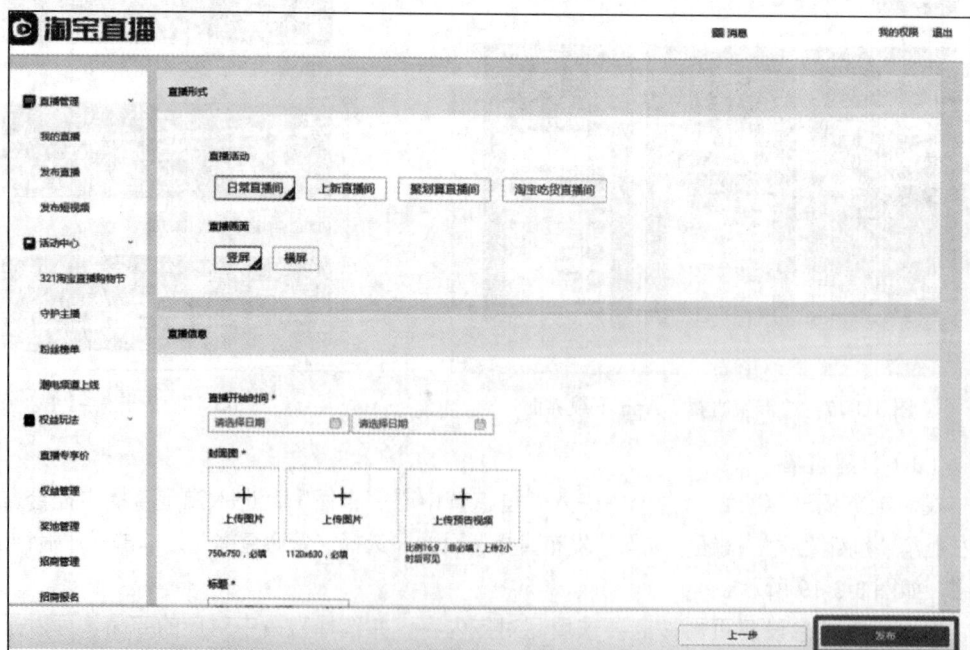

图 3-3-20　直播信息设置页面

图 3-3-21 淘宝直播正式开播

直播中可以即时查看直播实时数据和随时结束直播。当然在手机端淘宝直播 App 中也可以发起直播。

（4）直播要点

① 正式直播前推流，推流的目的是为了让店铺首页、详情页、聊天页及订单页面展现直播间入口，激活客户端直播图标，方便用户浏览。具体推流可以在中控台单击视频右上角的"设置"按钮，通过淘宝直播 App 扫码或者计算机端淘宝直播软件设置来完成。推流完成后就可以开始正式直播。

② 互动玩法，在淘宝直播中控台下面有互动按钮：红包、淘金币红包、优惠券、抽奖、投票、店铺小卡、关注卡片、公告、粉丝推送、专享价宝贝等，通过设置这些互动玩法来增加直播过程中的促销力度和互动氛围，如图 3-3-22 所示。

③ 良好的直播效果还在于整个直播活动的策划，包括选品、直播脚本的准备、直播前预热等。

图 3-3-22 直播中的互动设置面板

三、站外推广方式

除了常规的平台内推广方式外，其实可供商家选择的还有很多站外推广方式，例如可以通过综合搜索引擎如百度、搜狗等进行推广，也可以通过微信、微博以及目前比较火爆的直播平台等进行推广。

1. 微信推广

微信是当下人们使用较广泛、依赖度较高的 App，因此以微信为渠道开展网店推广的商家越来越多，甚至有些商家直接将微信渠道作为客户私域流量运营的最佳选择。尽管腾讯对淘系链接进行了部分限制，但依旧无法阻挡商家的热情，尤其是淘系陆续推出的淘口令、微海报等推广工具可谓是商品微信推广的"神器"。一般而言，商家在微信端推广主要借助于微信公众号、微信群、微信号、微信朋友圈四种形式。借助微信公众号进行品牌宣传、新品发布；借助微信群实现对客户分类维护、新品发布、活动预热；借助微信号实现与客户一对一的沟通交流、售后服务等；当然目前在微信体系内应用最为广泛的就是淘客通过微信群和微信朋友圈助力商家开展的推广。

2. 微博推广

微博社交性、传播力强，因此微博推广是商家进行店铺推广的重要阵地。商家通过微博既可以实现品牌宣传、新品发布、客户维护的效果，又可以直接发布链接，方便客户跳转淘系店铺，直接促进购买，还可以通过微博本身的广告粉丝通、微博置顶、粉丝头条等形式丰富自己的推广体系。从淘客的角度讲，微博也是商家利用淘宝客推广的重要阵地。

3. 综合搜索引擎推广

百度、搜狗、360 等综合搜索引擎推广，主要包括搜索引擎优化和竞价推广，与之类似的还有搜索引擎的相关产品如百度百科、百度知道、百度贴吧等。尽管当下综合搜索引擎流量不断被削弱，但于站外而言，综合类搜索仍旧是客户进行商品查找、商品对比、品牌对比的重要渠道。因此商家通过搜索引擎宣传自己的商品，一方面可以提升品牌影响力、店铺曝光度，另一方面可以增加客户信任度。

4. 其他站外推广

除了常规的站外推广方式外，还有传统的 E-mail 推广，论坛、问答系统的线索推广，以及新型的短视频、直播领域的抖音、快手、映客推广等。目前，抖音、快手等已经加入了外部店铺的跳转链接，无疑为第三方平台店铺打开了新的流量红利通道。

总之，只要有客户出现的地方，就存在推广的手段、推广的价值。今后随着互联网环境的变化，网络推广形式、方式、手段还会出现不断的发展和革新。

📍 课后作业 ● ● ●

1．网络店铺流量来源的主要渠道分为哪两类，主要包括哪些？
2．影响零售平台搜索引擎优化的因素有哪些？
3．搜索引擎优化工作主要做好哪些方面？
4．搜索引擎优化关键词选择的方法有哪些？
5．搜索引擎优化工作的本质是什么？
6．付费推广主要有哪些形式？
7．淘系付费推广商家要具备哪些条件？
8．淘宝直通车广告的展示位置有哪些？

9. 淘宝直通车标准推广主要包括哪些操作步骤，有哪些操作要点？

10. 淘宝直通车运营的思路有哪些？

11. 销量明星展示位置在哪里，主要面向哪些商品开放？

12. 钻石展位有哪些特征，其主要展位在哪里，扣费形式有哪些？

13. 钻石展位投放流程主要包括哪些，其投放过程中的投放细节及要点有哪些？

14. 分别登录京东、拼多多官方网站，深度学习推广方式。

15. 淘宝客四类推广资源主要包括哪些？

16. 商家开展淘宝客推广主要有哪些类型，有哪些特点？

17. 淘宝客推广的应用要点有哪些？

18. 淘系内容营销体系主要包括哪些？

19. 微淘运营要点主要有哪些？

20. 商家开通直播的条件有哪些，直播过程中有哪些要点是需要注意的？

项目四 网店促销活动与营销工具

项目导入

康力源的天猫店铺自运营以来，店铺流量、销量呈现爆发式的增长，这与网店促销活动的开展与营销工具的使用有不可分割的关系。那么对于淘系商家来说，网店活动与促销有哪些？其排期流程又是怎样的呢？

项目分析

- ◆ 了解目前主流电商平台网店促销的常见活动形式
- ◆ 熟悉淘系电商平台主流的官方促销活动
- ◆ 掌握淘系电商平台官方促销活动的报名条件、报名渠道
- ◆ 掌握淘系电商平台官方促销活动的策划与准备工作
- ◆ 掌握聚划算、天天特价活动的类型、报名流程及活动中的要点
- ◆ 了解目前主流电商平台网店促销的工具和手段
- ◆ 掌握淘系电商平台主要营销工具的应用流程和应用要点
- ◆ 熟悉淘系电商平台购物车营销的应用流程和应用要点

任务一　网店促销活动

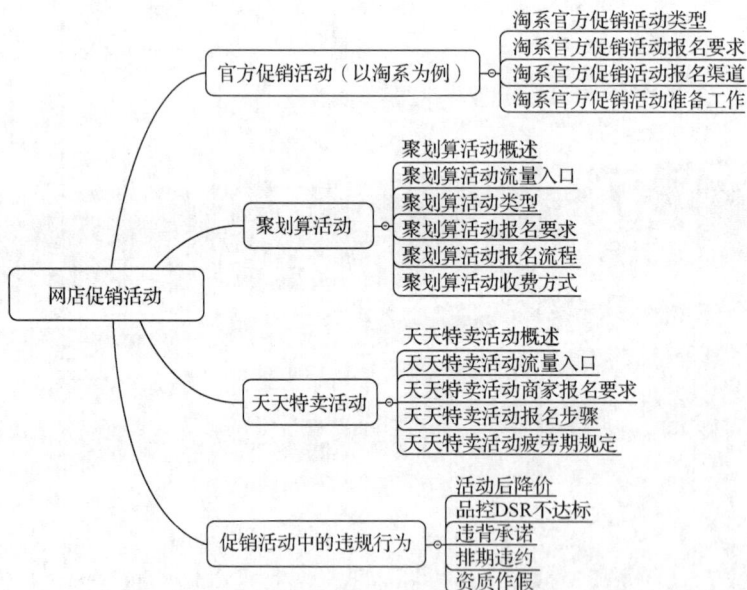

```
                                        ┌─ 淘系官方促销活动类型
                                        ├─ 淘系官方促销活动报名要求
                        官方促销活动（以淘系为例）┤─ 淘系官方促销活动报名渠道
                                        └─ 淘系官方促销活动准备工作

                                        ┌─ 聚划算活动概述
                                        ├─ 聚划算活动流量入口
                                        ├─ 聚划算活动类型
                        聚划算活动 ────────┤─ 聚划算活动报名要求
                                        ├─ 聚划算活动报名流程
                                        └─ 聚划算活动收费方式

网店促销活动 ┤
                                        ┌─ 天天特卖活动概述
                                        ├─ 天天特卖活动流量入口
                        天天特卖活动 ──────┤─ 天天特卖活动商家报名要求
                                        ├─ 天天特卖活动报名步骤
                                        └─ 天天特卖活动疲劳期规定

                                        ┌─ 活动后降价
                                        ├─ 品控DSR不达标
                        促销活动中的违规行为 ┤─ 违背承诺
                                        ├─ 排期违约
                                        └─ 资质作假
```

在营销体系中，促销活动是激活老客户、拉动新客户的有力手段，促销活动的实施不仅可以大大促进店铺销售转化，而且有助于商家迅速提升其品牌影响力。在网店运营的发展

过程上，从淘系的天天特价、淘金币、聚划算开始，促销活动运营已成为网店运营日常工作的一部分，尤其是淘系"双十一"的示范效应将营销活动推向高潮，京东、苏宁易购、唯品会、拼多多等纷纷效仿，促销活动运营已成为提升平台活跃度的常规手段，同时也是网店运营工作中重要的组成部分。

一、官方促销活动（以淘系为例）

在日常的网店运营中，店铺活动一般包括自己店铺、官方平台以及第三方平台的促销活动，由于当下官方促销活动是网店运营工作的主流，所以下面主要以官方活动为主进行介绍。

官方促销活动是指由网络平台组织商家开展的活动促销行为，一方面平台引导商家按要求参与各种活动，另一方面平台在站内各大主要栏目及站外进行宣传推广，拉动客户参与。由于平台拥有广泛的受众群体及活动宣传影响力、诱惑力，因此商家适度地参加活动对促进销量、积累客户、提升影响力方面都有明显的拉动效应。目前，在网络零售平台上比较突出的活动有淘系的聚划算、"双十一"购物狂欢节（以下简称"双十一"）、"双十二"大促活动（以下简称"双十二"）、天猫"6·18"年中大促活动（以下简称"6·18年中大促"），京东系的秒杀、每日特价、大牌闪购等活动，拼多多的年货节、秒杀、爱逛街、断码清场等活动，苏宁易购"8·18"购物节等。

下面主要以淘系为例，系统介绍官方促销活动。

1. 淘系官方促销活动类型

淘系官方促销活动主要包括品牌型活动、行业型活动、节庆类活动。

（1）品牌型活动

聚划算、淘抢购、淘金币、全球购、极有家、天天特价、阿里试用等活动属于品牌型活动。这类活动面向整个淘系平台，在 PC 端、移动端首页及主要栏目都有流量入口，受众广、流量大，因此其销量拉动和品牌推广的效果比较明显。

（2）行业型活动

行业型活动即面向行业的专场活动，如女装、男装、女鞋、男鞋、运动户外、母婴、美妆、家居百货、家电数码等常规类目的活动，中国质造、潮电街、淘宝美食、农村淘宝等特色市场类目的活动，这类活动流量入口主要分布在类目频道页，虽然没有品牌型活动影响力大，但客户针对性更强。

（3）节庆类活动

节庆类活动，如面向淘宝商家的"淘宝嘉年华""双十二""双十一""6·18年中大促"及"女王节""年货街"等活动，尤其是"双十一""双十二""6·18年中大促"专场可以算得上是影响整个互联网的大型活动。

2. 淘系官方促销活动报名要求

由于营销活动流量巨大，促销、品牌效果较明显，因此它成了商家竞相拼抢的"香饽饽"，但是对于平台而言，为了保障平台的信誉度、提升客户体验，平台要求参加活动的商家必须具备一定的资质。一般要求包括商家须符合《营销平台基础招商标准》，并且平台对商家和商品做出了详细规定。

（1）淘宝店铺

① 商家要求方面：须支持淘宝消费者保障服务，近半年店铺 DSR 评分三项指标均值

不得低于 4.7，店铺实物交易占比须在 95% 及以上，近 90 天店铺订单金额退款率不超过 30%，店铺的近 30 天纠纷退款率必须小于 0.1%，店铺在近 30 天及一年周期内不能触犯某些规则等。类目不同，要求各有差异，特殊类目除外。

② 商品要求方面：除特殊类目商品外，其他报名商品的报名价格须满足《天猫及营销平台最低标价规则》的规定，必须支持包邮。商家参与聚划算、淘抢购、百亿补贴期间，商品活动价应为任一国内电子商务平台中同款商品的最低商品价格（含拼团价格）。

（2）天猫店铺

对比淘宝店铺而言，平台对天猫店铺的要求相对宽松一些。

① 商家要求方面：主要表现在商家基础服务考核分、商家活跃度（即开店时长）、商家综合排名三个维度。商家基础服务考核分须达到该店铺所属主营类目的要求；商家开店时长（即店铺上线时间）已满 180 天（含），且近 180 天（含）内未达成任何成交的商家，将被限制参加营销活动；天猫还将结合商家多维度经营情况（如诚信经营、品质情况等）进行综合排名，若综合排名较低的，将被限制参加营销活动。

② 商品要求方面：商品须符合《天猫及营销平台最低标价》的规定。

除了以上规定外，还要求商家店铺没有因违反《淘宝（天猫）规则》导致被限制的行为。主要表现在不存在下列违规行为：近 90 天（含）内因一般违规扣分累计达 48 分；近 90 天（含）内因严重违规扣分达 12 分；近 30 天（含）内因一般违规扣分累计达 12 分；近 30 天（含）内存在严重违规扣分（不含 0 分）；近 30 天（含）报名店铺在大促中存在虚假交易行为。

3. 淘系官方促销活动报名渠道

淘系为商家参加官方活动提供了多元化的活动入口。

（1）统一的淘宝官方营销活动中心入口

为了方便商家报名，平台提供了淘宝官方营销活动中心统一的导航页供商家参加各种类型的活动。图 4-1-1 所示为淘宝官方营销活动中心页面。

图 4-1-1　淘宝官方营销活动中心页面

（2）商家后台营销中心入口

商家也可以通过自己的"卖家中心（商家后台）—营销中心"栏目报名活动。由于淘宝卖家中心和天猫商家后台有一定差异，且淘系后台变化比较快，因此后台活动报名入口方式上有一些不同，但总体基本接近。由于商家店铺类型不同及所属类目不同，因此商家在对应后台报名页面看到的报名列表也有所不同，图 4-1-2 所示为天猫商家后台营销活动中心活动报名页面。

图 4-1-2　天猫商家后台营销活动中心活动报名页面

（3）活动官方主页报名入口

商家也可以在对应的官方主页直接报名参加活动，如聚划算（见图4-1-3）、试用中心、淘抢购等，还有一些活动可以在淘金币论坛（见图4-1-4）、旺旺群报名。尤其是对于头部商家而言，旺旺群是一些优质资源活动的主要报名渠道。

图 4-1-3　聚划算报名入口

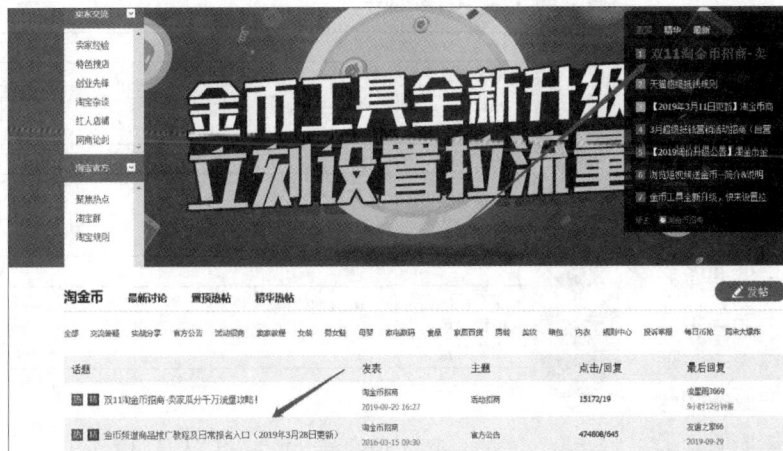

图 4-1-4　淘金币论坛活动报名入口

4. 淘系官方促销活动准备工作

店铺促销活动运营不仅涉及报名条件核实、报名流程中资料提交等问题，而且涉及商品选择、定价、关联营销、促销品、客服、库存准备等一系列问题，因此每一次成功的活动都是周密策划和准备的结果。

（1）明确活动目的，做好选品与定价工作

活动商品的营销目标不同，选品和定价也就各有差异，以清库存为目的的促销活动主要以清理积压商品和过季商品为主，为避免压货可以低价促销；以带动店铺业绩为目标的，可以选择店铺爆款，辅以适当优惠大量促销；以展示形象和新品预热为目的的促销，可以适当优惠，扩大新品影响力与提升客户体验，同时做好新品搭配促销或者全店推荐工作。

（2）准确把握每种活动特性，有选择地报名

聚划算、淘抢购、"双十一"等活动规模大、门槛高，对商家资质、综合运营能力要求较高，比较适合有一定基础的淘系商家；天天特卖、淘金币相应要求条件不高，比较适合中小型商家或者初级商家。从商品角度而言，聚划算流量大，适合库存比较充足的宝贝；试用中心以试用为主，适合新品发布或重复消费型的商品；天天特价、淘金币更适合集市店、低客单价的商品。

（3）考虑不同活动对商品的要求，提前做好准备

不同的活动对目标商品有明确的指标要求，因此要提前做好店铺的销量、评价整理等准备工作，为保障报名顺利通过、后期在活动中赢取客户信任奠定基础。

（4）做好商品准备工作

由于大部分活动流量大、成交量大，且准备时间有限，因此商家要对库存、供应链有良好的预期，避免成交后出现供货不足的现象，造成客户投诉、店铺权重下降的问题。同时由于活动涉及出货，压制现金流大、要缴纳一定的保证金，所以要提前做好资金准备和后续的资金周转工作。

（5）提前关注报名流程

做好报名工作中商品价格和标题的设置，图片、链接提交工作，避免因提交的资料不合格而耽搁活动报名。

（6）提前做好部门人员职能分工

为保障活动高效进行，提前对各部门人员进行分工，早做准备。各部门人员主要包括运营主管、设计美工、推广活动、客户服务和仓储物流，具体职能分工如图4-1-5所示。

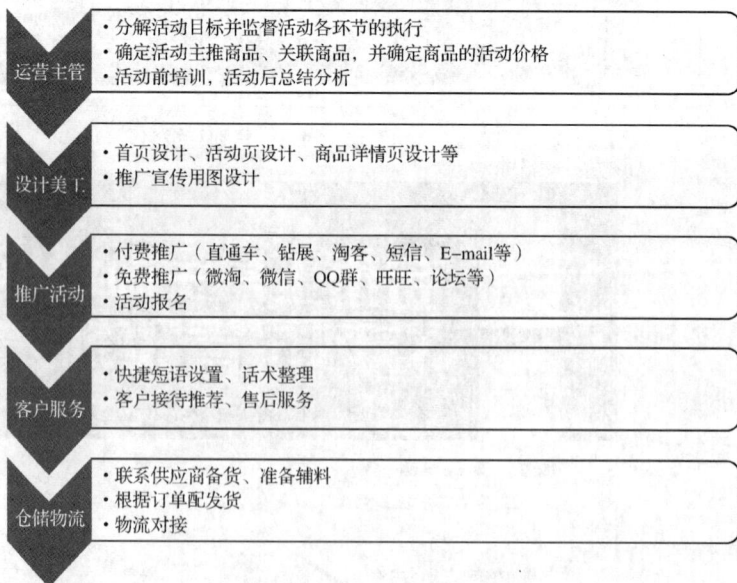

运营主管
- 分解活动目标并监督活动各环节的执行
- 确定活动主推商品、关联商品，并确定商品的活动价格
- 活动前培训，活动后总结分析

设计美工
- 首页设计、活动页设计、商品详情页设计等
- 推广宣传图设计

推广活动
- 付费推广（直通车、钻展、淘客、短信、E-mail等）
- 免费推广（微淘、微信、QQ群、旺旺、论坛等）
- 活动报名

客户服务
- 快捷短语设置、话术整理
- 客户接待推荐、售后服务

仓储物流
- 联系供应商备货、准备辅料
- 根据订单配发货
- 物流对接

图4-1-5　活动前各部门人员职能分工

二、聚划算活动

1. 聚划算活动概述

淘宝聚划算是团购的一种形式，由淘宝网官方开发并组织的一种线上团购活动，日访客过千万。从2010年诞生到现在，聚划算几经变革，从前期隶属于淘宝的一个频道到现在的淘系的独立部门；从前期商家免费参加到后来的商家竞拍、付费方式参加，尽管聚划算活动不停地发生着变化，但它依然是在淘系影响最大的官方活动之一。

2. 聚划算活动流量入口

聚划算之所以在淘系平台备受瞩目，其关键在于淘系平台赋予其丰富的流量入口资源，如手淘首页主要栏目左下角位置（见图4-1-6）、淘宝首页横向导航入口位置（见图4-1-7）；另外，淘系还为聚划算开发了独立的App，用户无论打开哪个入口，都可以看到多样的聚划算活动。

3. 聚划算活动类型

目前随着聚划算体量的增加和活动场景的不断变化，聚划算频道类型也变得多种多样，从原来简单的商品团、品牌团、聚名品、聚新品等已延伸成聚划算优选团、量贩团、全球精选、视频团频道等数十种频道类型，如图4-1-8所示。不同的频道类型适合不同的营销场景，商品团是单品参加团购的形式，针对商家比较广泛；品牌团针对有影响力的品牌商家及商品开放，主要适合品牌商家；聚新品主要针对新品开放，助力商家"引爆"新品，快速积累客户群体。

图 4-1-6　手淘首页聚划算入口

图 4-1-7　淘宝网 PC 端首页聚划算栏目导航

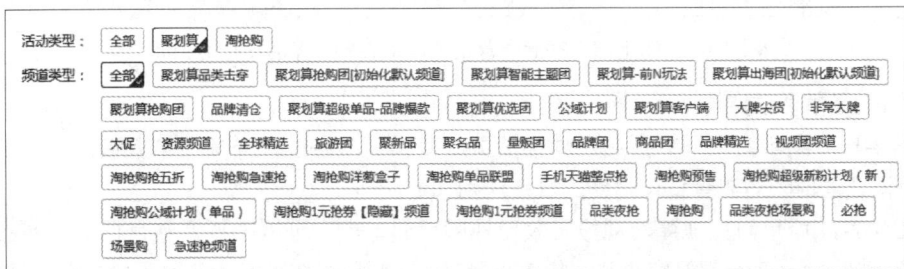

图 4-1-8　淘宝网商家后台聚划算活动报名频道类型

4．聚划算活动报名要求

不同类型的聚划算活动的报名条件要求各有差异，下面以商品团为例具体介绍一下活动对商家及商品的要求。报名条件要满足淘系营销平台基础招商要求，具体要求还表现在商家店铺资质和商品资质两大方面。

（1）商家店铺资质要求

商家店铺资质要求主要体现在开店时间、店铺信用、店铺评分、参聚退款率等方面，具体表现：店铺开店在180天及以上；淘宝店铺一般类目信用在一皇冠及以上；店铺近半年的有效店铺评分数量，其中天猫店铺必须在300个及以上，淘宝店铺必须在200个及以上，特殊类目另行计算；参加过近30天聚划算的订单金额退款率不超过50%，订单未发货金额退款率不超过30%，特殊类目另行计算。

（2）商品资质要求

商品资质要求除符合《营销平台基础招商标准》外，在商品历史销售记录、库存数量、报名信息标题和图片、商品限购数量、减库存方式等方面都有具体的规定，在具体活动中，报名商品一口价必须符合聚划算对商品历史销售记录的要求，如商品一口价在500元（不含）以下的，报名商品近30天的历史销售记录必须在20笔及以上等；报名商品的库存数量须是1000件及以上；商品限购数量最高为5个等级，特殊类目除外。

5．聚划算活动报名流程

打开商家后台营销活动中心，选择对应类型的活动，即可看到活动列表，如图4-1-9所示。商家可以根据需要单击对应时间的活动进行报名。

图4-1-9　淘宝网商家后台营销活动中心聚划算活动报名列表

（1）了解活动详情

图4-1-10所示为聚划算报名活动详情页，商家可以通过该详情页掌握该活动的时间安排、玩法，同时还可以查看该活动的收费规则和资质等。

图4-1-11所示为聚划算活动报名收费规则页面，商家可以根据活动目标选择商品预估成交额，判断活动费用，保底费用＝货值×费率，实时划扣技术服务费＝预估成交×佣金率，根据实际情况还会出现退还金额，最终生成实际花费。

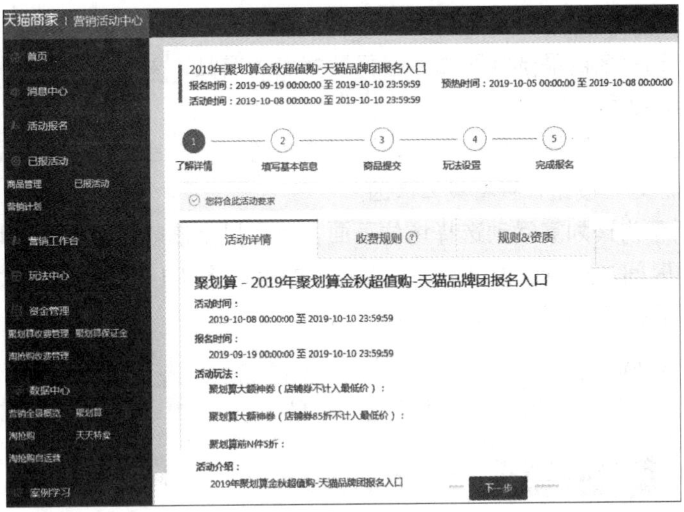

图 4-1-10　聚划算报名活动详情页

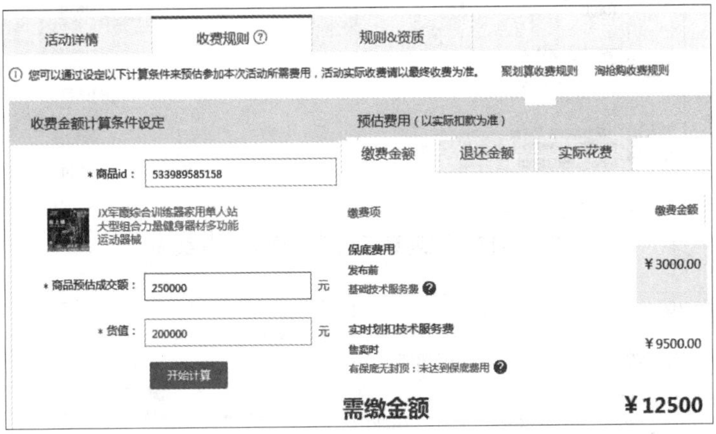

图 4-1-11　聚划算活动报名收费规则页面

图 4-1-12 所示为聚划算活动报名规则和资质页面，商家可以看到当前活动对商家资质的具体要求。

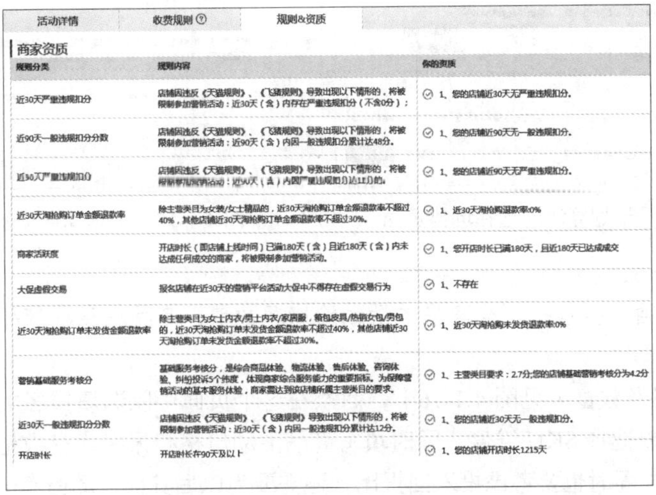

图 4-1-12　聚划算活动报名规则和资质页面

（2）填写基本信息

在聚划算活动报名商品选择页面，选择要报名的商品，单击"选择"按钮可跳转至下一页面，如图4-1-13所示。

部分商品的"选择"按钮呈现灰色，说明这些商品不符合上述聚划算的条件要求，商家可单击"查看原因"按钮，查看具体原因。

图4-1-14所示为聚划算活动选择坑位页面，页面显示该款商品适合的坑位安排，包括展示时间、开团时间、类目、位置数、报名商家数等。图4-1-15所示为聚划算活动签署协议页面，商家可根据提示填写基本信息。

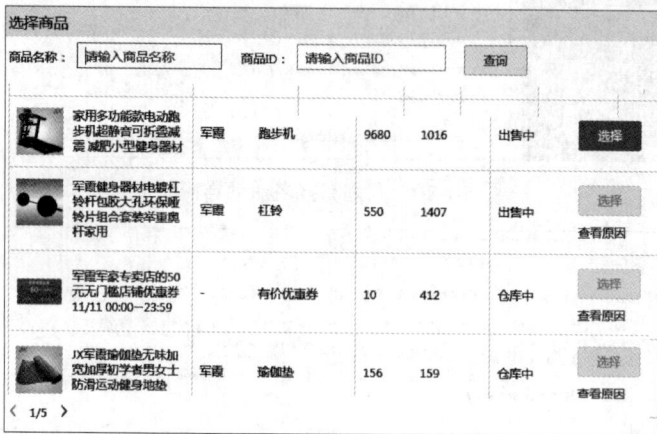

图4-1-13 聚划算活动报名商品选择页面

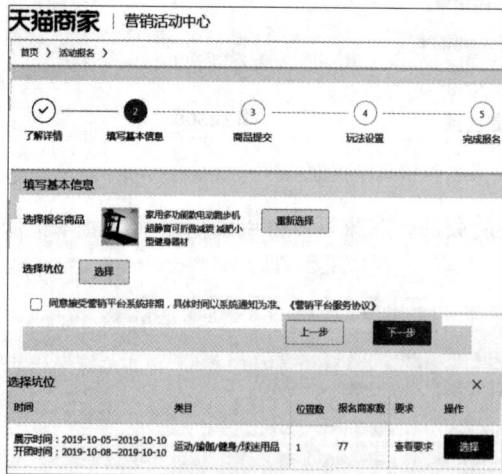

图4-1-14 聚划算活动选择坑位页面

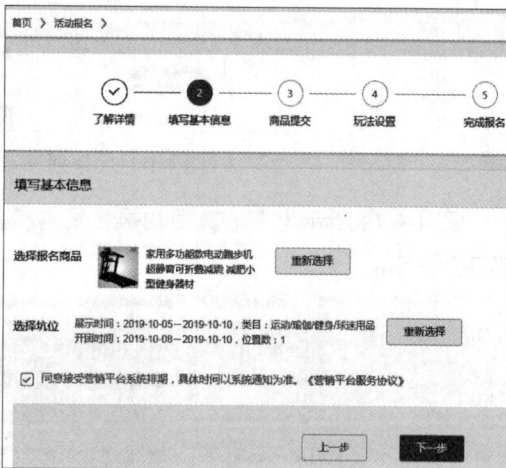

图4-1-15 聚划算活动签署协议页面

（3）商品提交

商品提交内容主要包括提交商品的活动价格及数量、商品信息、商品资质证明、补充信息等。

① 活动价格及数量（见图4-1-16），商家在这个页面可以选填报名类型，既可以选择商品维度，又可以选择SKU维度，同时填写商品活动价格和报名库存数量，这里需要填写有竞争力的价格，同时也要考虑投入回报比，还需要为以后其他活动留有一定的空间，避免违背最低价原则。

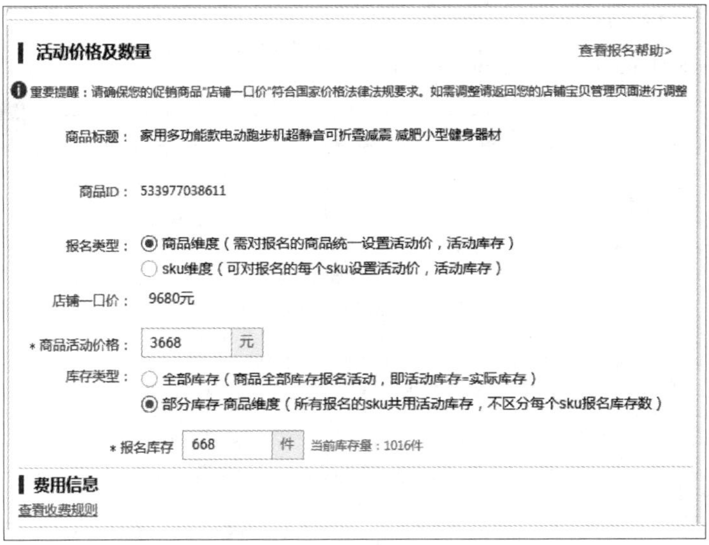

图 4-1-16　活动价格及数量页面

② 商品信息，填写的内容包括标题、短标题、商品图片、商品素材图、卖点特性等，每一项内容都会显示在聚划算开团后的前台页面，都有可能是吸引客户关注的焦点，因此商家要精心填写。

③ 上传商品资质证明及补充信息，按要求填写即可。

（4）玩法设置

图 4-1-17 所示为聚划算活动玩法设置页面，即在活动价的基础上商家可以进一步添加促销元素，例如优惠、权益供给等，选择满减、第 N 件优惠等，其目的在于进一步增加参加活动的力度，提升客户的购买欲望，设置完成后可提交完成报名。

图 4-1-17　聚划算活动玩法设置页面

（5）完成报名

图 4-1-18 所示为聚划算活动完成报名页面。完成报名后，商家可以在后台查看报名活动状态，进行报名商品编辑、撤销报名等，如图 4-1-19 所示。

一般而言，聚划算平台会在商品报名后的 5 个工作日内完成商品的审核。审核完毕后，商品就进入预热状态，客户会在聚划算预告频道看到预热的商品，但是预热期间商品处于锁定期，在没有正式开团之前，商品不能被购买。

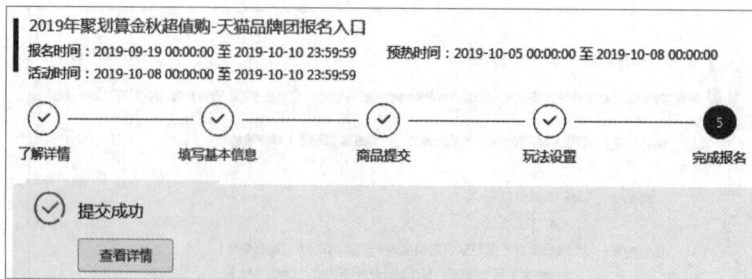

图 4-1-18 聚划算活动完成报名

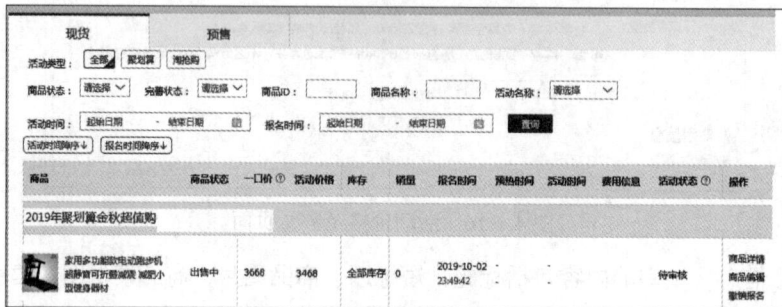

图 4-1-19 聚划算活动报名审核页面

6. 聚划算活动收费方式

费用问题关系到活动的投入回报比，因此关注费用是网店运营每个环节都必须考虑的。由于活动类型、活动类目及活动资源的不同，通常费用结算也有所差异，其总体分为基础收费模式和特殊收费模式。

（1）基础收费模式

基础收费模式包括基础技术服务费（以下简称"基础费用"）、实时划扣技术服务费、封顶技术服务费（以下简称"封顶费用"）的组合模式，基础费用及封顶费用标准均与天数相关。参聚商家在商品获得审核通过后，需要提前将基础费用划扣至聚划算账户。开团后，当根据交易金额和类目费率计算的实时划扣技术服务费等于或低于开团时已扣除的基础费用时，系统将不会执行实时划扣技术服务费操作；当实时划扣技术服务费高于开团时已扣除的基础费用后，系统将对超出部分收取实时划扣技术服务费，直至扣除的基础费用及实时划扣的技术服务费合计达到封顶费用时，系统停止扣费。单品团基础费用的标准为 2500 元 / 天，封顶费用的标准为 25000 元 / 天；品牌团基础费用的标准为 25000 元 / 天，封顶费用的标准为 60000 元 / 天；主题团基础费用的标准为 20000 元 / 天 / 团，按拼团商家数分摊，封顶费用的标准为 60000 元 / 家 / 天。

（2）特殊收费模式

特殊收费模式具体包括两种，一种是只收取实时划扣技术服务费的收费模式，且部分业务或品牌按照对应类目的实时划扣技术服务费的费率的 8 折扣费；另一种是固定费用收费模式，商家只需在开通前缴纳一笔固定服务费即可，无须再缴纳实时划扣技术服务费。

三、天天特卖活动

1. 天天特卖活动概述

天天特卖（原天天特价）是扶持淘系商家成长的营销活动，由淘系官方组织活动，优质商家提供折扣单品、客户限时抢购，实现三方受惠的活动模式。

2018 年 1 月，淘系平台对天天特卖活动进行了调整，与以往相比，变化之处在于其对招商对象等进行了调整。招商对象不再仅仅面向淘宝商家，同时向天猫商家开放；淘宝店铺报名门槛从原先的 3 钻，优化为 1 钻；取消过去特惠穿、特惠囤、限时特价栏目，新增 9.9 元包邮、清仓特卖栏目，天天特卖活动栏目首页如图 4-1-20 所示。

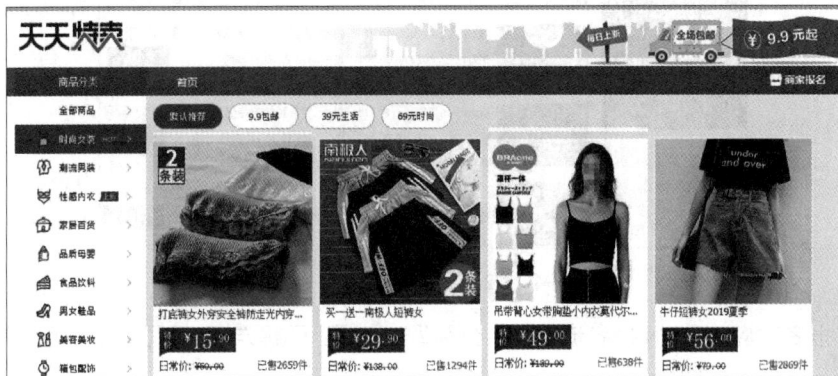

图 4-1-20　天天特卖活动栏目首页

2. 天天特卖活动流量入口

天天特卖活动的入口导航位置较突出：手淘首页聚划算右下角、PC 端淘宝网首页中部位置；同时在手淘首页搜索"天天特卖"可以直接进入天天特卖首页；另外在支付宝 App 上也有相应入口；为应对下沉市场，淘系还专门推出了淘宝特价版 App，主要以天天特卖商品为主。

3. 天天特卖活动商家报名要求

随着客户群体的多元化，天天特价活动不断演化，总体可以划分为面向大众商家的单品团以及面向品牌商家的品牌团，具体可以细分为今日特价王、特价清仓特卖、特价大促、特价拼团等近 30 种应用场景的具体活动。

图 4-1-21 所示为天天特卖活动活动类型页面，不同的活动，其商家报名条件也略有差异。

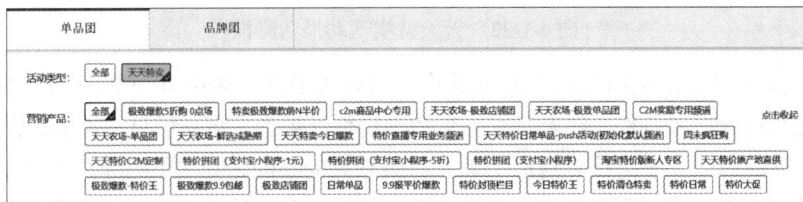

图 4-1-21　天天特卖活动活动类型页面

（1）店铺要求

天猫店铺须符合《天猫商家营销准入基础规则》。淘宝店铺须支持淘宝消费者保障服务，店铺信用等级为一钻及以上；近半年店铺非虚拟交易的 DSR 评分三项指标均不得低于 4.6（开店不足半年的自开店之日起算），店铺实物交易占比须在 90% 及以上（特殊情况除外）。

（2）商品要求

天天特卖平台要求报名的商品库存须在 50 件及以上；报名商品近 30 天的历史销售记录必须在 5 件及以上；报名商品若为淘货源认证的 1688 商品，无历史销量要求；品牌商品必须有品牌方提供的相关证明等，特殊品类除外，具体详见《天天特卖日常单品招商标准》。

4. 天天特卖活动报名步骤

商家报名天天特卖活动，可以在营销活动中心报名，也可以在 PC 端天天特卖首页报名。商家进入天天特卖后台，可以看到天天特卖活动列表，如图 4-1-22 所示。

图 4-1-22　天天特卖活动列表

商家报名对应的活动，报名流程基本分为四个步骤：了解详情、填写基本信息、商品提交、完成报名，如图 4-1-23 所示。

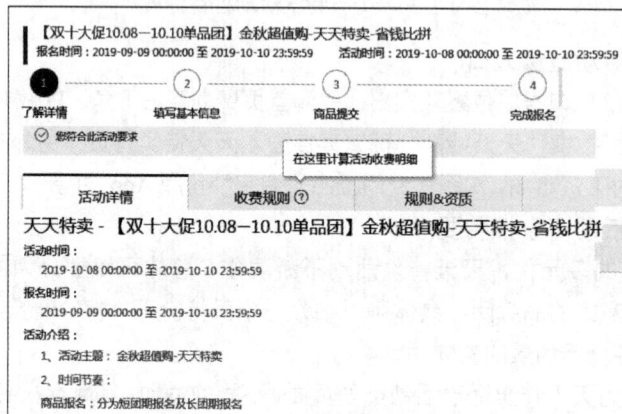

图 4-1-23　天天特卖活动报名流程

天天特卖会根据商家情况提示商家是否符合报名要求、需要缴纳相应活动费用，提示商家商品是否符合报名条件，要求商家提交活动价格及数量、商品信息（商品标题、短标题、商品主图、商品透明图、商品利益点）等。与聚划算的不同之处主要在于对图片的要求，天天特卖活动报名要求商品图片大小为 480 像素 ×480 像素，图片清晰，主题明确且美观，不拉伸变形、不拼接、无水印、无 Logo、无文字信息，支持 JPG、JPEG、PNG 格式。

报名完成后，商家可以在天天特卖管理后台看到已经报名的活动列表，还可以通过右侧按钮对参加报名的活动进行操作，如图 4-1-24 所示。例如，可以撤销报名，也可以单击"商品编辑"按钮，对提交过程中不理想的地方进行修改，单击"商品详情"按钮了解当前报名活动的进度情况。

活动报名完成后，要经历商家审核和商品审核两个环节，当然系统可以根据商家账号的信用度、历史违规情况很快做出商家报名是否成功的判断。但后续商品初审、终审还需要从商品日常销售情况、潜力等综合维度进行考量，所以初审和终审一般还需 3 ~ 5 天的时间，审核完成后开始销售环节。

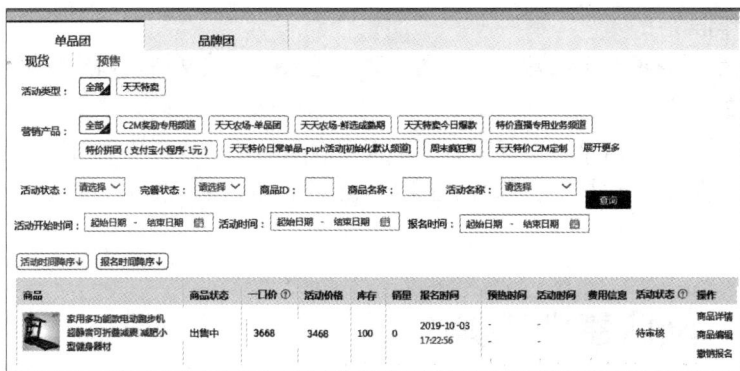

图 4-1-24　天天特卖活动报名信息审核页面

5. 天天特卖活动疲劳期规定

为避免同一商家反复做活动给客户带来反感，天天特卖对活动进行了疲劳期规定，规定如下。

（1）日常单品活动，同一商家 1 个月内最多可以参加 5 次（含）活动，一个商品 1 个月内最多可以参加 1 次活动。

（2）清仓特卖活动，同一商家 1 个月内最多可以参加 5 次（含）活动，一个商品 1 个月内最多可以参加 3 次活动。

四、促销活动中的违规行为

通常在淘系平台营销活动中的违规行为包括以下几种形式。

1. 活动后降价

活动后降价是指商家的商品在参加营销平台活动结束后 15 日内，出现实际成交价格低于其参加营销平台活动期间实际成交价格中位数的情形。

2. 品控 DSR 不达标

品控 DSR 不达标是指商家参加营销平台活动结束后 30 日内，成交笔数为 100 笔及以上且有效评价占比大于 50% 的活动商品，其活动订单对应的三项 DSR 均值低于或等于 4.5 分的情形。

3. 违背承诺

违背承诺是指商家未按照承诺向买家提供既定的服务或向营销平台履约的行为，这些行为包括以下内容。

- 出现强制搭售或拼款。
- 出现商品换款，与报名商品不一致。
- 营销活动承诺未兑现。
- 使用非官方工具进行免单、返现等活动。
- 商家参与聚划算、淘抢购、超级秒杀活动期间，商品活动价高于任一国内市场电子商务平台中商家及其关联方控制的各类型店铺的同款商品价格（含拼团价格）。

4. 排期违约

排期违约是指商家获得营销平台排期后，在活动开始前因自身原因临时退出，导致活动无法正常进行的行为。

5. 资质作假

资质作假是指商家在报名营销平台活动时所提供的资质材料，如质检报告、品牌授权书等存在作假的行为。

出现上述行为后，商家将面临警告、取消当次商品活动权、取消当次活动参与权、限期中止活动、永久终止合作等惩罚，而且需要接受不同程度的扣分处理。

任务二　网店营销工具

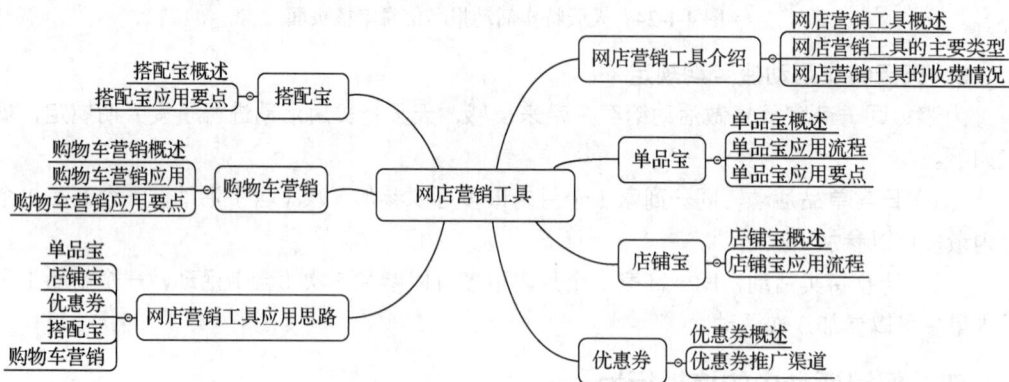

商家为了让店铺销售更好地达到预期效果，在引流推广或店铺活动环节都要适当地配合一定的营销力度，主要通过送优惠券、搭配销售、拼购降价等形式来实现，要配合完成这些营销活动就需要网店营销工具的支持。

一、网店营销工具介绍

1. 网店营销工具概述

网店营销工具是指在网店运营过程中从事营销活动所使用的工具，由于营销工具的设置既能体现一定优惠力度，又有一定时效限制，因此商家将这些营销工具与推广、活动配合起来使用，能起到促进客户购买、提升店铺转化率、提升客单价、促进关联消费、提升店铺业绩的目的。同时基于网络数字化特征，网店营销工具在优惠分发、定向投放、效果统计方面收效尤为突出。

2. 网店营销工具的主要类型

传统市场营销活动中，商家主要的营销形式表现为折扣券、减价优惠、组合销售、多买多送、赠品抽奖或团购活动，在网店运营中也同样存在这些形式，如淘系的红包优惠券、拼多多的拼购等。下面以淘系平台营销工具为例进行介绍。

淘系平台为商家提供的营销工具主要有店铺宝、优惠券、单品宝、搭配宝、天猫国际包税工具等，这些在商家后台营销工具中心都有展示，如图4-2-1所示。

除了官方配套的这些营销工具外，在淘宝服务市场交易平台还有第三方提供的各种各样的服务工具（见图4-2-2），同样可以帮助商家实现限时打折、打折促销、首件优惠、自动评价等诸多功能，满足商家多种场景的使用。

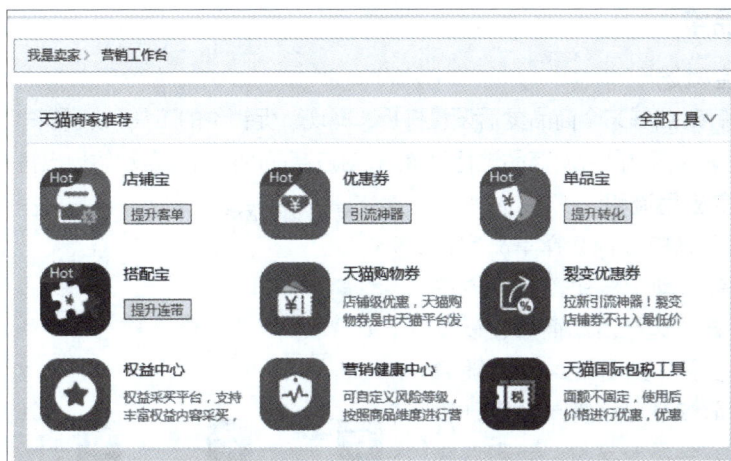

图 4-2-1　淘系商家后台营销工具中心

图 4-2-2　淘宝服务市场

3. 网店营销工具的收费情况

在营销工具的使用费用上，天猫店铺和淘宝店铺是有明显差别的，一般淘系官方提供给天猫商家的营销工具是免费的，而对淘宝商家则需要收费，如图 4-2-3 所示。

图 4-2-3　淘系商家后台营销工具收费情况

二、单品宝

1. 单品宝概述

单品宝是针对店铺某个商品灵活设置打折、减现、促销价的工具，是原来"限时打折"工具的升级版。商家应用单品宝对商品进行设置后，对应商品的前台会自动体现出打折优惠的效果。

2. 单品宝应用流程

打开营销工具中心，选择单品宝，单击"+创建新活动"按钮，其流程主要包括活动设置、选择活动商品、设置商品优惠三个步骤（见图4-2-4）。随着系统升级，目前淘系已经把单品宝升级为粉丝专享价、会员专享价、新客专享价及老客专享价等多种应用场景。

图4-2-4　单品宝创建活动页面

（1）活动设置

对单品宝活动进行设置需要填写活动名称、活动描述，选择开始时间、结束时间、优惠级别、优惠方式、定向人群及包邮与否。优惠级别可以选择商品级或 SKU 级；优惠方式可以有打折（按折扣算），也可以直接减钱或者直接设置促销价；定向人群就如同直通车和钻展中的定向，可以让优惠投放人群更精准一些，这里的定向选择相对简单。图 4-2-5 所示为基本信息设置页面。

（2）选择活动商品

选择需要设置优惠的商品（见图4-2-6），可以对多个商品一起设置，也可以选择一个商品，同时对多个商品进行设置，其设置的最终效果体现在各单品页面。

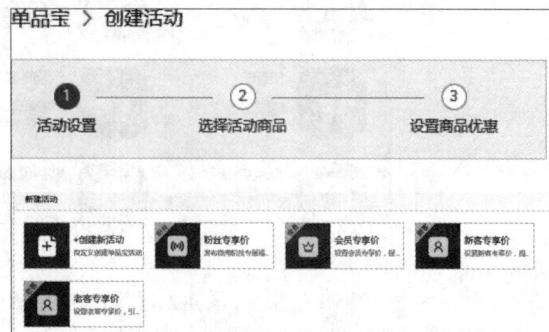

图4-2-5　基本信息设置页面

图4-2-6　选择活动商品页面

（3）设置商品优惠

基于上面选择的优惠方式设置对应的促销价即可，同时可以设置商品优惠（见图4-2-7），然后进行保存，后台就会显示对应的单品宝活动管理列表，后续还可以根据需要对活动进行修改、删除、暂停，如图4-2-8所示。

图 4-2-7　设置商品优惠页面

图 4-2-8　活动管理列表

（4）完成设置

上述设置完成后，前台展示页面就会出现对应的优惠，如有价格、促销价等，如图 4-2-9 所示。

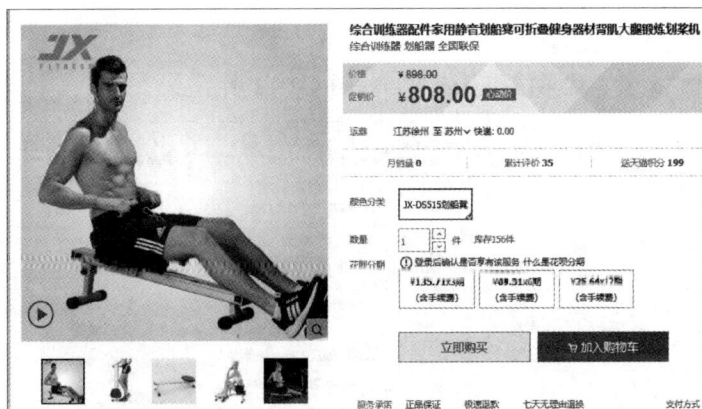

图 4-2-9　前台展示页面

3. 单品宝应用要点

商家设置商品优惠价是网络零售中常用的单品促销手段，但在这里需要注意以下事项。

（1）单品宝通常最多可以设置 100 个活动，商家要有针对性地使用，避免活动无效。

（2）设置的商品优惠价不能低于一口价的 3 折，否则不计销量。

（３）单品宝活动类型的选择取决于营销目的，以拉新促销为目的的可以设置价格为新客专享价，以回馈激活客户为目的的可以选择会员和老客户专享价，以提升内容为目的的可以设置价格为粉丝专享价。

（４）应用单品宝后要随时关注优惠价格的到期时间以及使用效果，必要时可以进行适当调整，避免其过期后影响客户体验。

三、店铺宝

1. 店铺宝概述

店铺宝是店铺级优惠工具，支持创建部分商品或全店商品的满减／满折／满包邮／满送权益／满送赠品等营销活动，是"满就减（送）"的升级版。店铺宝设置完成后，前台对应商品会自动体现对应优惠效果。

2. 店铺宝应用流程

商家进入营销工作台，打开店铺宝，可以根据营销目标需要选择满元减钱、多件多折、拍下立减、拍下送赠品、2件7.5折等活动，如图4-2-10所示。

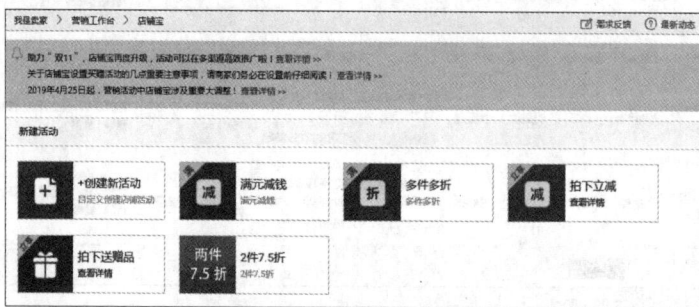

图4-2-10　店铺宝后台

（１）填写基本信息

商家设置活动名称、开始时间、结束时间、是否活动预热、优惠类型及定向人群，如图4-2-11所示。

（２）设置优惠门槛及内容

商家设置优惠条件、优惠门槛及内容，如图4-2-12所示。

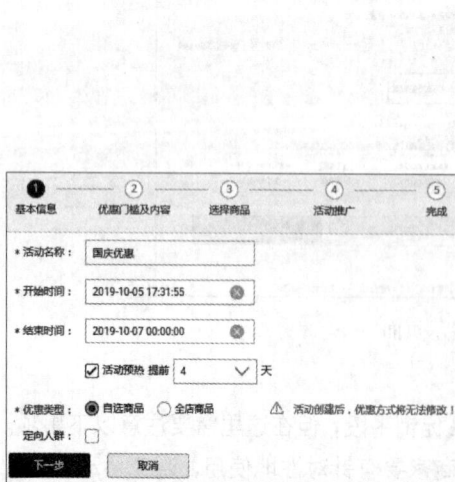

图4-2-11　基本信息填写页面

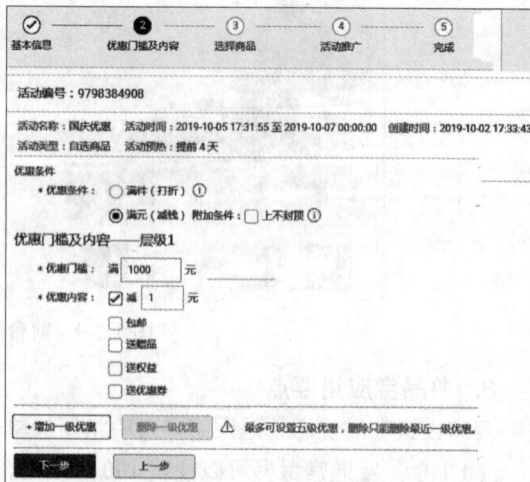

图4-2-12　优惠门槛及内容设置页面

优惠条件是指商家实施优惠的方式按照"满件优惠"还是"满元优惠";其中优惠门槛是商家在设置优惠条件的基础上对"满件"和"满元"的具体要求;优惠内容包括减钱、包邮、送赠品、送权益、送优惠券等,商家可以根据客户偏好进行设置。其中赠品必须选择商家发布在"其他＞赠品"或"其他＞搭配"类目的商品,而送权益则需要商家提前签约,送优惠券必须建立在设置过优惠券的基础上,当然商家也可以将多项优惠内容累加选择,同时可以在此基础上设置二级、三级优惠,最多可以设置五级优惠。

总之,在设置此步骤的过程中,商家要充分考虑优惠力度对客户的诱惑力及商家的利润情况。

（3）选择商品

商家可以选择参与活动的商品,可以选择全部商品,也可以选择部分商品,如图 4-2-13 所示。

图 4-2-13　选择商品页面

（4）设置活动推广

商家可以进行活动推广,为活动争取更多流量,也可以选择福利中心推广的方法增加活动宣传的覆盖面,活动推广设置页面如图 4-2-14 所示。

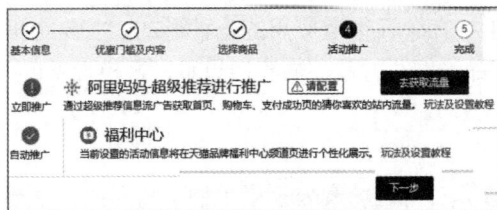

图 4-2-14　活动推广设置页面

（5）设置完成

商家设置成功后就可以在前台页面看到本店的活动了,如图 4-2-15 所示。

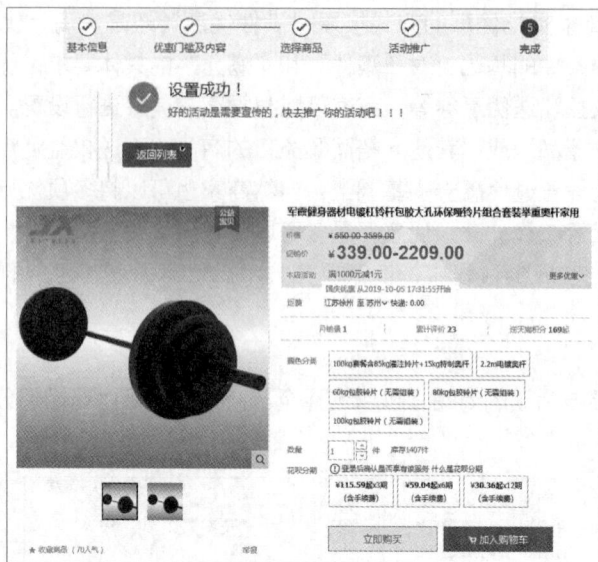

图 4-2-15　店铺宝活动前台页面

四、优惠券

1. 优惠券概述

优惠券也是商家常用的营销工具，既可以独立使用促进客户快速下单，又可以结合店铺宝、购物车营销、淘宝客推广等多种场景使用，应用比较灵活。

2. 优惠券推广渠道

优惠券的设置流程比较简单，在计算机端，商家进入营销工作台页面，选择"优惠券"栏目，然后单击创建对应优惠券即可完成，优惠券类型主要包括店铺优惠券、商品优惠券、裂变优惠券三种，如图4-2-16 所示。

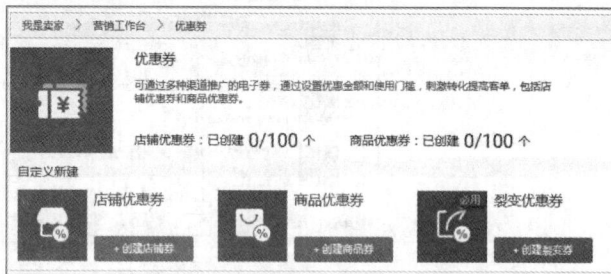

图 4-2-16　商家后台优惠券中心

创建店铺优惠券时设置的主要内容包括推广渠道、基本信息（优惠券名称、使用时间）、面额信息（优惠金额、使用门槛、发行量及每人限领），如图 4-2-17 所示。下面重点介绍优惠券推广渠道。

（1）全网自助推广

全网自助推广是优惠券在公开渠道应用的一种形式，主要是指优惠券创建以后会自动在商品搜索结果页或者商品详情页标题下面直接显示，客户可以自主领取使用，如图 4-2-18 所示。

（2）官方渠道推广

官方渠道推广是优惠券在特定场景公开应用的一种形式，主要应用于淘系官方场景。图 4-2-19 所示为官方渠道推广应用场景，包括官方活动招商、阿里妈妈推广、店铺宝满就送等。例如在介绍聚划算玩法设置时提到的优惠券可以在"官方活动招商"选项中进行设置；在讲淘宝客推广营销计划、团长活动时提到的优惠券可以在"阿里妈妈推广"选项中进行设置；店铺宝中使用的优惠券也对应这里的"店铺宝满就送"选项。在官方渠道推广下，选择对应的应用场景设置相应的优惠券，然后在应用阿里妈妈、官方活动、店铺宝的时候就可以直接调用。

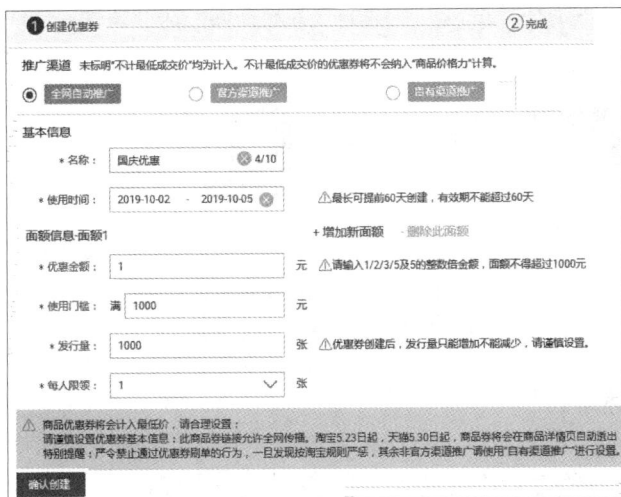

图 4-2-17　创建优惠券页面

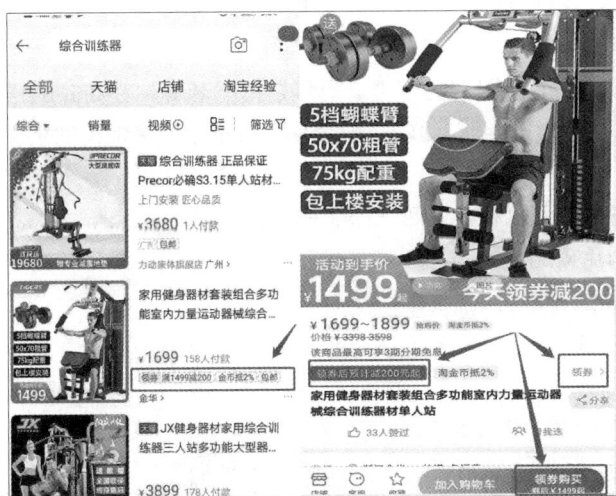

图 4-2-18　全网自助推广前台展示页面

图 4-2-19　官方渠道推广应用场景

（3）自有渠道推广

自有渠道推广是优惠券非公开应用的一种形式，商家创建优惠券后，会生成优惠券链接，然后商家可以使用通用领券链接，也可以给老客户发送一次性链接，如图4-2-20所示。

图4-2-20　自有渠道推广

五、搭配宝

1. 搭配宝概述

搭配宝是淘系提供给商家的一款比较实用的促进客户关联消费的营销工具，通过套餐的搭配可以提高客户整体购买商品的性价比，通过时效性限制来调动客户的购物热情，不仅可以提升商家的店铺转化率，同时有利于提升客户购买的客单量，是"搭配套餐"的升级版。其设置流程比较简单，按提示操作即可，部分操作流程如图4-2-21所示。

2. 搭配宝应用要点

（1）搭配商品应具有较强的关联性。既然是搭配套餐，在商品的搭配过程中，就要注意商品结构的搭配，关联性要强。强制搭配套餐不仅不会带来促销的结果，反而可能影响客户的购物热情。

（2）一个套餐最多可以将8个商品搭配在一起。

（3）巧妙地利用搭配套餐，可以带动多款商品的同时销售，在提升客单量的同时，有利于带动多个商品销量和评价的积累。

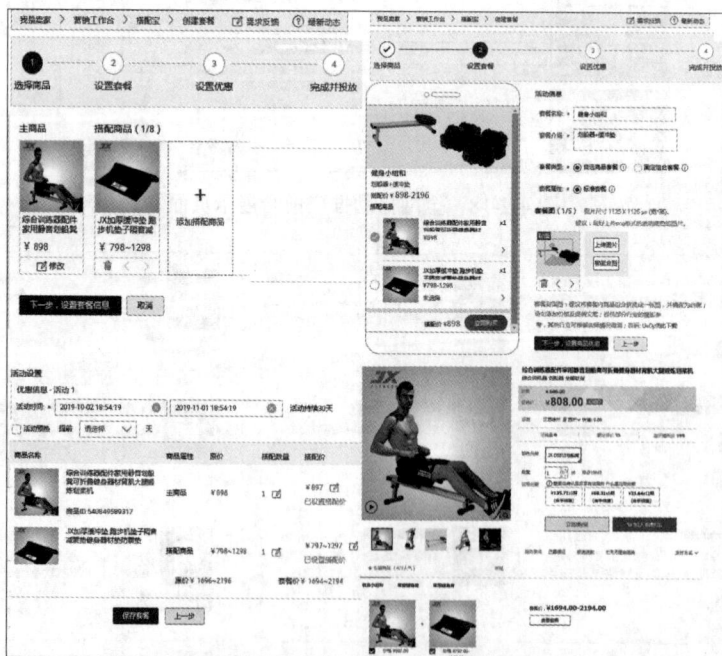

图4-2-21　搭配宝部分操作流程

六、购物车营销

1. 购物车营销概述

购物车营销是商家通过适度对购物车商品进行降价，从而促进客户购买的营销活动。与其他营销工具不同，购物车营销对象主要是将商品加入购物车的客户，因此其客户针对性更强，转化效果更为突出。

2. 购物车营销应用

商家可以进入客户运营平台开展购物车营销（见图4-2-22），购物车营销页面展示了可以参加购物车营销的商品，商家选择对应商品创建活动即可。然后拖动滑钮，设置相应的促销价格，单击"确认创建"按钮即可完成，如图4-2-23所示。

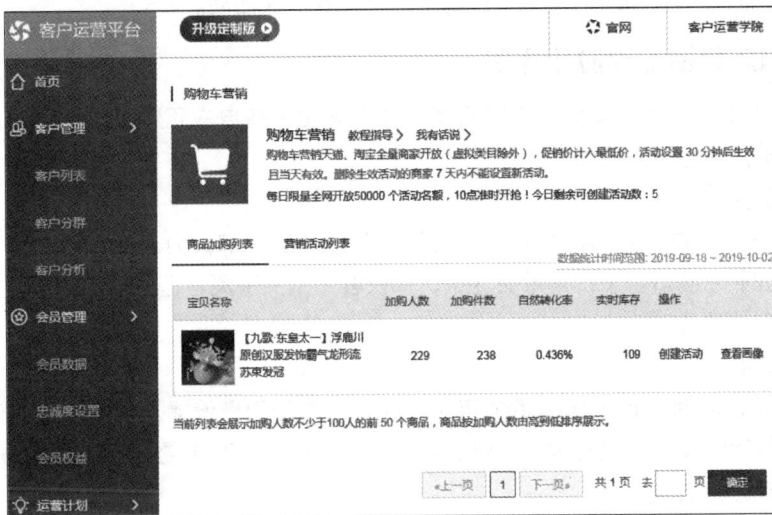

图 4-2-22　购物车营销创建活动页面

图 4-2-23　购物车营销促销价格设置页面

3. 购物车营销应用要点

（1）购物车营销对淘系全网商家开放，但只有在近15内加购未成交人数超过100人的商品才能设置购物车营销。

（2）商家一旦在系统后台成功设置了一个活动，这个活动将于创建成功的30分钟后开始生效，并在当天24:00结束。每日可创建活动的时间为10:00—22:00，在其他时段创建活动时，系统会提示不可用。

（3）活动设置后30分钟内，未生效前可以删除。生效后也可以删除，但删除后会禁用创建功能7天。

（4）每一个商品商家只能设置一个购物车营销活动，每个商家同时在线生效的活动不得超过5个，同一个商品对同一个客户商家只可设置一次活动。

七、网店营销工具应用思路

对比上述四种营销工具与购物车营销，会发现由于各自应用特点的不同，其应用各有差异，其总体应用思路表现如下。

1. 单品宝

单品宝适用于单个商品，可以直接起到提升单品当次购买力度的作用，且对客户群体定向设置，因此它既适合于日常单品促销，加快客户购买决策，提升单品销量，又适合有针对性的客户群体的拉动。

2. 店铺宝

店铺宝可以同时应用于店铺多个商品，且有明确的门槛设置及对应福利赠送，总体优惠力度大、普适性强，在促进客户下单的同时提升客单价、客单量，尤其是与优惠券配合使用还可以拉动客户回购。

3. 优惠券

优惠券应用最为灵活，可以设置应用门槛，其不但应用类型多样，而且发放形式也比较灵活，既可以独立应用又可以配合活动应用，同时还可以定向发放，因此无论对于日常营销还是大型活动，都是促销利器，既可以提升商品当下销量又可以提升整体客单价。

4. 搭配宝

搭配宝主要应用于关联性比较强、互补的商品之间，更适合拉动店铺整体销量，促进配套销售。

5. 购物车营销

购物车营销主要应用于客户已将商品放入购物车未购买的场景。

总体而言，各种营销工具各有所长，为达到更好的营销效果，商家应根据目标灵活使用、组合使用营销工具，同时要避免多种优惠累加使用，出现亏损问题。

课后作业

1. 查看《天猫及营销平台最低标价规则》，深度学习关于最低标价的具体规定。

2. 查看《营销平台基础招商标准》，进一步学习平台对不同类型、类目商家招商的具体要求。

3．打开淘宝 PC 端、手淘、聚划算 App 及淘宝特卖版 App，学习淘系前台聚划算、天天特卖活动的栏目布局，以及参加活动的商品及其活动页面布局。

4．打开淘系后台，尝试聚划算、天天特卖活动报名，了解报名流程、报名要求、活动费用等，并仔细对比不同类型的聚划算活动和天天特卖活动在报名要求、报名流程、活动费用上有哪些差别。

5．打开商家后台淘金币、试用中心等营销活动报名中心，了解淘金币、试用中心活动报名要求及报名流程。

6．搜索淘宝嘉年华、天猫"双十一"购物狂欢节、天猫粉丝狂欢节等活动，了解这些活动的具体报名时间、报名节奏、报名条件、活动类型等详细信息。

7．分别了解京东、苏宁易购、拼多多、唯品会等平台的活动有哪些具体规定。

8．打开淘宝 PC 端或手淘前台，查看搜索结果页和商品详情页，查看有哪些商品分别用的单品宝、店铺宝、优惠券、搭配宝等营销工具，其展示样式如何，尝试体验营销工具。

9．打开"淘宝网后台—营销工作台"，在试用期内免费体验单品宝、店铺宝、优惠券、搭配宝的应用流程和应用效果。

10．打开淘宝服务平台，分类搜索并查看还有哪些营销工具可以使用，并了解它们的营销功能。

11．分别查看京东、苏宁易购、拼多多、唯品会等平台，了解这些平台的营销工具与淘系平台有什么差异。

网店客服

项目五

项目导入

对于商家而言，无论是线上销售还是线下销售，网店客服都是至关重要的一环，在整个交易过程中起到"关键一跳"的作用。因此江苏康力源健身器材有限公司在电商部成立之初就布局网店客服工作，售前人员、售后人员安排，售前客服话术、售后解决方案准备等，由于大型健身器材在到货后还涉及安装环节，因此康力源还特地为此配备了全国的设备安装人员。那么对于商家而言，网店客服工作具体包含哪些内容，商家应该如何做好网店客服工作呢？

项目分析

◆ 了解网店客服工作的价值
◆ 掌握网店客服工作的分类及内容
◆ 掌握网店客服所应具备的素养
◆ 掌握网店客服工作中应该注意的事项
◆ 熟悉并灵活应用子账号各项功能和设置
◆ 熟练并灵活操作千牛工作台和接待中心的功能和应用
◆ 掌握客服工作的主要流程及应对策略
◆ 熟悉并灵活应用客户运营平台的各项功能
◆ 熟悉并灵活应用旺旺群的各项功能

任务一　网店客服工作认知

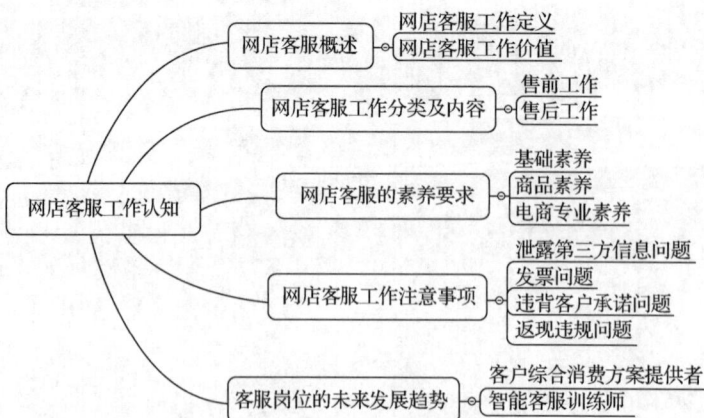

一、网店客服概述

1. 网店客服工作定义

网店客服是商家依托于网店，借助网络沟通工具，为客户提供售前引导购买和售后问题处理的工作岗位，其工作意义在于助力网店成单，达到降低客户退款率和客户投诉率、提升客户体验满意度和留存率、促进二次购买，最终提升网店业绩、提高网店形象的目的。

2. 网店客服工作价值

网店客服是决定网店成败的"关键性环节"，前面的美工文案、推广、促销工作即便做得再优秀，如果没有客服环节的大力跟进，效果也会大打折扣。所以整个网店运营是个系统性工作，缺一不可。

二、网店客服工作分类及内容

从网店客服工作的分类上来看，多数企业会以订单付款时间为节点，将付款前的工作划分为售前工作，把后续工作划分为售后工作。当然由于企业规模的不同，其划分各有差异，大规模的网店会把客服分为售前、售后两个部分，但小型网店由于人员少，售前售后工作也可能是一体的。

1. 售前工作

网店客服的售前工作包括售前客户商品问题解答、引导客户购买、促销、催付、订单备注、客户下单前收货信息确认等内容。

（1）查看售前客服交接记录，了解上一轮客服特殊客户问题记录，便于工作衔接。

（2）查看后台前一天有异常的订单（含申请退款的订单），并进行记录。

（3）查看工作台的留言，有客户留言的话，不管对方是否在线，一定要及时回复。

（4）售后问题做好简单记录，并发给售后客服做好存档记录，以便后期查询。

（5）进入千牛工作台，进行客户商品问题解答、引导客户购买、促销、成交备注等工作。

（6）查看近期没有付款的客户，对没有付款的客户进行催付。

2. 售后工作

网店客服的售后工作包括售后客户地址确认、订单核实、订单跟踪查询、客户安抚、退换货、赔付补偿、客户评价管理、投诉管理、客户关系管理等内容。

（1）每天需要对已经成交的订单进行物流跟踪，要做到抢在客户前面发现问题，发现疑难件以后要做记录，并且定期跟踪。

（2）在客户出现售后物流、退换货、赔付、评价、投诉等问题时，首先做到安抚客户，然后迅速根据客户出现的问题进行有针对性的解决。

（3）客户关系管理，将客户档案库的客户进行分类管理，定期发送客户节日问候、祝福，定期向客户推送新品信息、优惠促销信息。

（4）维护客户旺旺群（私域社群），维护群气氛，解答客户公共问题；定期推送公司最新商品信息、最新活动信息。

三、网店客服的素养要求

1. 基础素养

网店客服要具备基础素养。其包括积极热情、有耐心，有良好的语言组织表达能力和情绪掌控、调整能力。网店客服的主要职责就是通过网络话术表达引导客户购买，尤其是大促时，由于网络客户短时间内人流量大，各种问题、各种事情都可能发生，因此要求网店客服既要积极热情、语言表达流畅，又要有耐心、有良好的情绪掌控能力。

2. 商品素养

网店客服要具备扎实的商品素养，熟悉网店各种商品的功能、材质、款式、适合人群，尤其是熟悉热卖商品的卖点、搭配商品以及近期促销活动规则，甚至包括网店优势，厂家研发、生产、工艺等多方面的情况及竞争对手商品特征。

3. 电商专业素养

网店客服通过网络与客户沟通，要求打字要熟练，熟悉并准确理解网络交易的各个流程和操作环节，如添加收藏、购买、支付、物流（配送方式、时效、价格）、备注订单、查询订单、评价维护等。

网店客服工作是网店运营的重要工作也是最为基础的工作，客服只有具备了以上素养，才能为网店创造最大的价值，未来才会有更大的发展空间。

四、网店客服工作注意事项

在网店客服的日常工作中，需要重点关注泄露第三方信息问题、发票问题、违背客户承诺问题、返现违规问题等，一旦涉及这些问题，网店客服在与客户沟通中稍有纰漏，商家就可能因违反平台规则面临被投诉、扣分、罚款等风险。

1. 泄露第三方信息问题

泄露第三方信息，如他人（自称订单付款人的家人、朋友）以不同的旺旺号询问已成交订单信息（地址、电话、购买商品等），绝不能透漏客户信息，可以告之登录购买旺旺号后再行咨询。泄露客户信息属于严重违规行为，情节一般的，每次扣 B 类 2 分；情节严重的，每次扣 B 类 6 分；情节特别严重的，每次扣 B 类 48 分。

2. 发票问题

客户提出发票要求，明确告知客户可以出具发票，只能按订单内容（项目、金额）提供，可以开具公司抬头也可以是个人抬头。商家拒绝开发票，可能面临扣分、罚款风险。

3. 违背客户承诺问题

① 承诺客户有赠品、包邮、退换货、售后维修、指定物流发货的，如果商家没有做到也属于违背客户承诺。

② 若客户通过旺旺联系商家要求主动关闭交易，不扣分；但如果商家未经客户同意就关闭交易，就触犯了违背客户承诺规则。为避免麻烦，如果客户要求关闭订单，可以请客户自行关闭或者告之三天内不付款淘宝会自行关闭订单。

③ 如果商家开通了货到付款、信用卡支付或蚂蚁花呗付款服务，则拒绝该付款方式也是违背客户承诺规则。

④ 无货空挂、延迟发货问题。一般商家需要在客户付款后 48 小时内发货，如果超出时限属于违背客户承诺。

4. 返现违规问题

网店客服在旺旺中与客户沟通时，不要主动提及其他网店地址信息，不要提及通过QQ、手机等其他方式联系，不要提及"好评返现""全 5 分好评返现""好评返红包""免单""全额返现""高比例返现"等类似承诺，否则属于违规情况。

五、客服岗位的未来发展趋势

从电商诞生以来，客服岗位在国内电商活动中一直都是不可或缺的关键环节，然而随着大众消费意识的提升及技术变革带来的驱动，原有的客服岗位也面临着挑战，一方面消费者不再满足于网店客服单纯介绍产品功能；另一方面新型智能化、人工智能驱动，智能机器人逐步替代传统的客服工作岗位，因此未来客服工作将会朝着以下两个方向发展。

1. 客户综合消费方案提供者

随着大众消费意识的提升，未来消费者将不再满足于单纯听取客服对商品材料、功能应用的解答，取而代之的是消费者对综合消费方案的诉求，如一位年轻女士应该怎样根据自己的特征去搭配服饰，在不同活动场景下如何化妆。因此网店客服将逐步告别传统商品解说员的岗位，而逐步成为不同消费者"人、货、场"综合消费方案的提供者。正如当下直播电商，之所以当红主播有超高人气的"带货"能力，一方面源于直播的即视感增加了客户的信任；另一方面源于主播在介绍商品的同时，为消费者描绘出了丰富的应用场景。因此，未来网店客服将会越来越接近视频主播，成为一名综合消费方案提供者。

2. 智能客服训练师

当下智能化应用、人工智能驱动已经大大改变了日常生活，人工在某些方面逐渐被智能机器人取代。在商家客服服务体系，智能机器人已经逐步登场，目前较具代表性的就是阿里千牛的店小蜜，店小蜜的应用可以高效提升客服服务效率，不少淘宝规模网店已经开始使用店小蜜并取得显著成效。正因为如此，传统客服工作也会逐步被店小蜜所替代，同时出现了新的岗位，如培养智能客服机器人的岗位智能客服训练师也备受行业追捧。未来智能客服训练师将会是客服岗位的又一进阶。

任务二 网店客服工具应用

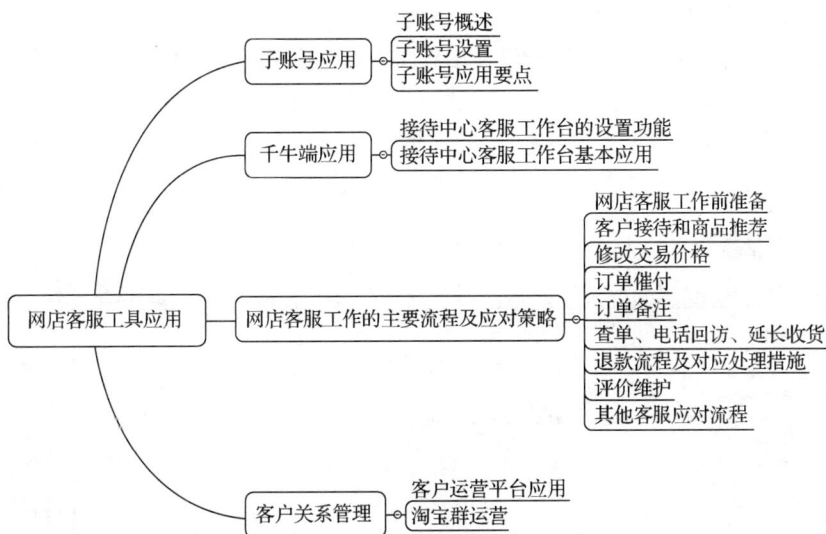

一、子账号应用

1. 子账号概述

子账号是商家为方便团队管理协作，在主账号基础上设置的员工分账号。设置完毕后，不同的运营、美工、客服可以登录自己的账号进入平台各司其职、互不干扰、互相协助。客服账号分配、客服工作内容查询是其中重要的组成部分。

2. 子账号设置

在 PC 端用主账号登录后台网店管理，选择子账号管理，就进入子账号页面，其中包括多店绑定、员工管理、客服分流、安全设置、监控查询等各项功能，下面对常用的员工管理、客服分流、监控查询功能的使用进行介绍。

（1）员工管理

员工管理的功能有很多，有部门结构、岗位管理、任务审核等，其中最常用的功能有两个：新建员工和员工权限管理。

① 新建员工即为新员工配备子账号的工作。在 PC 端登录商家后台网店管理，进入子账号管理，进入"员工管理"模块，单击"新建员工"按钮就进入账号创建流程（见图5-2-1），涉及基本信息、安全信息、其他信息的填写，具体包括账号名、密码、姓名、部门、上级管理账号、职务证件号、使用者手机等信息录入。另外，在结尾勾选"共享团队聊天记录"和"共享该账号聊天记录"复选框并确定保存，便于团队之间协作管理。

② 员工权限管理即根据员工所在岗位不同对其进行权

图 5-2-1 新建员工界面

限设置的功能。一般而言，在上述新建员工界面中设置好部门后，系统会自动匹配给对应的账号相应的后台工作权限。例如，系统默认网店客服拥有宝贝操作权限、出售中的宝贝、仓库中的宝贝等多个权限（见图 5-2-2）。如果需要对员工的权限进行调整，在员工管理部分选择对应的员工，单击其岗位下的"修改权限"按钮进行操作即可。

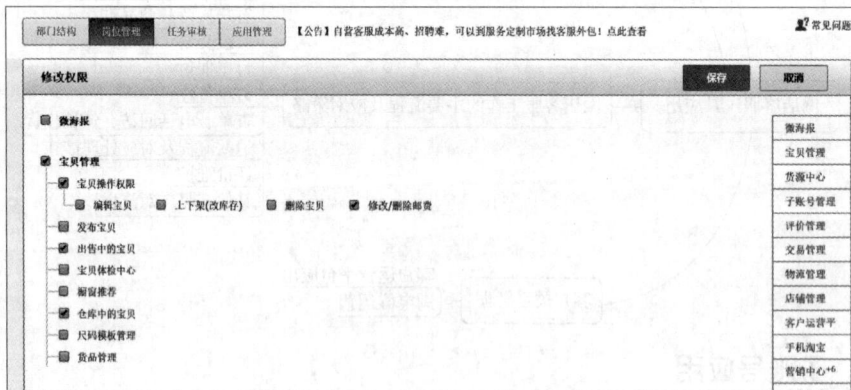

图 5-2-2 子账号岗位权限设置

（2）客服分流设置

在子账号的客服分流设置中，单击"分组设置"按钮，可以根据客服的分组，设置旺旺亮灯、绑定商品、绑定意图、绑定订单状态等，如图 5-2-3 所示。

图 5-2-3　子账号客服分组设置

　　根据客服能力的不同进行分流权重和移出设置，权重值越高，分配的客户量就越大，移出后客服将没有权限接待询盘，如图 5-2-4 所示。

图 5-2-4　子账号客服分流管理

　　在子账号的客户分流设置中，单击"设置"按钮，可以对客服账号是否开启网店服务助手、代理账号、商品绑定分组、手机分流、离线分流等进行具体的设置；同时在子账号后台客服分流下，也可以查看客服工作的实时数据、历史数据等。

　　（3）监控查询

　　监控查询主要查看网店客服在最近 3 个月的聊天记录，方便客服之间查询与以往客户的沟通记录，做好客户管理工作，也方便客服主管通过聊天记录了解每个客服的工作中存在的问题，还可以看到客服收到的服务评价等，如图 5-2-5 所示。

图 5-2-5　子账号客服聊天记录查询界面

3. 子账号应用要点

（1）账号格式

账号名是在主账号后加冒号和子账号名称，这里的冒号是半角状态下的冒号。许多初学者在登录千牛工作台时，会把半角的冒号当成全角冒号输入，以至登录不进去。

（2）子账号安全设置

设置客服信息时一定要绑定手机号，并且开启手机保护，在登录子账号系统时，必须经过手机验证码的二次验证，保障账户的安全性。

二、千牛端应用

千牛是集成商家后台功能操作及客户接待设置、应用的客户端，分为移动端和PC端两种，由于移动端应用便捷，所以商家通常用千牛移动端查看网店的运营数据，方便客户接待及简单的营销推广、活动报名等应用操作；用PC端进行商家后台深度应用及客户接待设置、交流沟通、订单处理等。下面主要以千牛PC端为例，重点介绍其接待中心功能的设置及应用。

登录千牛PC端，快捷窗口展示主要包括接待中心、消息中心、工作台、搜索四大部分，如图5-2-6所示。打开接待中心后，是客服工作台；消息中心是平台发给商家的各类系统通知；工作台就是商家后台；搜索主要是用来查找千牛客户端的其他应用功能。在使用千牛客户端进行客户接待时，主要使用接待中心和搜索功能。下面介绍接待中心客服工作台的设置功能和基本应用。

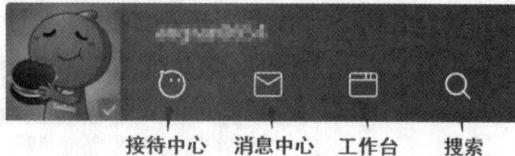

图 5-2-6 千牛PC端快捷窗口

1. 接待中心客服工作台的设置功能

接待中心客服工作台的设置功能主要包括团队管理、店小蜜、客户服务、互动服务窗口等内容，对这些内容进行设置不仅便于提升工作效率、提升客户体验，而且有利于宣传品牌形象。

（1）团队管理

打开团队管理设置界面（见图5-2-7），其中包括团队签名、自动回复、快捷短语、禁用语、商品推荐等，然后打开对应标签，进行内容选择和填写即可。

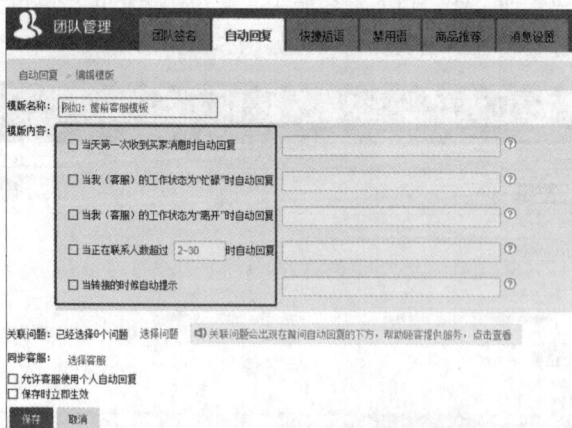

图 5-2-7 团队管理设置界面

团队签名通常可以添加一些公司文化形象、网店活动、新品推出等方面的简洁用语，添加成功后会显示在与客户沟通的对话框左上角，可以达到宣传、促销、形象宣传的目的。

自动回复一般指客服在第一次接待客户、客服繁忙、客服离开等诸多场景下，系统自动回复客户固定用语的情况。

快捷短语通常可以添加客户常问的商品性能、参数、优惠、物流、售后方面的问题，便于客服节省时间，快速回复客户提问，提升客户体验。

禁用语通常设置一些淘宝规则禁忌的词汇，包括刷单、好评返现、缺货、QQ及联系方式等。

商品推荐通常设置一些网店爆款或者新推出的商品，展示在客服工作台右侧，便于客服随时选择。

（2）店小蜜

店小蜜是千牛为商家提供的智能机器人客服，商家可以通过客户常见问题及回复内容的预置，让机器人自动完成客户接待工作。打开店小蜜设置界面（见图5-2-8），可以设置欢迎语、问答知识等。

图 5-2-8　店小蜜设置界面

欢迎语设置，是对客户首次进入网店的欢迎语进行设置；问答知识是对客户经常提及的问题进行设置，其中包括商品问题、活动优惠、物流问题、售后问题等类型。商家打开对应的问题标签，可以选择系统提供的行业高频问题，添加答案，也可以选择新建自定义问题，完成问题答案的设置。

需要注意的是，不同的客户提的问题内容不同，而且随着时间的变化可能会延伸出更多的问题，因此商家需要对店小蜜问答知识配置持续优化。

（3）客户服务

客户服务平台是淘系千牛平台为商家提供的进行客户常见问题处理的平台，包括服务管理、千牛售后服务、设置等功能。一般商家常用到的主要是评价管理、退款管理、自动化任务功能。

商家通过评价管理，可以对不同客户的各种评价进行解释、回复；商家通过退款管理，可以对客户售后产生的退款申请、纠纷问题进行查实处理。下面重点介绍自动化任务功能。

自动化任务功能，主要包括自动催付、自动核实订单、自动发送退货提醒等（见图5-2-9）。商家开启这些功能后，在售前阶段，客户如果拍下商品后迟迟未付款或者在拍下商品付款后，系统会自动给客户发送信息，提醒客户付款或者核实订单信息；在售后阶段，当商家完成对客户的退货后，客户旺旺也会收到退货提醒。

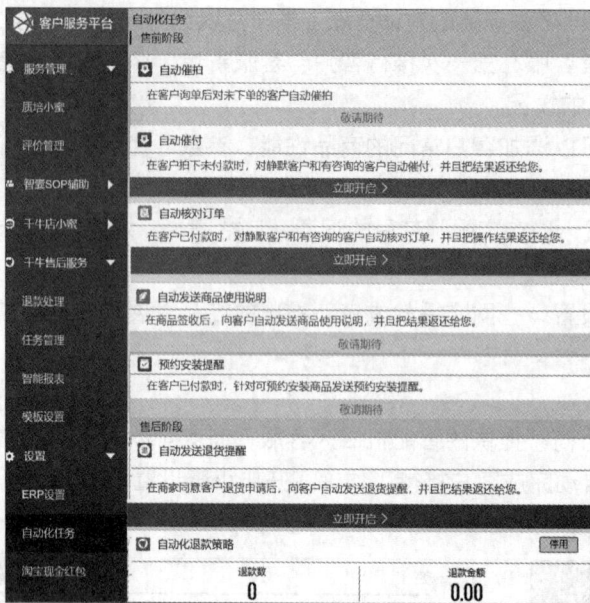

图 5-2-9　千牛接待中心客服工作台客户服务设置

（4）互动服务窗口

互动服务窗口设置主要是对移动端客户服务窗口信息录入框上方的菜单栏的设置，菜单栏入口可以方便客户快速地找到自己需要的服务。图 5-2-10 所示为互动服务窗口，商家可以添加、删除、排序需要的菜单栏，制作素材自定义菜单栏内容，根据客户特征进行添加。

图 5-2-10　互动服务窗口

当然，关于千牛客服工作台应用功能的设置还有很多，也有更为细节的操作，相对都比较流程化也比较简单，这里不再展开赘述。

2. 接待中心客服工作台基本应用

接待中心客服工作台基本应用主要包括上方标题、左侧联系人窗口、中间聊天窗口、右侧订单客户信息窗口，其主要功能分为两大方面。

（1）成交前的订单信息处理应用，包括客户接待沟通（见图 5-2-11）、查看客户信息（见图 5-2-12）、推荐商品、转发消息给团队成员、加好友、客户分组等日常应用。

（2）成交后的订单信息处理应用（见图 5-2-13），包括客户订单的改价、备注、催付、发货、评价管理、投诉管理、退货、退款、赔偿、客户维护等。

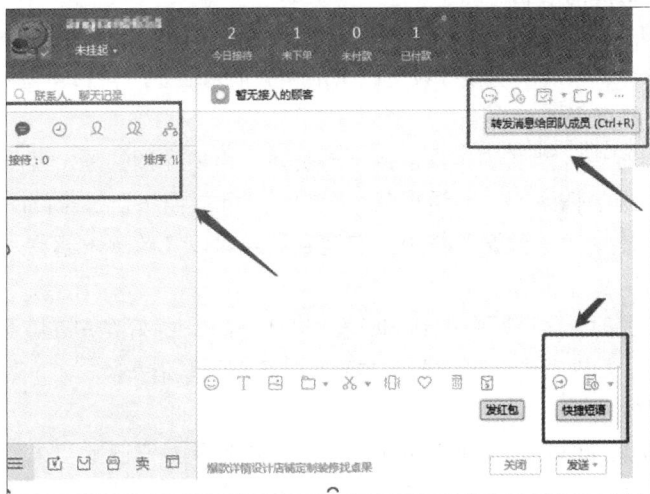

图 5-2-11　客户接待沟通界面

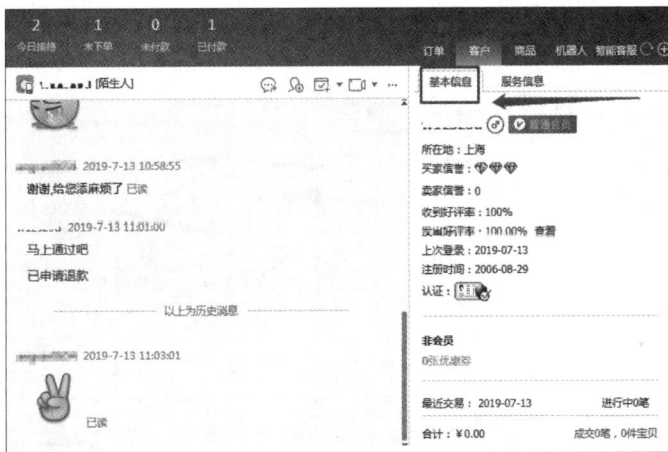

图 5-2-12　查看客户信息界面

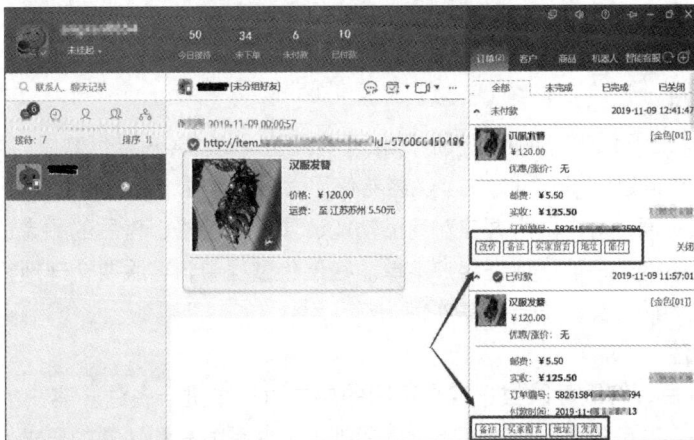

图 5-2-13　订单信息处理界面

三、网店客服工作的主要流程及应对策略

1. 网店客服工作前准备

网店客服工作前的准备工作包括：子账号分配、千牛工作台接待中心常规设置；网店支持的支付方式开通、物流配送模板设置；售前客服话术准备、售后问题处理方案准备。

2. 客户接待和商品推荐

在客户接待过程中，涉及的工具应用不再赘述。需要强调的是，客服在接待过程中要做到及时主动、积极热情耐心，用语规范，通常以"问候语＋自报家门＋品牌介绍＋促销信息"开场，以"欢送语＋致谢"结束，在遇到纠纷时以"致歉＋解释（解决方案）"来安抚客户，耐心解决客户问题。

在客户咨询商品时，客服需要做到细心发现客户需求，抓好客户在购买时对商品价格、风格、品质、功能、品牌等的心理预期，主动引导客户关联消费。

3. 修改交易价格

根据客户售前沟通情况，调整交易价格（这里指的是对于已购买未付款的用户，客服可以修改其交易价格，这个交易价格修改后，只有该客户的该笔订单价格发生改变）。图5-2-14 所示为商家修改交易价格界面。需要注意的是，淘宝集市店商家可以对交易中的商品价格，包括商品折扣和快递费用进行修改，而天猫商城店由于涉及佣金问题，商家只可以修改快递费用。

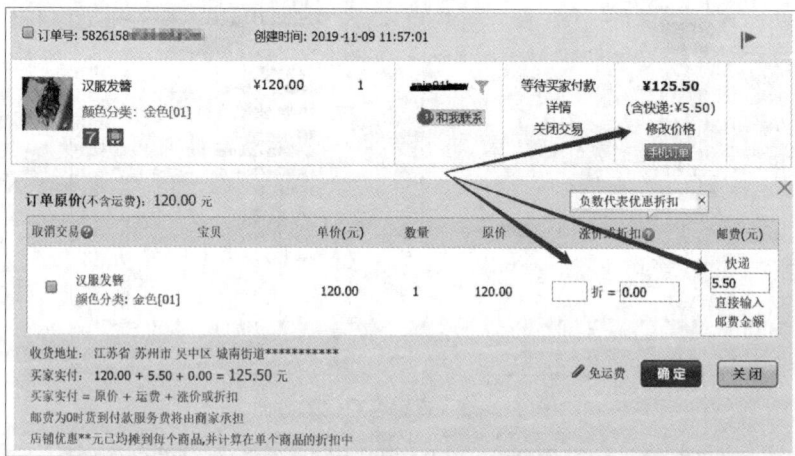

图 5-2-14　商家修改交易价格界面

4. 订单催付

客服在订单催付过程中要做到不骄不躁、不卑不亢，发现客户未付款原因并"对症下药"。对于客户由于客观问题，如支付方式、优惠券使用、操作流程、密码等造成的，客服应主动、热情地提供解决对策；对于因为客户对商品功能、质量、价格、售后的顾虑造成的，客服应进行耐心引导，赢得客户信任促进客户下单。在催付过程中，客服要合理地把握催付时间，使用正确的催付沟通工具，不要反复催付。

5. 订单备注

在客户付款后，客服可以根据客户不同的要求对订单进行备注。客户的常见要求主要包括对商品尺码、颜色的特殊要求；指定发货地址、联系方式和快递的要求；指定赠品的要求；指定售后问题的要求，如发票等。客服需按照不同颜色的旗帜对客户要求进行标注（见

图 5-2-15），便于发货人员能够合理地区分，提升工作效率。

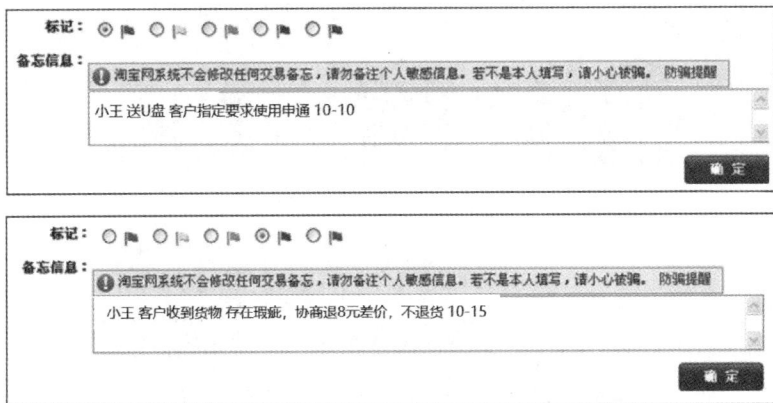

图 5-2-15　商家后台已卖出商品订单备注界面

通常在处理客户订单备注的过程中，商家会规定用不同的旗帜标注不同问题的客户，在标记栏分别有红、黄，绿、蓝、紫 5 种颜色的旗子。

红旗：表示客户对商品尺码、颜色、地址、优惠等方面有特殊要求。

黄旗：表示该订单已经打单了，但是还没有发货，如果需要修改订单，可以直接去抽单。

绿旗：表示该订单已发货，这个阶段如果客户要查询物流，只要在线告知物流信息就可以了；如果客户要修改地址，客服就需要与快递公司沟通改地址，并且要在后台备注清楚。

蓝旗：表示该订单有退换货需求，要备注原因，如客户是因为什么原因退货、换货（码数不合适、质量问题等）。

紫旗：表示该订单存在投诉及其他特殊情况。

除了用不同旗子标记不同的流程外，还需要备注内容，客服备注格式：名字＋内容＋日期。

6. 查单、电话回访、延长收货

在客户订单发出后，为了更好地服务客户，网店客服要紧密关注订单的快递情况，查看物流进程；对于已收货的客户，客服需电话回访其收货、使用情况；对于在途中的订单，客服需催促快递公司加快进程；由于物流造成的延迟收货问题，客服需要修改交易管理中的延长收货时间（见图 5-2-16）避免客户蒙受损失，并给予客户安抚。

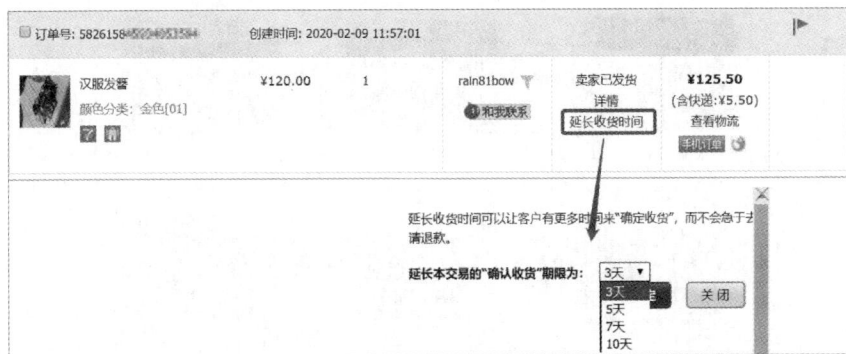

图 5-2-16　延长收货时间修改界面

7. 退款流程及对应处理措施

尽管商家都不希望出现退款，但这是不可回避的问题，因此网店客服要熟悉客户退款操作流程，并进行灵活处理。

（1）退款流程

① 客户已付款、商家没有发货的退款流程，如图5-2-17所示。

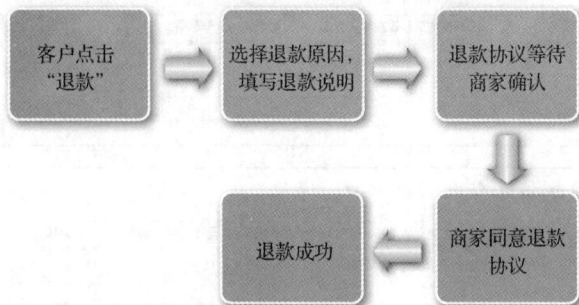

图5-2-17　客户已付款、商家未发货的退款流程

② 商家已发货、客户未收到货的退款流程，如图5-2-18所示。

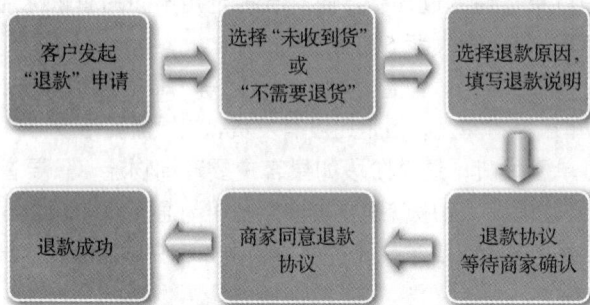

图5-2-18　商家已发货、客户未收到货的退款流程

③ 客户收到的货物有问题，需要退货退款的流程，如图5-2-19所示。

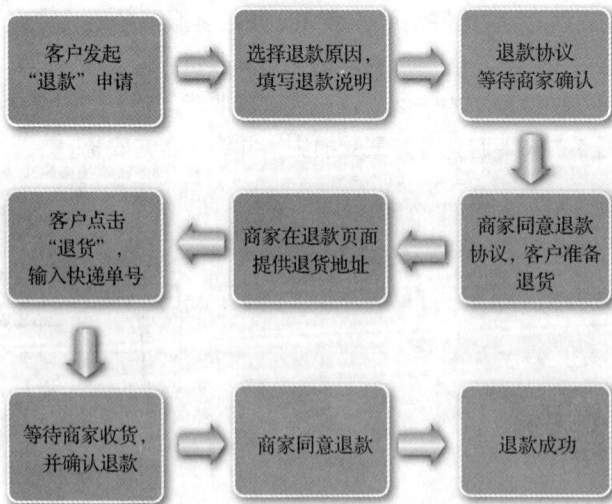

图5-2-19　客户收货后要求退货退款的流程

（2）商家面对退款的处理措施

在退款流程中，网店客服需要注意的是要充分和客户沟通交流，了解客户退款的真正原因有哪些，有针对性地解决问题，提升服务质量。

① 未发货或缺货问题：及时与客户沟通，看是否能延迟发货，后续补货。尤其是天猫商城商家需要注意，商家未按照约定 48 小时发货，客户是可以发起投诉赔款的，这样不仅会造成商家销售损失，还可能因为违反天猫规则造成网店扣分及后续影响。客服需督促仓管人员做好商品库存盘点。

② 未发货，客户反悔问题：网店客服要通过沟通发现客户申请退款的原因，引导其消费，如实在不行，可协商退款。

③ 已发货，快递发货失误，客户未收到：对于快递延迟或者投递错误的情况，客服需及时与快递公司沟通发现问题，看是否能给客户补发货或者退款。

④ 已收货，客户对货物不满：与客户沟通发现问题所在，如果是快递问题可与快递公司协调；如果是货品存在小瑕疵，可以对客户进行赔偿或补贴，尽量避免客户退款造成损失；如果货品问题严重，应该予以退款处理，并对客户致歉，避免客户投诉，同时追根溯源，查找供应商解决问题。

⑤ 对于刁钻客户、职业差评客户：客服应予以有力举证，拒绝其退款，必要时可要求官方网站介入解决。

8. 评价维护

淘宝评价体系是商家信用实力的有力证明，对网店客服来说，维护商家评价是其日常工作重要的组成部分。要维护好商家评价，网店客服首先要了解整个淘宝体系的评价规则，然后在客户收货后对其进行回访，适当鼓励其进行评价。

（1）评价体系的适用对象

淘宝评价体系包括信用评价和店铺评分两种，淘宝集市订单包括两种评价体系，淘宝商城订单只有店铺评分体系。信用评价仅在淘宝集市使用，在淘宝集市交易平台成功完成每笔交易订单后，双方均有权对交易的情况做出相关评价。客户确认收货后的评价界面如图 5-2-20 所示。

图 5-2-20　客户确认收货后的评价界面

（2）对于不同评价的处理方法

① 正常好评：在客户收货后对其进行旺旺或电话回访，了解客户收货和使用情况。客户反映良好的，鼓励其给好评甚至可以晒图好评；货物稍有瑕疵的，可以给客户以安慰或补贴，鼓励其给好评。

② 中评或差评：对于声称给中差评的客户，客服需要尽量在客户评价前与其沟通、进行安抚，协商退款、退货。对于给出差评或中评的客户，客服需要尽量予以抚慰、补偿，与其协商将中、差评修改为好评。一定要注意 15 天的评价期和 48 小时的协商期，超过期限将无法处理。对于一些过分的中评和差评，客服可以通过客服管理进行适当的解释。

③ 恶意差评：对于恶意差评进行敲诈的客户，要争取取证。

9. 其他客服应对流程

在客服工作流程中，除了有以上常规流程外，还会有赠品、大宗交易、发票等客服服务，其主要流程如下。

（1）赠品流程

如果客户在购买过程中存在赠品要求，网店客服可以根据网店规定进行配发并进行订单备注。在网店没有明确规定的情况下，客服可以向上级主管提交申请，申请通过后再进行配发、备注，如图 5-2-21 所示。

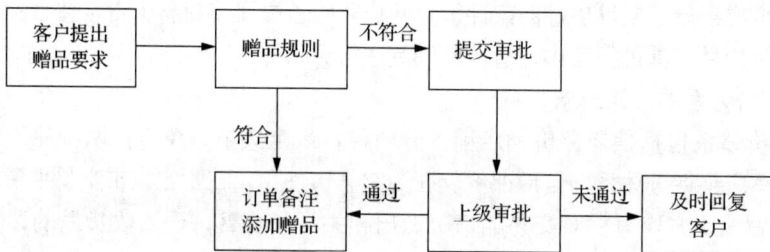

图 5-2-21　赠品申请处理流程

（2）大宗交易流程

一般大宗交易，客户都会要求购买优惠，网店客服可以根据规模不同，按照规则处理或者申请上级主管批示，由专人介入管理，如图 5-2-22 所示。

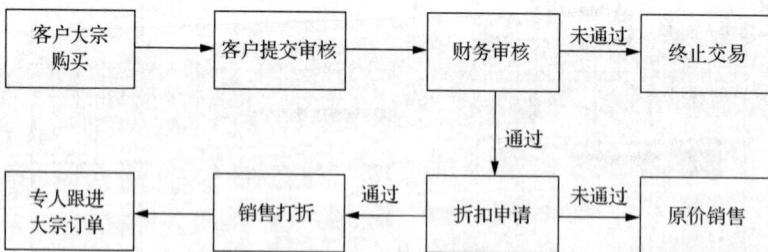

图 5-2-22　大宗交易申请处理流程

（3）发票流程

客户提出开发票要求，网店客服则需要进行订单备注，同时告知财务开具并打印发票，由仓库人员将发票放入包裹，然后售前客服再进行订单状态备注——已开发票，如图 5-2-23 所示。

除上述流程外，客服服务流程还会涉及快递超区、错发货、返修、维权等，这里就不再一一讲述了。

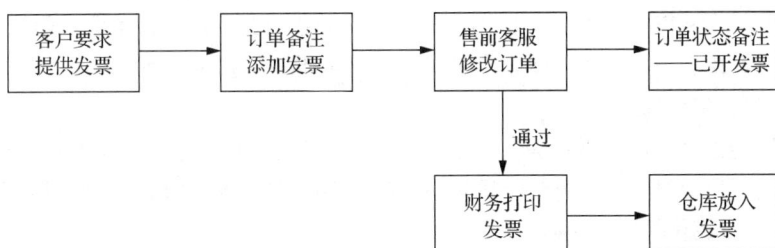

图 5-2-23　发票申请处理流程

四、客户关系管理

在网店运营中，客户关系管理越来越受到商家的重视。通常情况下，网店的客户关系管理主要包括客户分类管理、会员分类管理，定期向客户（会员）发送慰问、祝福信息，定期向客户（会员）发送新品、优惠、促销信息，最终达到维护新老客户关系、激活"沉睡"客户，提升客户购买率、购买量，提升客户忠诚度的目的。

为了实现高效的客户关系管理，通常商家会借助聊天工具、网络聊天群及各类客户关系管理软件来实现。常用的聊天工具主要有旺旺、QQ、微信等，涉及的客户关系管理软件有阿里巴巴的客户运营平台、京东会员管理工具等。

1. 客户运营平台应用

客户运营平台是淘系提供给商家专门进行客户关系管理运营的系统，通过该系统商家可以对客户信息进行深度完善、分类管理；可以根据客户消费次数和消费金额进行会员等级设置；同时可以根据店铺上新、活动情况及商品应用周期和客户特殊节日等情况给客户发放支付宝红包、优惠券等。

（1）客户管理

通过客户运营平台客户列表，商家可以对客户信息（生日、爱好、地址等）进行深度备注，便于日后点对点精准管理；对客户进行分组管理，以便对同类型客户实现高效运营；通过送支付宝红包、优惠券等进行促销管理，激活"沉睡"客户，提升客户转化率、购买量，如图 5-2-24 所示。

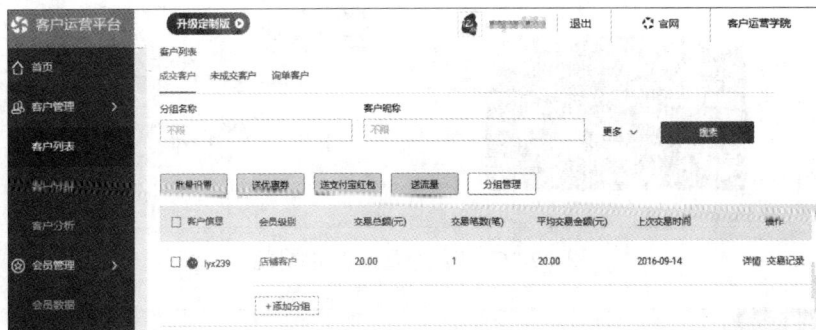

图 5-2-24　客户运营平台客户列表界面

（2）会员管理

商家通过客户运营平台的会员管理模块，可以对已成交客户享有权益进行分类管理，对客户进行会员等级、权益设置，优化客户体验。阿里巴巴的客户运营平台将客户设置为普通会员（VIP1）、高级会员（VIP2）、VIP 会员（VIP3）、至尊 VIP 会员（VIP4）四个等级，商家可以结合网店整体利润情况，根据客户成交金额或成交次数，设置会员等级门槛及对应权益（见图 5-2-25），同时还可以设置会员专享优惠券、会员礼包等。

（3）会员营销设置

商家可以通过客户运营平台提供的无线会员中心装修模块（见图 5-2-26）、智能店铺（见图 5-2-27），为会员提供专属的无线会员中心、定向海报、智能海报等，引导会员享受专属服务。

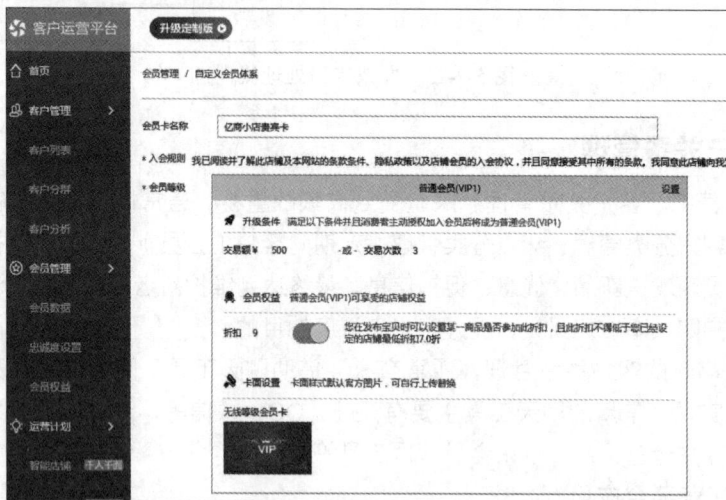

图 5-2-25　会员管理界面

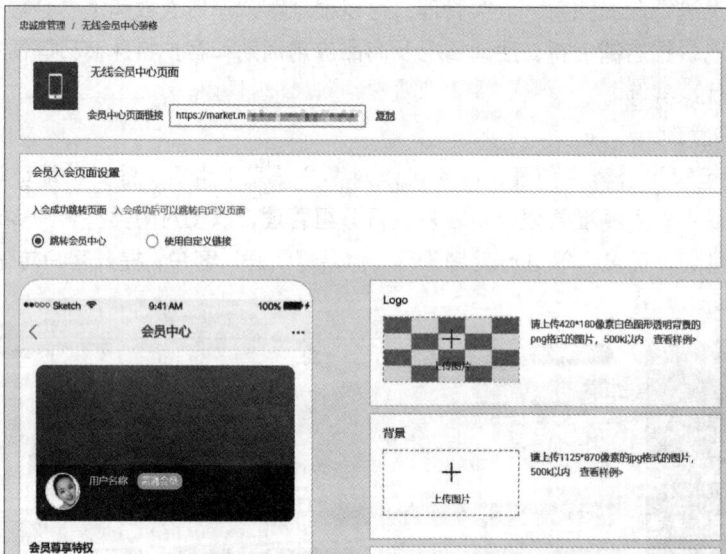

图 5-2-26　无线会员中心装修界面

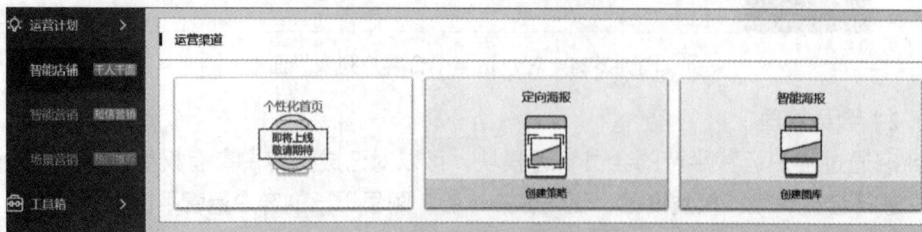

图 5-2-27　智能店铺界面

（4）客户营销管理

阿里巴巴的客户运营平台为商家提供了丰富的客户营销工具与手段，客户营销工具包括智能营销模块（见图 5-2-28）和场景营销模块（见图 5-2-29）；客户营销手段有通过短信和优惠券对客户进行浅度关怀的，有提醒客户复购、购物车营销的，形式多样，应用灵活，适合商家在不同的应用场景下灵活使用。

图 5-2-28 智能营销模块界面

图 5-2-29 场景营销模块界面

2. 淘宝群运营

（1）概述

淘宝群是淘系推出的商家面向会员及粉丝实时的在线运营阵地，商家可以通过建群、分组，结合丰富的玩法和专享权益，实现价值客户沉淀、高效触达召回，形成客户高黏性互动和回访。无论是对于促进客户进店、转化，还是新品推广，都有较强的现实意义。

淘宝群最大的特点就是可以通过不同的淘宝群实现对客户分层运营，实现高效触达客户，可以帮助商家拥有稳定的价值流量保障，实现网店高转化和强复购，同时又是内容孵化阵地。

（2）建立和加入淘宝群的条件

商家建立和加入淘宝群的条件：正常运营网店；网店保持稳定持续运营，近 30 天内成交笔数 ≥ 30 笔；有一定的内容运营能力，微淘商家层级 ≥ L1 等。

（3）建立淘宝群

商家建立淘宝群可以通过淘宝群聊网页版、千牛 PC 端、千牛 App 建群。下面以淘宝群聊网页版为例介绍淘宝群的建立步骤，首先在 PC 端打开"商家后台—自运营中心"（见图 5-2-30），选择"淘宝群"，然后进入淘宝群聊网页版，单击页面右上角的"+"按钮可以开始建群。

商家可以设置群头像、群组名称、群组成员上限、群公开性等（见图 5-2-31）。商家可以设置进群客户的入群门槛，包括关注店铺、指定人群、消费金额、密码入群四种方式（见图 5-2-32）。建群成功后可以通过发送群链接和群二维码邀请客户加入，并对淘宝群信息进行设置，如图 5-2-33 所示。

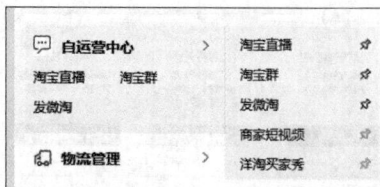

图 5-2-30 商家后台自运营中心

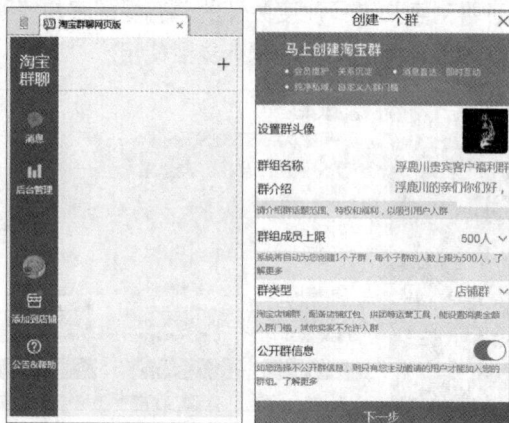

图 5-2-31 淘宝群创建界面

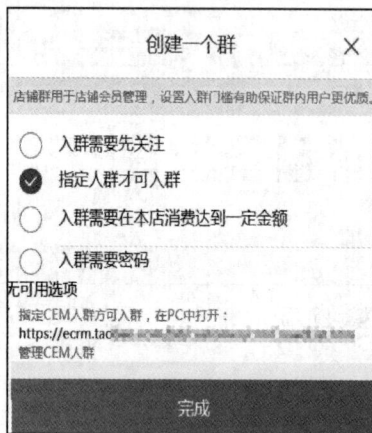

图 5-2-32 淘宝群门槛设置界面

图 5-2-33 淘宝群创建成功后的群组设置界面

（4）群运营权益

商家完成建群后，商家可以通过设置门槛来实现对群的分层管理，运用网店页面展示、系统展示页、主动拉人进群等方法来提升淘宝群人流量。

在群运营过程中，商家可以通过群管理公告、定时发送消息、跨群组发送消息、消息通知对群实现高效管理，也可以通过使用商品类、卡券类、互动类的专属工具来提升群运营效果。此外，商家还可以通过群管理后台查看群的具体运营效果。

当然，由于商家等级不同，其运营权益也有一定差异，普通商家有 20 个群组、10 万人群容量，最高群等级商家有 100 个群组、50 万人群容量。具体商家等级及享受的权益可以在群管理后台的群等级及权益处查看。

（5）淘宝群展示通道及设置

淘宝群创建成功后，可以在很多渠道进行展示。

① 展示渠道

目前，淘宝群展示的主要通道有店铺首页（见图 5-2-34（ a ））、详情页（见图 5-2-34（ b ））、移动端客户互动服务窗口菜单栏（见图 5-2-35）、微淘页面等位置。

（a）

（b）

图 5-2-34　淘宝群在店铺首页和详情页的展示效果

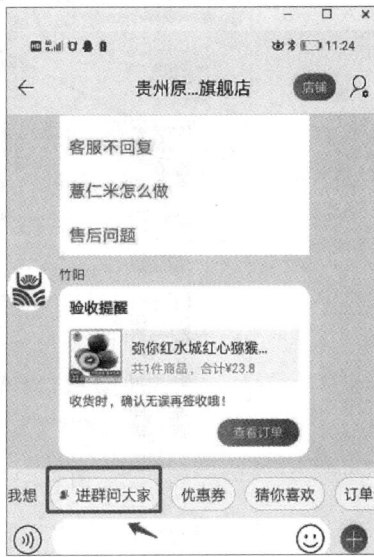

图 5-2-35　淘宝群在移动端客户互动
服务窗口菜单栏的展示效果

② 淘宝群渠道设置

在店铺首页展示淘宝群，商家只需进入淘宝旺铺的装修模块（见图 5-2-36），选择"模块—营销互动类 - 淘宝群模块"，按提示进行设置并保存即可。

图 5-2-36　在店铺首页展示淘宝群的操作界面

在详情页展示淘宝群，商家只需在 PC 端进入淘宝旺铺，单击左侧或者右上角"批量投放"按钮（见图 5-2-37），然后在对话框中选择营销模块中的"群聊"选项，设置投放时间等并进行保存即可。

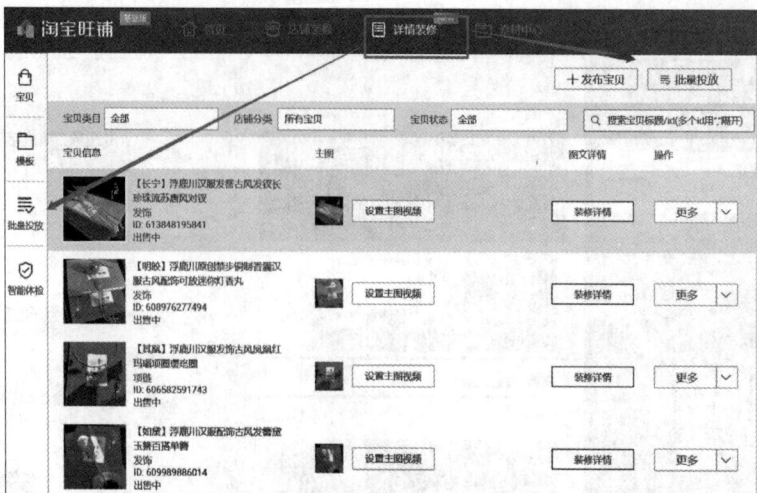

图 5-2-37　在详情页展示淘宝群的操作界面

在移动端客户互动服务窗口菜单栏展示淘宝群，商家在千牛 PC 端互动服务窗口添加 "进群问大家" 即可。

（6）淘宝群营销活动设置

为了提高群活跃度、促进网店转化，淘宝群后台给商家提供了营销活动设置栏目。通过该栏目，商家可以设置限时抢购、提前购、红包喷泉、淘金币打卡、拼团卡片、裂变优惠券、拼手气红包等活动，其具体应用如图 5-2-38 所示。

图 5-2-38　淘宝群营销活动设置界面

（7）淘宝群营销应用思路

常规而言，淘宝群营销应用思路可以表现为多种。在日常运营中，商家可以利用群红包定期发放功能，维护群活跃度，提升客户体验感和归属感；可利用投票功能，实现测图和测款的目的；在商品未发布前，可释放群客户提前购买特权，实现商品提前测款和积累商品人气的目的；在商品发布时，利用限时抢购功能，增加销售紧迫感，实现新品快速 "破零"

的目的；大促活动期间，利用红包喷泉定时发放红包的功能，提升群内活跃度，帮助商家在大促时提高转化率。

课后作业

1．网店客服工作的主要价值表现是什么？

2．网店客服工作可以细分为售前和售后工作，其对应的工作内容有哪些？

3．网店客服应该具备哪些素养？

4．网店客服在工作中应该注意避免哪些事项？

5．网店客服未来发展的前景怎么样？

6．解答子账号主要包含哪些功能设置，并进行对应的实践操作练习。

7．解答千牛客户端的功能有哪些，并进行对应的实践操作练习。

8．解答网店客服工作中的主要工作流程有哪些，有哪些具体的操作，并进行对应的模拟操作。

9．解答网店运营中客户关系管理的工作有哪些，其价值何在，并进行阿里巴巴客服运营平台实践操作。

10．解答旺旺群运营的价值有哪些，其具体有哪些操作，并进行对应的模拟操作。

项目导入

　　江苏康力源健身器材有限公司于 2015 年再次启动网络零售，淘宝、京东逐项启动，2016 年初正式启动天猫店铺，2017 年启动淘系分销、京东自营。一路走来，公司网络零售从年销几十万元做到年销 6000 万元，这有赖于公司在商品、资金、人员上全方位的投入，也有赖于平时的精准化运营，运营团队对各项网络指标的准确理解、分析及对各项工作的不断优化。那么商家应该如何准确理解网店运营的各项指标，如何对店铺运营效果进行分析并不断优化呢？

项目分析

◆ 掌握网络零售公式，并准确理解公式中各个指标的含义及关系
◆ 熟练掌握网店运营各个部门的考核指标
◆ 掌握运营岗位进行日常店铺分析的指标、指标应用及应用意义
◆ 掌握推广岗位流量分析的各种指标体系、指标应用及应用意义
◆ 掌握美工文案岗位进行店铺分析的指标、指标应用及应用意义
◆ 掌握客服岗位进行店铺分析的指标、指标应用及应用意义
◆ 熟悉网店运营效果分析的常用工具及工具的应用范围
◆ 熟练掌握以看店宝为代表的网店运营效果分析工具的具体应用

任务一　不同岗位的网店运营效果分析

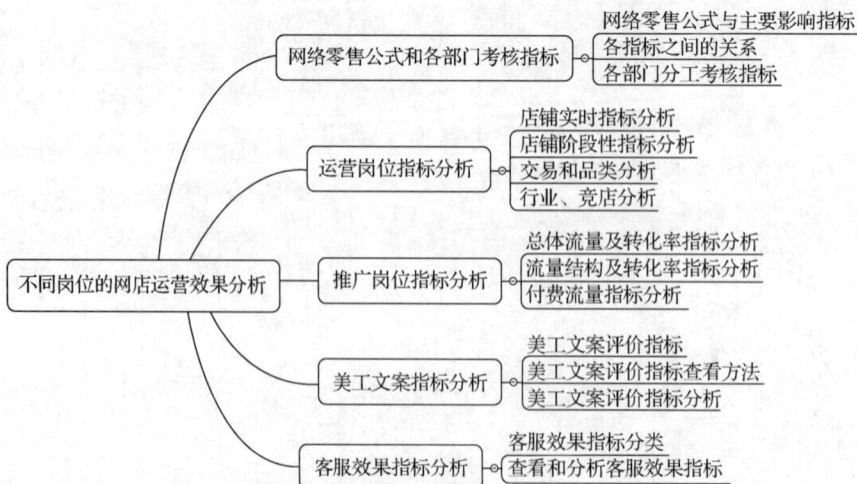

- 网络零售公式和各部门考核指标
  - 网络零售公式与主要影响指标
  - 各指标之间的关系
  - 各部门分工考核指标
- 运营岗位指标分析
  - 店铺实时指标分析
  - 店铺阶段性指标分析
  - 交易和品类分析
  - 行业、竞店分析
- 推广岗位指标分析
  - 总体流量及转化率指标分析
  - 流量结构及转化率指标分析
  - 付费流量指标分析
- 美工文案指标分析
  - 美工文案评价指标
  - 美工文案评价指标查看方法
  - 美工文案评价指标分析
- 客服效果指标分析
  - 客服效果指标分类
  - 查看和分析客服效果指标

不同岗位的网店运营效果分析

一、网络零售公式和各部门考核指标

1. 网络零售公式与主要影响指标

在整个网络零售的绩效评判体系里面，网络零售公式是业内通用的一个法则。公式如下：
利润＝访客量×全店转化率×客单价×客户购买频率×毛利润率－成本。

从公式看，一个店铺的利润主要受访客数、全店转化率、客单价、客户购买频率、毛利率这些指标的影响，并与它们成正相关关系，与成本呈负相关关系。因此要做好店铺业绩，其关键就在能够不断地优化这些指标。

2. 各指标之间的关系

这些指标之间依次排布，互为基础，依次分工。

首先，市场的定位、选品、定价是整个店铺运营的根基，也是网店运营的首要职责，一旦确定，后续的网店装修（视觉、美工、文案）、网店推广、网店促销活动的方向也就明确了，同时网店的毛利率也基本确定。

其次，访客量即网店流量，主要包括拓展新客户流量和维护老客户流量，新客户引入工作主要由推广部门负责，老客户的维护工作主要由客服部门负责。

再次，全店转化率即成交访客与进入网店访客的比值，主要受流量有效性、网店页面的装修水平、促销因素、客服服务水平的影响，因此转化率指标一般由推广部门、美工文案部门、活动部门和客服部门共同负责。

接着，店铺的客单价即店铺成交额与成交客户的比值，主要反映平均每个客户的购买金额。这既与店铺的商品结构、促销因素（关联搭配）有一定关系，又与客服的引导能力有一定关系。

而后，客户购买频率是由商品应用频率属性和店铺商品性价比及客服服务水平共同决定的，有赖于全员的共同努力。

最后，从店铺运营的角度讲，成本主要由产品成本、推广费用、物流包装费用、人员工资、办公费用、摄影费用及企业税费等组成。随着现在网店竞争的加剧，运营网店不仅要做到开源，还要做到节流。

从流程上看，要提高店铺业绩和利润就需要商家在引入客户流量，提高客户关注度、客户转化率、客单价、客户回头率，以及降低成本等方面逐一做好工作，这不仅要分别理解各个指标的含义，还需要熟悉各个指标的分工体系及绩效衡量体系。

3. 各部门分工考核指标

一般而言，根据责权分工不同，各部门考核指标如下所述。

① 推广岗位指标：流量、流量结构、增长率、转化率、投入回报比（Return On Investment，ROI）。

② 文案、美工岗位指标：流量、访问深度、跳失率、停留时间、点击率、转化率。

③ 客服岗位指标：响应时间、接待量、询盘转化率、退款（货）率、差评率、DSR值。

④ 仓库岗位指标：打包数量、发货量、出错率、破损率、发货速度。

⑤ 活动岗位指标：活动流量、活动成交、活动成本。

⑥ 电商运营（主管）岗位指标：销售额、转化率、毛利率、商品售罄率、店铺动销率、资金周转率。

二、运营岗位指标分析

运营人员是店铺运营效果的总负责人，既要对店铺的总体营收、利润负责，又要实时关注店铺运营的各分项指标及行业和竞店运营指标，通过实时指标，分析发现店铺存在的突发问题；通过阶段性指标，分析挖掘店铺运营中存在的阶段性问题；通过对行业竞店指标的分析，发现自己店铺运营中的问题。原则上，选品、定价、美工、推广、活动、客服、物流……店铺运营中的每部分工作，都要在运营人员的掌控之中。下面主要讲述运营人员的日常重要工作。

1. 店铺实时指标分析

运营人员要查看商家工作台待办任务，及时掌握售前售后、物流异常、诚信经营等情况，尤其是需要及时掌握诚信经营栏目下是否存在被投诉、违规、管控、差评等问题，催促相关部门及时跟进，避免错过最佳处理期。

运营人员要查看生意参谋首页的实时概况，及时掌握近日店铺在流量、成交、转化率等方面存在的突发变化（大幅度上升或者下降），从内外两个角度分析其原因，内部原因有推广、促销活动、文案调整、客服服务等发生变故，如上错商品、标错价格、推广活动投放失误、客户投诉、差评等；外部原因有竞争对手新品推广、活动促销、平台大促、行业发展政策变化等，运营人员需深度分析并及时做出相应调整。

2. 店铺阶段性指标分析

运营人员应定期查看生意参谋首页运营视窗、流量看板、转化看板、客单看板、评价看板等阶段性指标，分析店铺流量、销量、转化等指标是否符合计划安排。根据阶段性指标表现，从推广方法、促销方式、商品文案、客服物流服务、新品推出等方面做出相应调整举措。

运营人员应定期查看生意参谋店铺概况（见图 6-1-1）中店铺等级情况。店铺等级分为一～七个等级，级别越高，平台赋予商家的流量倾斜就越高，运营人员通过店铺等级分析店铺运营状况。

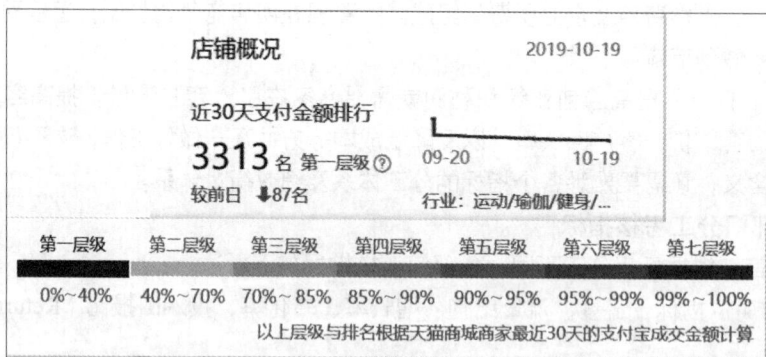

店铺概况				2019-10-19		
近30天支付金额排行						
3313 名 第一层级 ⑦			09-20		10-19	
较前日 ↓87名			行业: 运动/瑜伽/健身/...			
第一层级	第二层级	第三层级	第四层级	第五层级	第六层级	第七层级
0%～40%	40%～70%	70%～85%	85%～90%	90%～95%	95%～99%	99%～100%

以上层级与排名根据天猫商城商家最近30天的支付宝成交金额计算

图 6-1-1 淘宝生意参谋店铺概况

运营人员定期查看服务指标，包括店铺 DSR 值、综合体验星级、基础服务考核等阶段性指标的变化趋势，以及是否临近行业标准，该类指标的达标与否直接影响着客户的信任度、转化率，同时也影响着店铺降权，以及店铺是否有资格参加推广、活动等，这些指标在店铺后台商家中心首页也有展示（见图 6-1-2），同时在生意参谋首页服务视窗有着概括性体现（见图 6-1-3），在"生意参谋—服务栏目"下有着比较具体的体现。

图 6-1-2　店铺后台商家中心首页

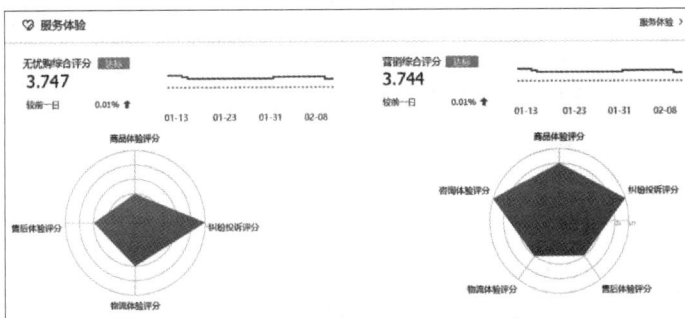

图 6-1-3　生意参谋首页服务视窗界面

3. 交易和品类分析

交易和品类指标，原则上也可以分为实时性指标和阶段性指标，由于店铺最终以盈利为目的，所以运营人员更应该关注交易和品类指标。

运营人员查看生意参谋的服务栏目下的店铺交易总览、终端构成、类目构成、价格带构成等（见图 6-1-4），便于大体掌握店铺成交规模、类目构成等总体现状。

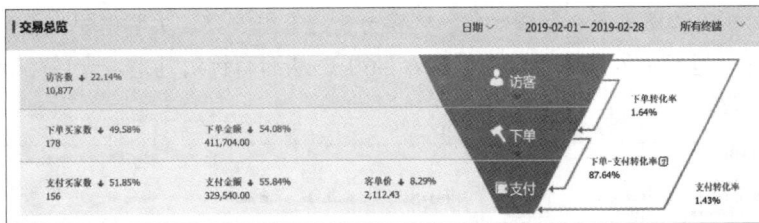

（a）

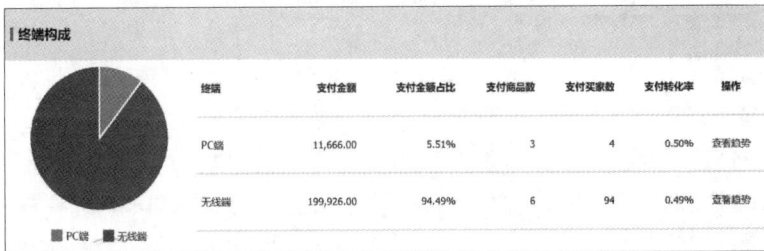

（b）

图 6-1-4　生意参谋服务栏目界面

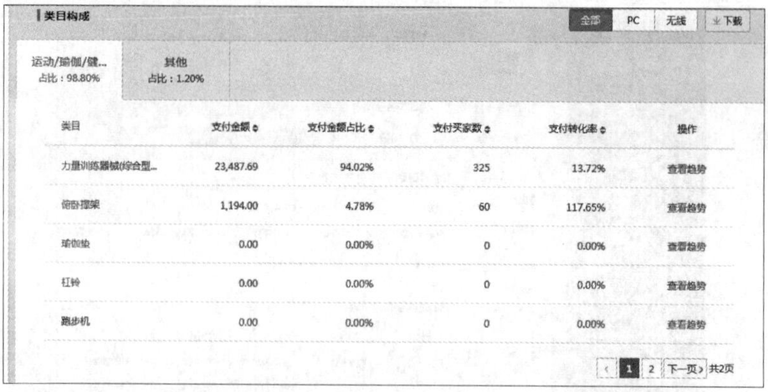

（c）

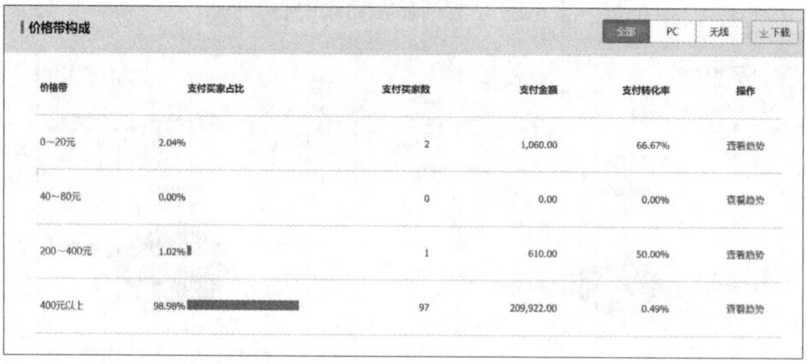

（d）

图 6-1-4　生意参谋服务栏目界面

运营人员可以查看"生意参谋—交易—宏观监测"下的近一年周期内日、周、月全店商品的流量、成交、转化情况，从全局判断店铺商品成交结构是否在计划之内，分析选品、定价、文案、推广等环节是否存在问题。

运营人员还可以在"生意参谋—品类—宏观监控"下，查看全量商品排行，宏观把握店铺所有商品的各项指标（见图 6-1-5）。同时也可以在"生意参谋—品类—商品 360"下，分别从销售分析、流量来源、标题优化、内容分析、客群洞察、关联搭配、服务分析七个方面查看某单品在运营中的具体表现（见图 6-1-6），从而有针对性地发现单品运营中存在的问题并进行调整。

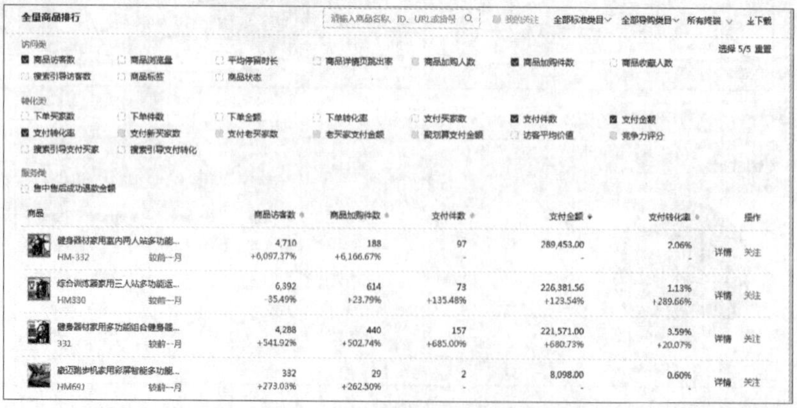

图 6-1-5　生意参谋全量商品排行界面

图 6-1-6　生意参谋单品运营核心概况界面

同时运营人员还要掌握全店商品动销率、主推商品售罄率指标及各项成本花销情况，确定是否要进行商品推新或下架、补充库存、各项费用调整等。

4. 行业、竞店分析

运营人员要及时关注生意参谋首页运营视窗各项指标是否达到行业同层平均或者优秀水平，及时关注生意参谋竞争栏目下优秀店铺和监控店铺情况，如图 6-1-7 所示；同时也可以查看生意参谋竞争栏目，分析竞争店铺和竞品的销量、流量、转化率等各项指标与自己店铺的差异。宏观举措方面，运营人员可以通过培育品牌、发展分销、渠道拓展、商品类目拓展、新品研发等角度跟进、超越竞争对手；微观举措方面，运营人员可以通过优化文案、推广、客服、物流等角度进一步提升实力，与竞争对手比拼。

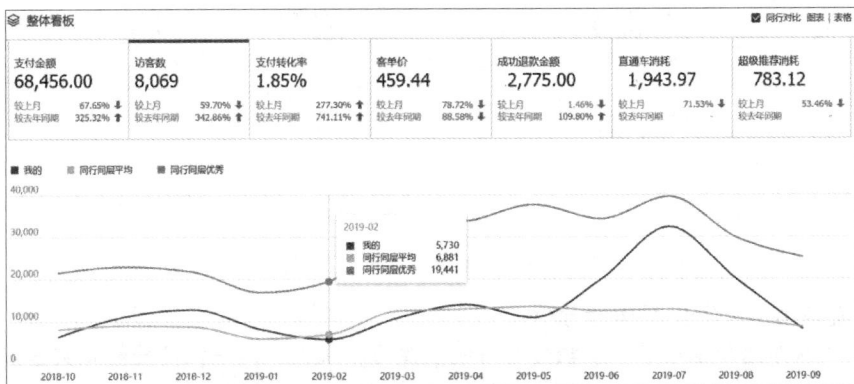

图 6-1-7　生意参谋整体看板界面

三、推广岗位指标分析

推广人员的主要职责在于不断地引进流量，因此主要对店铺流量和流量结构等指标负责，具体包括关注总流量与流量结构、流量的转化率与投入回报比、行业及竞店竞品相关流量指标，推广人员通过对这些指标变化情况及时对比分析，发现店铺流量推广中存在的不足和努力的方向。

1. 总体流量及转化率指标分析

总体流量及转化率指标是店铺效果分析的初级指标，推广人员应及时查看、记录周期内总体流量指标，打开"生意参谋—流量看板—流量总览"（见图 6-1-8），分别记录访问店铺（流量）、转化（流量），并进行阶段性店内流量对比和同行流量对比分析，这样有利于分析流量变化原因，掌握店铺在行业内所处的地位，从而为商品推广、活动等策略调整奠定全局基础，商家可以分别以日、周、月为单位查看近一年的数据情况。

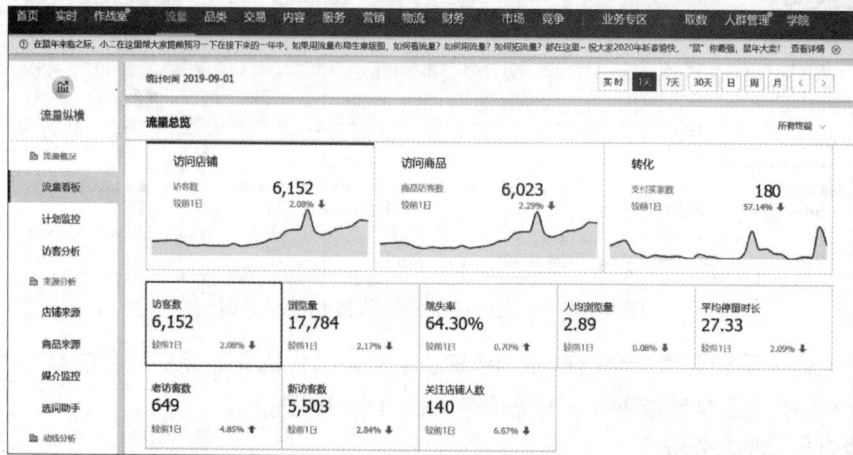

（a）

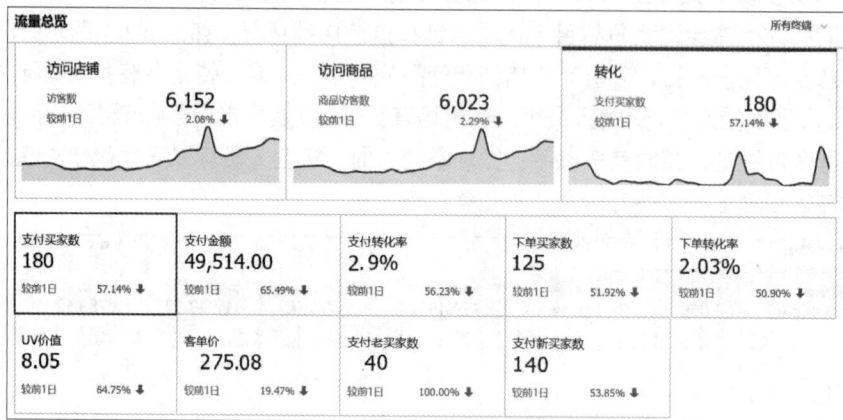

（b）

图 6-1-8　生意参谋流量总览界面

2. 流量结构及转化率指标分析

流量结构及转化率指标是店铺效果分析的深度指标，包括店铺流量结构来源及转化率指标、商品流量结构及转化率指标和单品流量结构及转化率指标，只有进行深度的流量结构分析，才能发掘店铺运营过程中的细节问题，从而进行具体的调整。

（1）店铺流量结构来源及转化率指标分析

店铺的流量结构来源及转化率指标主要是指店铺流量来源的具体渠道、对应的访客量、关注收藏加购人数、成交人数、转化率等指标。推广人员通过对这些指标进行分析，可以得到店铺对哪些流量渠道的依赖度更高，哪些流量渠道的转化率最高，哪些流量渠道拓展、转化还不足，从而进行有针对性的调整。

店铺流量通常包括免费自然流量、付费流量、自主访问流量三大流量。其中免费自然流量包括搜索引擎优化流量（Search Engine Optimization，SEO）、首页流量等，免费自然流量主要源于客户搜索访问、首页推荐、千人千面个性化展示等；付费流量包括 CPC、CPS、CPM、活动流量等。一般而言，三大流量渠道越均衡，店铺发展越稳定，然而，由于店铺发展阶段不同、经营类目不同，其流量结构也大相径庭。小规模店铺由于推广费用不足，相对比较依赖免费自然流量，规模店铺预算充足会在付费流量上投放比例比较大，高频商品类目或者服务较好的店铺自主访问流量会相对较高。

在 PC 端淘系平台中，打开"生意参谋—流量栏目"，在"流量纵横"栏目下的"店铺来源"模块可以查到近一年周期内店铺的流量结构情况，如图 6-1-9 所示，可以清晰地看到日、周、月的流量结构对比情况，同时还可以对比同行、竞争对手店铺的流量结构，从而发现店铺不足并进行针对性调整。

图 6-1-9　生意参谋店铺来源界面

不仅如此，通过该模块，商家还可以查看具体的流量结构组成及对应的访客数、下单买家数、下单转化率指标（见图 6-1-10），可以准确到具体的细分渠道，如付费流量的直通车、淘宝客、超级推荐、聚划算等，而且可以在相应的细分渠道后查看对应的周期内趋势。

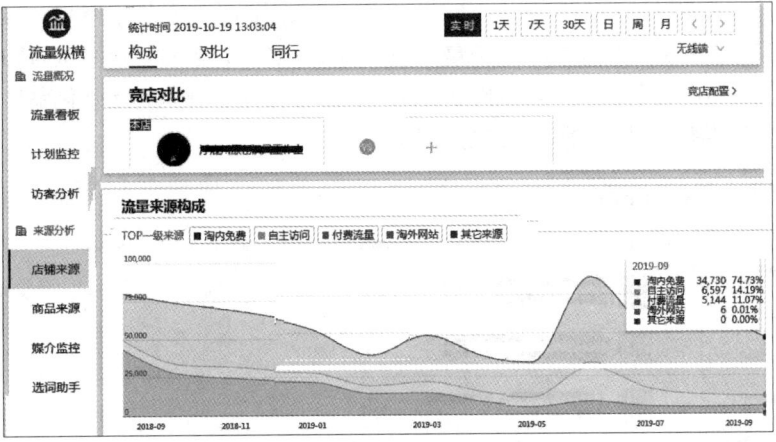

图 6-1-10　生意参谋流量来源构成界面

对比店内周期指标，以及同行、竞店指标，商家比较容易发现自己的店铺和竞店的差距所在，是总流量的差距、细分流量差距还是细分流量转化差距，从而有针对性地在推广、转化环节下功夫。

（2）商品流量结构及转化率指标分析

店铺流量结构相比较店铺总流量分析更具体了一些，为店铺进一步运营指明了方向，如果更深入一层，可以查看分析商品流量结构，推广人员通过分析具体流量结构可以掌握各个商品的访客数占比、支付买家数及支付转化率的情况，可以助力商家快速发掘店铺爆款商品，从而进行有针对性的商品运营，也便于商家发掘表现不符合预期的商品，合理地调整商品结构。商家可以打开"生意参谋—流量纵横—商品来源"，查看某店铺按照整体访客数排序的商品（见图6-1-11），从中可以判断出哪些商品流量大、哪些商品转化率高，从而可以帮助商家有效地调整商品结构和商品推广策略。

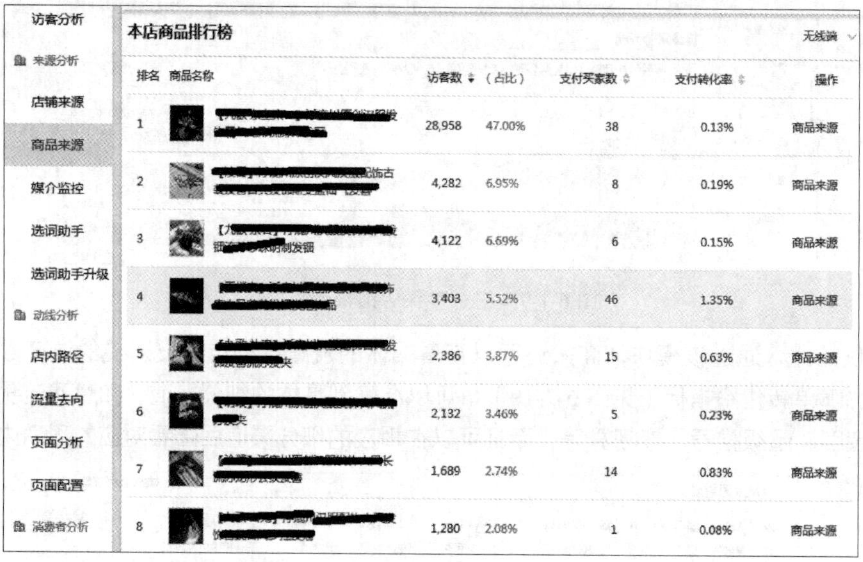

图6-1-11 生意参谋本店商品排行榜界面

（3）单品流量结构及转化率指标分析

单品流量结构及转化率指标是店铺流量效果分析的具体指标，归根结底，店铺运营是由一个个单品组成的，因此对单品流量结构及转化率情况进行分析，才能得出更具体的优化决策。商家单击图6-1-11右侧的"商品来源"按钮，就可以对单品流量结构进行深度细分渠道及细分渠道的转化率分析（见图6-1-12），便于从细分渠道上优化单品运营。

3. 付费流量指标分析

由于付费流量指标还有更为详尽的指标，因此还需对付费流量指标进行深度分析。

付费推广营销目的各有差异，如以测图、测款为目的，以打造商品基础销量为目的，以拉动自然搜索为目的，以配合活动为目的，因此其评判指标因预期目的的不同而变化。但一般而言，评判付费流量多以展现量、点击量、点击转化率、成交额、投入回报比为基本评判指标。通常而言，在展现量有一定基数的情况下，点击量、点击转化率、成交额、投入回报比越高，付费流量的价值就越高。

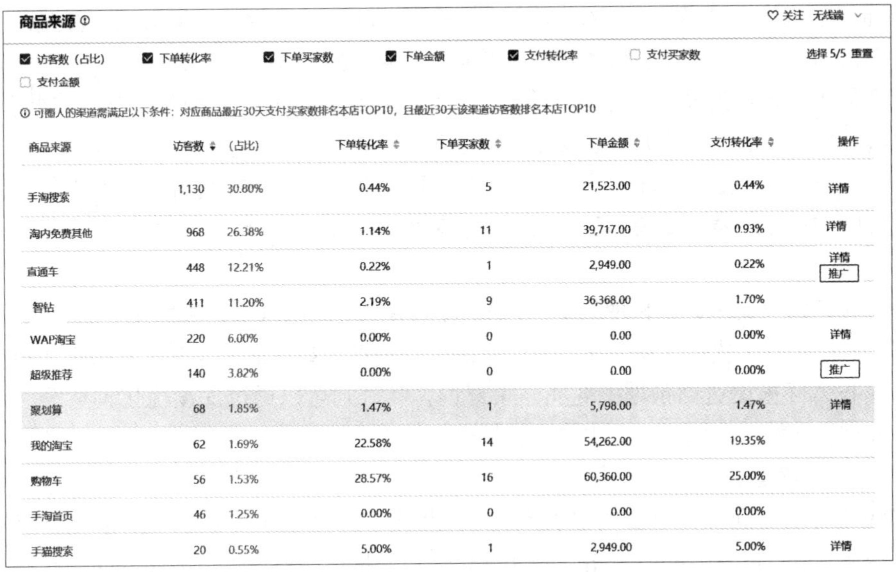

图 6-1-12　生意参谋商品来源界面

（1）直通车流量分析

商家在 PC 端的直通车管理后台进入报表模块（见图 6-1-13），查看展现量、点击量、点击率、总成交金额、投入产出比等指标，可以从直观上判断投入回报是否划算，也可以通过阶段指标的对比，来判断直通车运营水平。通过分析报表，商家可以进一步查看其推广计划、推广单元、创意、关键词等的具体情况，从而判断其对应运营情况，如图 6-1-14 所示。

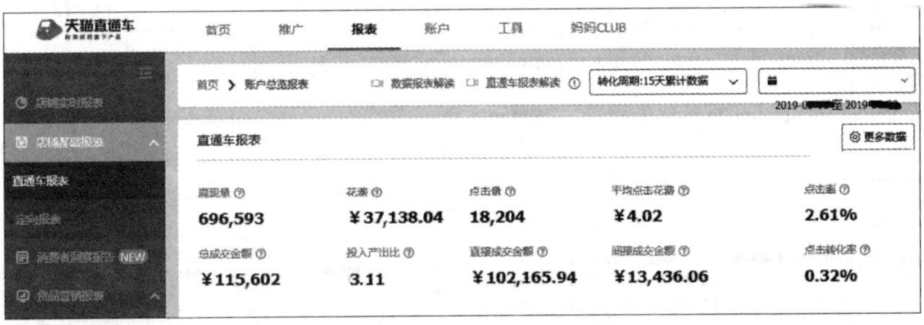

图 6-1-13　天猫直通车报表

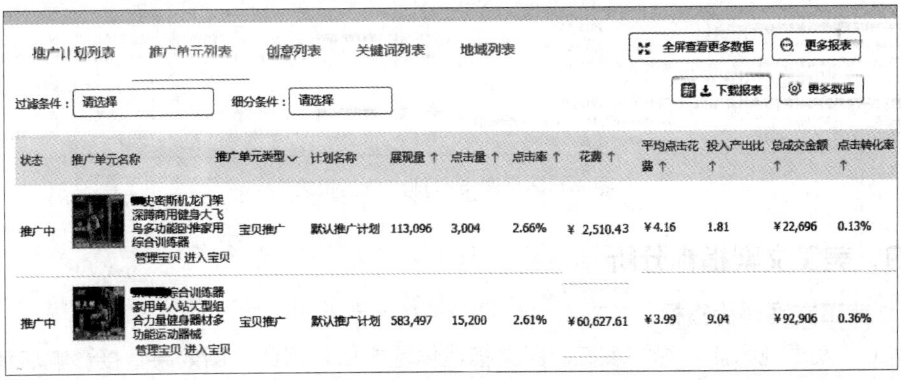

图 6-1-14　天猫直通车推广单元列表

直通车总体优化思路为分层次查看计划、单元、商品、关键词的相关指标，逐层优化展现、点击、点击率、投入回报比、成本指标，其具体优化思路如下。

对于展现量未达到预期的计划、单元、商品、关键词，商家可以通过提升关键词出价、扩展人群和地域投放，来提升展现量，进一步观察点击率指标。

对于点击量、点击率未达到预期的，商家可以通过提升关键词出价、优化创意图文、人群时段区域投放及溢价或者删除低效关键字来提升点击率指标，进一步观察其投入回报比指标。

对于投入回报比未达到预期的单元、商品、关键词，商家可以通过优化商品详情页文案、优化客服服务指标、优化人群时段区域、删除低效关键词或商品来提升投入回报比指标。

对于投入回报比达到预期的商品、关键词，商家则可以通过深度优化创意图文、详情页图文或客服指标，降低单次点击成本，提升回报率。

（２）淘宝客运营分析

在淘宝客后台同样有对应的报表系统（见图 6-1-15 和图 6-1-16），商家可以查看对应的支出佣金、确认收货金额、点击数、点击转化率等指标，商家可以用投入回报比指标来测算"淘客计划"的价值，同时根据报表所展示的点击数等指标，并通过优化创意、佣金率及选品等手段来提升推广效果。

图 6-1-15　淘宝客推广报表

图 6-1-16　淘宝客推广单品报表

四、美工文案指标分析

1. 美工文案评价指标

美工文案表现为店铺视觉观感、图文描述体验方面，因此首图效果直接影响店铺的点击率、访客量，详情页的图文效果直接影响客户的浏览量、跳出率、平均停留时长，因此推广能直接带来的是展现量的提升，但是流量的质量（访客量、跳失率、人均浏览量、平均停留时长、点击率、加购量、收藏量、转化率）最终还是依赖于图文来体现的，因此它们也是评价美工文案的指标，这些指标在全店流量中有一定体现。由于付费流量有更为直接的报表体系，因此美工文案的点击率及点击转化等指标通过付费流量体现得更为直观。

2. 美工文案评价指标查看方法

在生意参谋的指标体系中，无论是运营主管查看的店铺总体指标，还是推广人员查看的流量、流量结构指标，基本都和美工文案对应的跳失率、人均浏览量、平均停留时长等指标相伴而生，所以在上述的指标体系中基本也都能查看到对应的美工指标，如图 6-1-17 所示。

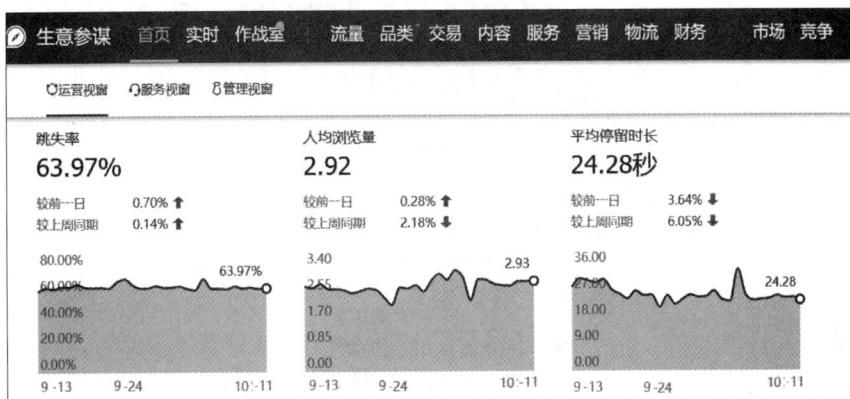

图 6-1-17　生意参谋运营视窗流量看板

3. 美工文案评价指标分析

商家通过对美工文案评价指标的变化情况进行分析，记录观察竞品店铺视觉文案变化，从中发现目前美工文案的不足，通过不断优化首图文案来提升点击率、访客量指标，通过调整详情页及其他页面文案来提升客户浏览量、平均停留时长、转化率等指标。这些优化工作不仅包括对视觉风格、结构等外在布局的调整，还包括对商品功能、特征、卖点等具体内容的提炼与表达。

同时，美工文案人员在进行优化的时候还可以结合生意参谋流量洞察分析，结合店内路径、流量去向、页面分析和页面配置信息做好页面关联、商品搭配工作。

五、客服效果指标分析

1. 客服效果指标分类

根据客服工作岗位的不同，将客服效果指标概括为两大方面。

（1）售前效果分析指标

售前效果分析指标主要包括询单成交客单价、询单人均成交件数、询单转化率、支付率、旺旺在线时长、旺旺响应速度等。

（2）售后效果分析指标

售后效果分析指标主要包括服务态度 DSR 评分、退款笔数、退款率、退款纠纷率、退款自主完结率、退款完结时长、投诉笔数、投诉率等。

2. 查看和分析客服效果指标

商家可以通过子账号后台客服分流部分实时数据和历史数据部分查看部分指标，同时也可以在生意参谋服务洞察部分查看售前的相应指标，除此之外，也可以借助第三方客服工具——"赤兔名品"进行相应指标的查看分析，通过对比分析发现不足并进行优化。

当然除了上述指标外，还有活动指标、物流指标、利润指标等，不再一一展开论述。

任务二　网店运营效果分析工具的应用

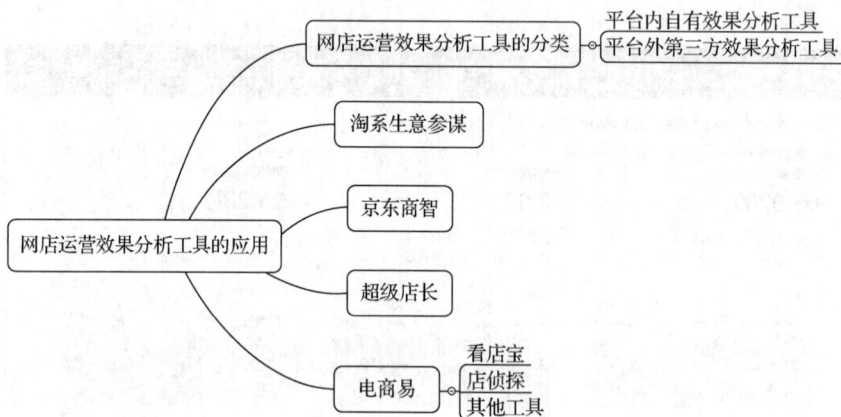

一、网店运营效果分析工具的分类
- 网店运营效果分析工具的分类——平台内自有效果分析工具、平台外第三方效果分析工具
- 网店运营效果分析工具的应用——淘系生意参谋、京东商智、超级店长、电商易（看店宝、店侦探、其他工具）

一、网店运营效果分析工具的分类

目前在第三方平台网店体系下，效果分析工具主要分为两种。

1. 平台内自有效果分析工具

目前第三方平台内自有效果分析工具以淘系生意参谋、京东商智系统、拼多多的多多参谋为代表，其特点是内容比较系统全面、数据即时、权威性强。例如，生意参谋不仅包括商家自己的各个运营模块指标分析，而且还包括市场行业、竞店系统数据分析。

2. 平台外第三方效果分析工具

目前由于第三方网络零售平台系统比较成熟，平台外第三方效果分析也越来越多，功能越来越系统化，其中比较有代表性的是电商易、超级店长、店查查、生 e 经、老司机、淘大师、赤兔等，尽管这类工具不如平台方自带的系统分析工具详细，但在个别方面功能也比较突出，如商品搜索优化排名查询、商家销量查询、竞品销量、竞品活动、客服效果分析等。目前该类工具在淘系服务市场和京东市场都有体现，商家可以前往查询。

二、淘系生意参谋

生意参谋是阿里巴巴重磅打造的商家数据平台，已为超过 600 万淘宝、天猫商家提供一站式、个性化、可定制的商务决策体验，集成了海量数据及店铺经营思路，让商家可以尽情地享受数据赋予的价值。

目前，随着淘系服务内容的不断泛化，生意参谋也在不断升级，功能愈加强大，从单店版到多店版，从标准服务包拓展到市场洞察、流量纵横、品类罗盘、服务洞察、物流洞察，功能覆盖了网店运营的各个模块。但诸多深度功能的应用都是付费版本，价格从一年几百元到上万元不等。淘宝服务平台生意参谋的不同版本如图 6-2-1 所示。

图 6-2-1　淘宝服务平台生意参谋的不同版本

三、京东商智

京东商智是京东提供给商家的店铺效果分析体系（见图 6-2-2），其功能模块与生意参谋接近，但主要是面对京东体系店铺的，分为基础版、标准版、高级版、热力图、搜索分析、购物车营销、客户营销、竞争分析等多个模块，开通相应功能也需要缴纳一定的费用（见图6-2-3）。

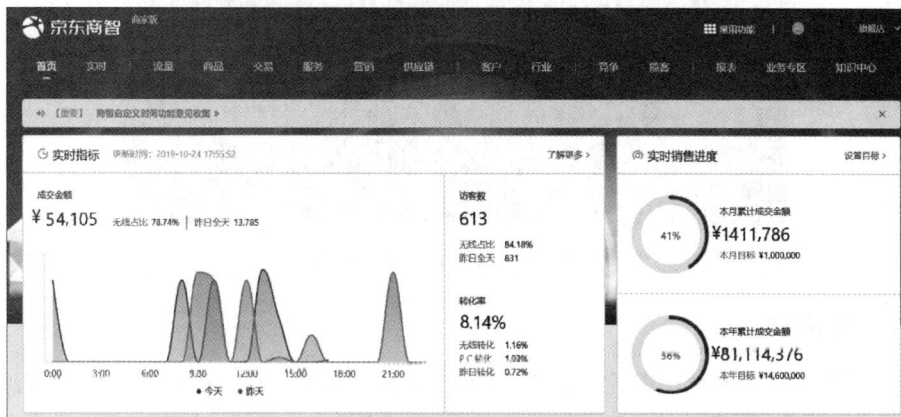

图 6-2-2　京东商智界面

图 6-2-3　京东商智不同版本报价

四、超级店长

超级店长是一款面向淘系、京东、微店等多个平台的第三方工具系统（见图 6-2-4），它具备店铺效果分析的店铺数据概况、关键词分析、流量分析、商品分析、竞品动态等全方位的分析功能，另外还提供了无线引流、活动营销、安全预警、提效工具等一系列的功能和服务。

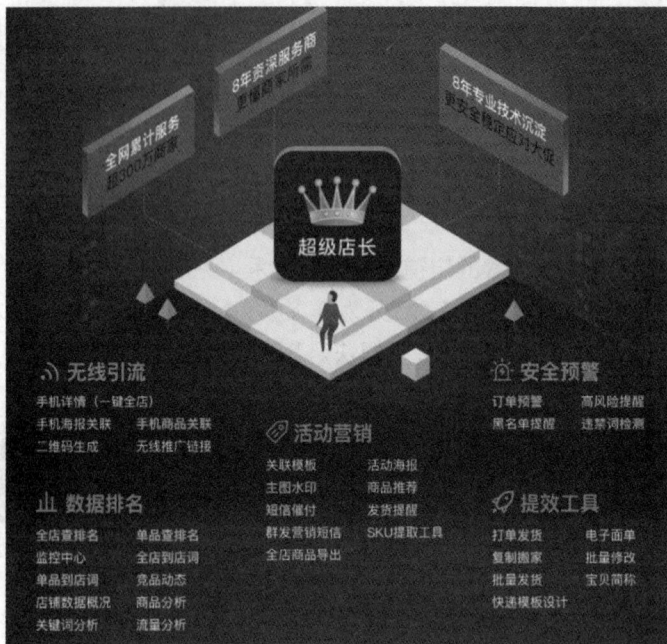

图 6-2-4 超级店长功能介绍

五、电商易

电商易是一家电商系统工具提供商，其旗下主要有看店宝、小旺神、多多查、店侦探、旺参谋、店数据等一系列相关电商应用分析工具，其中多数高级功能也需要商家付费才能开通。

1. 看店宝

看店宝是一款主要面向网络零售平台的数据分析工具，其淘系数据分析功能尤为强大，主要功能包括以下方面。

（1）搜索分析功能

搜索分析功能可以展示相关关键词在淘宝、直通车移动端和网页端排名前四十页的商品概况，让商家迅速掌握关键词对应商品在 SEO 和直通车方面的竞争情况及商品销量、价格等指标，如图 6-2-5 所示。

（2）标题分析功能

标题分析功能可以帮助商家迅速掌握下拉框选词、组合词、标题等关键词及标题打分情况，为商家关键词挖掘和标题优化提供了快捷的工具。

（3）宝贝分析功能

宝贝分析功能可以帮助帮助商家迅速分析淘系某单品的销量、上下架、评价、同款宝贝、SKU 分析等多个维度的指标，帮助商家迅速掌握竞品情况。

（4）店铺分析功能

店铺分析功能可以帮助商家进行店铺经营分析、全店宝贝分析、上新查询、计算降权、指数还原等功能，使其迅速掌握竞店全方位信息。

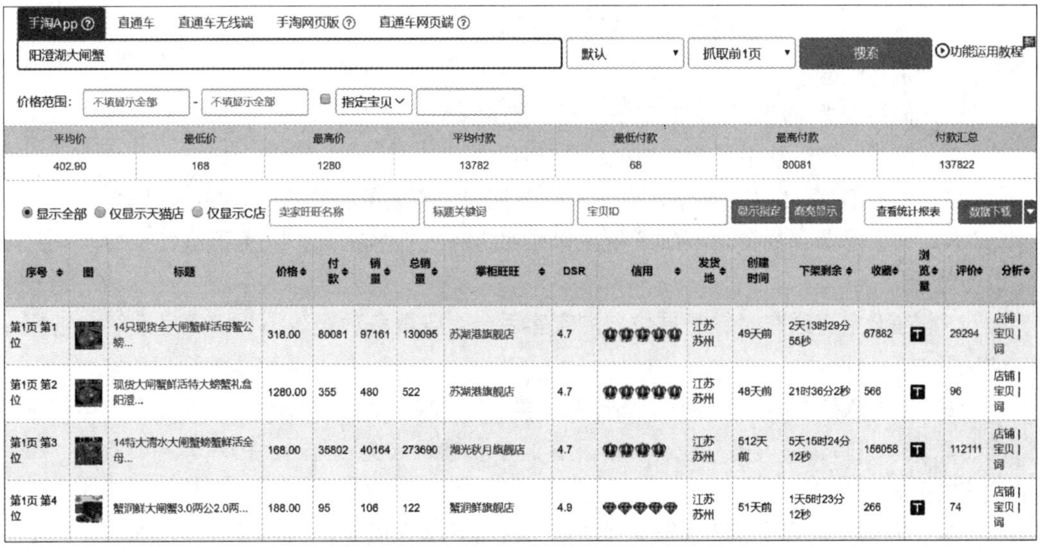

图 6-2-5　看店宝搜索分析功能展示

2．店侦探

店侦探可以做到严格监控目标店铺近 30 天的销量情况、DSR 值走势、店铺流量结构、营销活动情况、具体商品详情等多个维度的信息，是商家用来进行竞品店铺监控的有力工具，如图 6-2-6 所示。

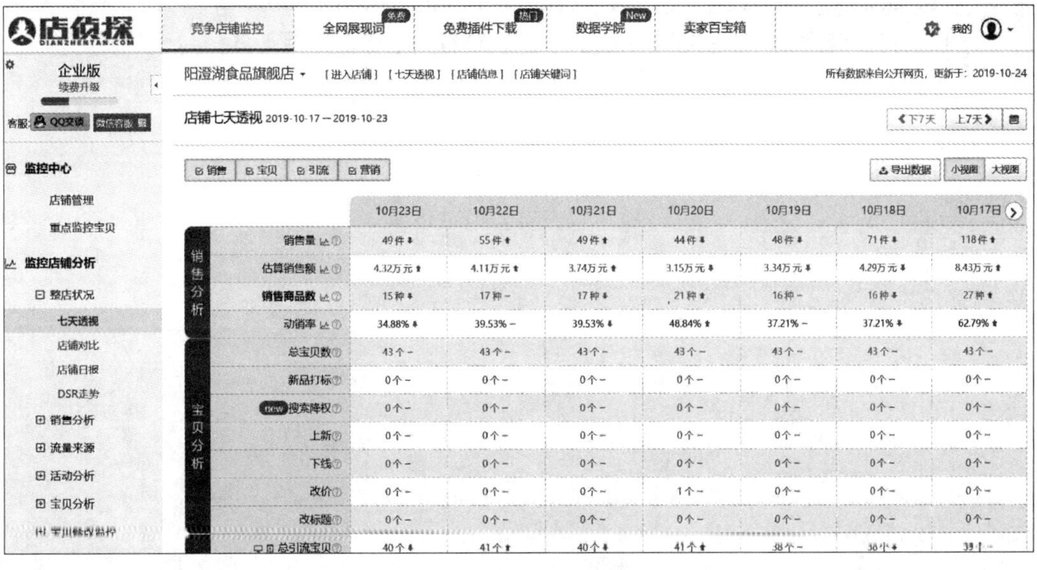

图 6-2-6　店侦探功能展示

3．其他工具

电商易还有小旺神、旺参谋、店数据等一系列的插件工具，商家通过这些工具可以还原生意参谋的指数指标等功能，可以查看淘系服务市场或者京东服务市场，还可以查看各大电商平台目标店铺动态。

课后作业

1．仔细分析网店运营公式中各个指标的含义。

2．简述网店运营中各个岗位的评价指标。

3．在淘宝生意参谋后台，仔细查看运营岗位要查看的各项指标，并进行联想分析。

4．在生意参谋后台，仔细查看流量栏目下各项流量指标，深度理解各指标含义并进行分析。

5．在淘宝直通车、钻石展位、淘宝客后台，查看各项报表指标，深度理解各指标含义并进行分析。

6．在生意参谋后台，仔细查看相应品类下，店铺和商品的访客量、浏览量、停留时间、点击率、转化率等各项指标，以及直通车和钻石展位后台的点击率等各项指标，深度理解并进行分析。

7．在生意参谋后台子账号管理体系下查看客服人员评价的各项指标，并进行深度分析。

8．在淘宝服务平台查看超级店长的各项功能，并申请试用。

9．在京东服务平台查看京东商智的各项功能。

10．尝试使用电商易下面看店宝、店侦探及相应插件的功能应用，并对目标店铺进行分析。

11．尝试使用生 e 经、老司机、店查查等工具的各项功能应用。

12．打开淘宝服务平台和京东服务平台，查看其他店铺应用工具。

项目导入

2011年，赵作霖大学毕业后就职于国内某企业从事营销策划工作。不久后，怀揣着造福家乡情结的他，不顾家人反对，毅然决然地辞去了体面的工作，回到家乡焦作创业。

2013年，适逢移动社交电商刚刚起步，赵作霖从微博开始宣传家乡土特产"铁棍山药"，举办"网络山药节"，打造"山药哥"网络品牌，初步打开网络销售局面。

2014年后山药哥赵作霖再次借助微信、微店等社交工具，将网络创业推向新的高潮，不仅把山药卖得红红火火，开创了"互联网＋山药种植"的众筹模式，而且实现商品上的多次创新，先后推出"九蒸九晒黑芝麻丸""九蒸九晒怀地黄""玉灵膏"等商品。

2019年，山药哥赵作霖深度涉入直播、短视频电商，推行移动社交电商分销模式，将商品拓展向新的领域、新的高度……

依托于移动社交电商，山药哥赵作霖不仅成为当地知名的创业典范，而且取得了"全国优秀农民工"的荣誉称号。如今，"山药哥"已经成为社交领域的"网红"品牌，事业蒸蒸日上。

项目分析

◆ 了解移动社交电商的含义、背景、特征与优势
◆ 熟悉移动社交电商的发展历程及现状、主要形式
◆ 掌握微店初始化、装修、商品发布应用流程与要点
◆ 掌握微店常规活动与促销手段的具体内容
◆ 了解微店供销管理的含义和应用流程
◆ 熟悉抖音电商的几种主要形式
◆ 掌握抖音电商运营的要点

任务一 移动社交电商认知

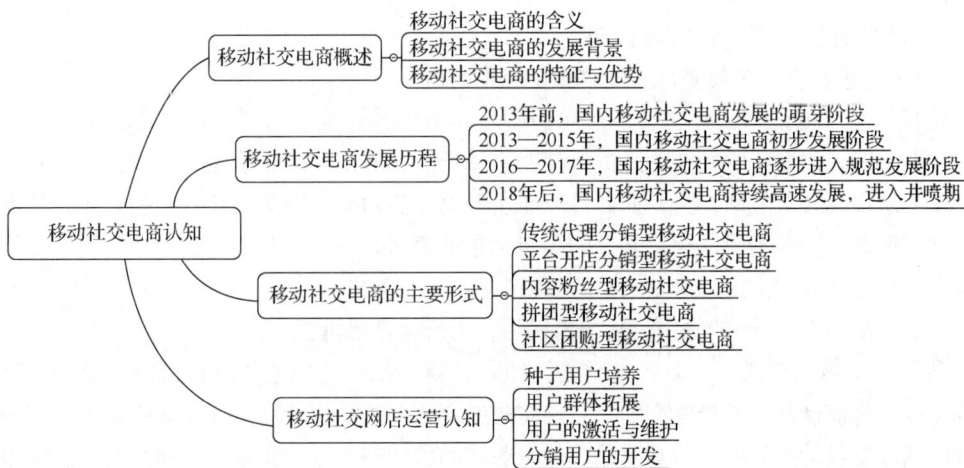

移动社交电商认知
- 移动社交电商概述
  - 移动社交电商的含义
  - 移动社交电商的发展背景
  - 移动社交电商的特征与优势
- 移动社交电商发展历程
  - 2013年前，国内移动社交电商发展的萌芽阶段
  - 2013—2015年，国内移动社交电商初步发展阶段
  - 2016—2017年，国内移动社交电商逐步进入规范发展阶段
  - 2018年后，国内移动社交电商持续高速发展，进入井喷期
- 移动社交电商的主要形式
  - 传统代理分销型移动社交电商
  - 平台开店分销型移动社交电商
  - 内容粉丝型移动社交电商
  - 拼团型移动社交电商
  - 社区团购型移动社交电商
- 移动社交网店运营认知
  - 种子用户培养
  - 用户群体拓展
  - 用户的激活与维护
  - 分销用户的开发

一、移动社交电商概述

1. 移动社交电商的含义

移动社交电商是电商的一种衍生模式，是基于人际关系网络，借助移动社交媒介（微博、微信等）途径，通过社交互动、用户生产内容等手段来辅助商品成交的新型电商模式。它将内容分享、关注、互动等社交化元素应用于交易过程，是电商和移动社交媒体的融合，是一种以信任为核心的移动社交电商交易模式。

2. 移动社交电商的发展背景

当下，国内移动社交电商发展迅猛，其发展背景如下。

（1）高速发展的移动互联网为移动社交电商提供了坚实的用户基础

移动互联网用户高速成长，有赖于国内移动互联网基础设施的建设，4G 网络建设的全面铺开，智能手机的广泛化应用。高效便利的移动互联网不仅让身处快节奏生活的用户可以充分地利用碎片化时间，同时也将用户群体拓展至四线、五线、六线城市乃至农村地区，庞大的人群基数无疑为移动社交电商的发展奠定了坚实的用户基础。

（2）形式各样的移动端应用为移动社交电商提供了扎实的应用环境

伴随着移动互联网的发展，即时通信、移动新闻、移动视频、移动支付等移动端应用层出不穷，这些应用不仅形式多样，而且相互独立、社交性强，高黏性、多样化的流量入口大大削弱了传统互联网中心化的流量模式。尤其是移动支付和移动社交应用的普及为移动社交电商奠定了成熟的应用环境，一方面，以支付宝、微信支付为代表的移动支付的普及为电商成交提供了成熟的支付环境；另一方面，以微博、微信、小红书、抖音等为代表的社交工具为电商成交提供了低成本的交流、沟通和传播的空间。

（3）新生代网络人群消费理念的变化为移动社交电商的崛起提供了契机

一是消费者的行为碎片化、需求多元化和决策模式复杂化；二是消费者对物质的满足感趋于平淡，对精神需求及服务的要求有所提高；三是媒介的普泛化、非稀缺化和媒介平台中心化，优质内容成为更具势能的传播载体；四是在商品消费增长红利消失之后，传统营销模式的静态架构难以适应新环境，营销效率下滑，营销成本变高。

与传统互联网时代的有目标的购物模式不同，新兴的移动端社交网络群体相对较为年轻，以"80 后""90 后""00 后"为主，其社交网络依赖度较高而且消费意识强；消费者不再单纯追求性价比，对购物过程中商品品质、个性化、参与感、体验感的追求表现地更为突出，而且乐于购物分享。

3. 移动社交电商的特征与优势

（1）基于社交信任裂变，实现高效低成本引流

依托社交流量，移动社交电商从用户拉新到留存的全生命周期进行更高效地低成本运营。拉新阶段，依靠用户社交关系进行裂变，降低获客成本；转化阶段，一方面可以基于熟人信任关系提高转化效率，另一方面可以通过社群标签对用户做天然化的结构划分，从而实现精细化运营；留存阶段，用户既是购买者也是推荐者，在二次营销的过程中实现更多的用户留存，如图 7-1-1 所示。

（2）基于用户个体的去中心化传播网络，为长尾商品提供广阔空间

移动社交电商模式下，以社交网络为纽带，商品基于用户个体进行传播，每个社交节点均可以成为流量入口并产生交易，呈现"去中心化"的结构特点。在他人推荐下，用户对商品的信任程度的提升会减少其对品牌的依赖，品质够好、性价比够高的商品更容易通过口

碑进行传播，"品牌""爆款"不再是用户购买商品的关键性决定因素，而非品牌、非爆款的长尾商品有了更广阔的发展空间，如图 7-1-2 所示。

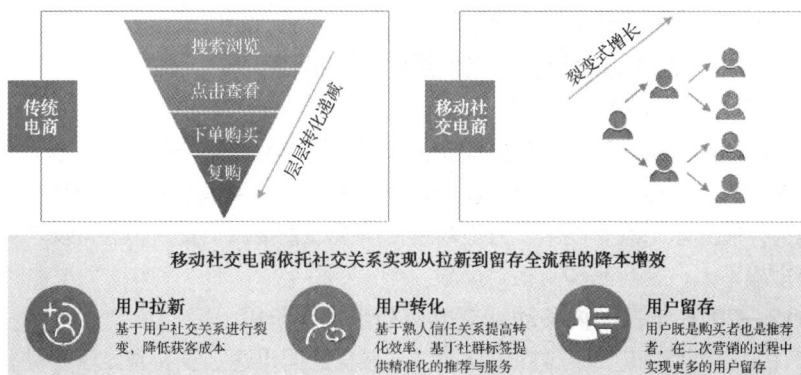

图 7-1-1 传统电商与移动社交电商的流量模型对比

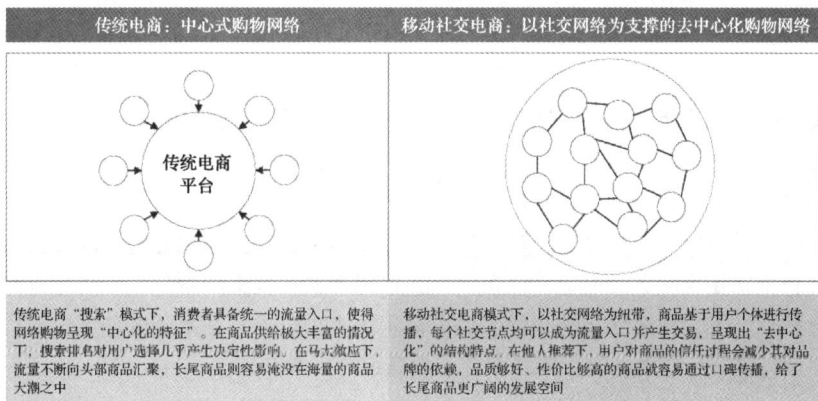

图 7-1-2 传统电商与移动社交电商的购物传播网络对比

（3）从搜索式购物到发现式购物，快速促成用户购买，提升转化效率

在用户购物的整个流程中，移动社交电商的作用主要体现在三个节点：产生需求阶段，通过社交分享激发用户非计划性购物需求；购买决策阶段，通过信任机制快速促成用户购买，提高转化效率；分享和复购阶段，激发用户主动分享意愿，降低获客成本，如图 7-1-3 所示。

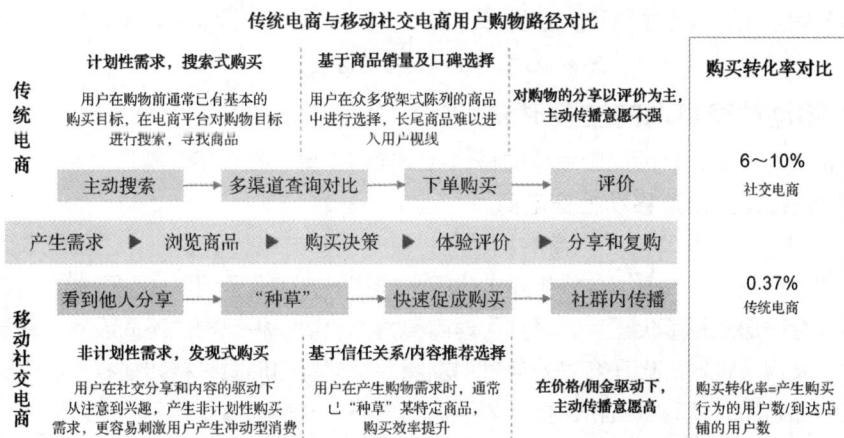

图 7-1-3 传统电商与移动社交电商的用户购物路径对比

二、移动社交电商发展历程

社交电商从产生、发展，经历了多次升级与变迁，尤其是伴随着移动互联网的发展，移动社交电商发展到达前所未有的高度。

1. 2013 年前，国内移动社交电商发展的萌芽阶段

2010 年前后，微博高速发展，继而是微信朋友圈、微信支付、微信公众号的推广，为移动社交电商的崛起提供了基础的传播和支付环境，国内网民第一次真正体验到内容分享、高速裂变传播的力量，由此开始，第一波先知先觉者开始利用移动网络为电商交易服务，以微博、微信为传播分享工具，以第三方电商平台购买或直接微信支付为移动支付方式，这时的电商平台规模不大，且商品种类相对局限。

2. 2013—2015 年，国内移动社交电商初步发展阶段

2013 年后，"网红"电商、微商依靠微博、微信空间迅速成长，奠定了移动社交电商发展的初步形态；与此同时，各类 H5 应用、有赞商城、微店、微博橱窗、微信小店相继诞生，不断丰富移动社交电商的微店形态，移动社交电商商品形态进一步丰富化，交易规模直线上升，但与之相关的"刷屏"问题、商品弄虚作假问题、分销商商品积压问题及相关的法律问题不断涌现。

3. 2016—2017 年，国内移动社交电商逐步进入规范发展阶段

从 2015 年年底开始到 2017 年年初，国家工商行政管理总局及平台方开始引导移动社交电商发展，出台了《关于加强网络市场监管的意见》等一系列的文件，规范了移动社交电商的发展态势且明确了微商模式，移动社交电商逐步进入规范发展期。与此同时，以淘宝为代表的传统电商平台也推出淘宝头条、社区、爱逛街、直播等形式，推进内容化、社交化电商发展；代表新生力量的小红书、拼多多、云集微店等自诞生以来就自带社交基因的新型电商模式呈现在大众视野面前，移动社交电商形态不断丰富，交易规模再度提升。

4. 2018 年后，国内移动社交电商持续高速发展，进入井喷期

2018 年有赞、拼多多相继上市，2019 年云集上市，一系列以移动社交电商为核心业务的公司上市，意味着移动社交电商在国内零售领域的地位基本奠定；同时，在原有模式的基础上，淘宝直播、快手、抖音等高举电商直播大旗，再度将移动社交电商推向舞台中央；微信小程序功能在历经多年升级后，茁壮成长，更加丰富了微信体系的店铺载体，大小移动社交电商平台纷纷开发微信端小程序商城，拼抢来自微信端的流量红利；同时以小区为单位的社区团购开始拓展，以考拉精选、你我您、食享会、十荟团、邻邻壹为代表的社区团购初崭头角，国内移动社交电商持续高速发展，进入井喷期。

三、移动社交电商的主要形式

从当前形势来看，目前比较活跃的移动社交电商主要包括以下几种形式。

1. 传统代理分销型移动社交电商

传统代理分销型移动社交电商的发起者主要是品牌方或传统企业，主要采取团队组织化运营模式，一般由品牌方、传统企业自建团队或第三方代运营组织团队运营，组织者以大规模招商大会的形式招募代理商，根据代理商实力、预期销售规模的不同设置不同层级商品分销成本价及回报机制。代理商对外通过朋友圈、微信群的形式进行传播推广，促进商品销售，获取商品价差、返利或股份回报，如早期的思埠、韩束都属于这种模式。

2. 平台开店分销型移动社交电商

平台开店分销型移动社交电商以云集、贝店、归农、甩货宝宝为代表，发起方搭建平台、

组织货源，并进行宣传推广，用户在达到发起方基础要求后在平台上选择分销商品、开设分销店铺，通过商品分享、发展会员，促进商品销售，获取服务奖励和交易佣金。

3. 内容粉丝型移动社交电商

内容粉丝型移动社交电商是由商家或主播、"大V"通过内容分享，吸引粉丝或大众进行传播、购买的社交电商模式，该类社交电商以商品功能介绍、商品使用心得或其他引导性软文为主要内容，借助微博、微信、小红书、抖音、快手等社交工具，通过图文分享或视频直播的形式进行分享、传播，促进用户购买。

4. 拼团型移动社交电商

拼团型移动社交电商最具代表性的案例就是拼多多，平台商家组织货源，以低价商品拼购为诱饵，基于自媒体渠道，由发起人和参与者进行传播，参与者在此过程中不仅可以购买到低价的商品，而且可以享受参与传播的乐趣，也正因如此，拼多多才能在激烈的市场竞争环境中扶摇直上，一举成为网络零售的新秀。随后，淘宝、京东、苏宁易购纷纷开启拼购模式，与此同时，以有赞、微店等为代表的第三方服务提供商也为自主商家提供拼团工具，助力商家依靠微信、微信群、朋友圈、公众号等自发进行拼团推广。

5. 社区团购型移动社交电商

社区团购型移动社交电商是由平台方组织货源，在各个城市不同的小区招募团长，通过小区QQ群、微信群进行传播，以小程序商城或独立商城为载体，结合线上、线下服务小区群众的电商模式。

四、移动社交网店运营认知

移动社交网店运营也包括调研、规划、文案、推广、促销、客服、发货、效果分析等流程，但由于其社交属性的存在，因此在移动社交运营的过程中就更突出用户的运营管理，其更多地表现在以下几个方面。

1. 种子用户培养

种子用户是指商家通过社交渠道培养的第一批用户，同时这意味着该类用户还具有为网店"繁衍"新用户的价值。正是如此，商家种子用户的培养多源于这几种形式：传统网店忠诚用户、周围亲戚朋友及比较亲密的人、原有资源忠诚用户。

2. 用户群体拓展

社交网店商家想要提升网店效益，就需要不断地拓展用户群体。通常拓展用户群体的主要形式有以下几种。

（1）商家通过种子用户分享裂变吸引新的用户，一方面依靠店铺高性价比商品或高品质体验感引发用户自动分享，另一方面依赖促销优惠推动种子用户有条件的分享。

（2）商家通过社交渠道推广引入新用户，借助微博、微信公众号、微信群、抖音、快手等渠道发布专业内容，或者通过这些社交渠道付费推广（微博粉丝通广告、腾讯广点通广告、Dou+及与"大V"进行付费内容合作或资源共享），引入新用户。

（3）商家通过传统渠道有针对性地开展活动，吸引新用户，在有针对性的场所开展线下商品体验活动或送赠品，从而增加用户。

3. 用户的激活与维护

目前，多数社交网店用户的导入和维护是通过微信、微信群、微信公众号来实现的。

通过微信，商家实现对用户的点对点维护；通过多个微信群，商家实现对不同类型的用户群体的维护；通过微信公众号，商家定时发布宣传内容，实现信息分发。当然也有一些商家通过微博及其他手段实现用户维护的。

通常为了激活用户，多数商家会通过微信群互动、朋友圈互动、公众号定期信息推送，向用户推送有价值的信息（用户评价晒图、应用视频、应用指南、免费资源信息分享、红包、优惠券等），来激活、唤醒用户，促进用户产生购买行为。

4. 分销用户的开发

社交网店运营的终极模式是借助分销用户高效率地开发市场，根据分销用户的业绩完成情况进行利益分配，以利益驱动分销用户最大规模地进行传播，实现裂变式成长。在分销用户开发方面，一方面可以从原有的忠诚且具有传播能力的用户中选拔，另一方面也可以寻求专业的微商团队合作。

任务二 移动社交网店运营应用——微店运营

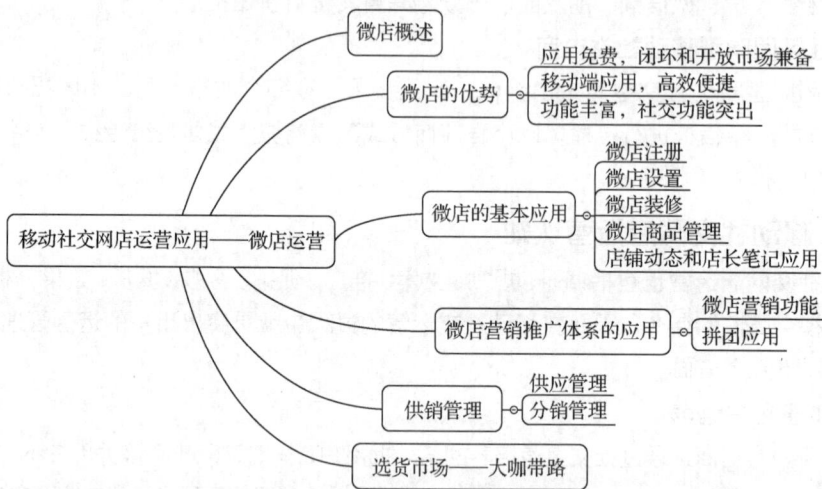

目前，有关移动社交网店运营的形式很多，初学者开设移动端网店可以选择的工具有很多，如基于微博端的微博橱窗、基于微信服务号的微信小店、有赞的微商城、喵喵微店、微盟微店等，下面以微店为例进行介绍。

一、微店概述

微店是由北京口袋时尚科技有限公司开发的一款面向移动端商家的"开店工具"。微店为商家提供了系统、便捷、丰富的网店运营功能，因此被商家广泛采用。2014年1月1日，微店正式发布，截至2019年5月，微店已经为8000多万商家所使用，其应用免费、使用便捷、功能丰富，是目前市场上比较受商家欢迎的一款移动端开店工具。目前，微店已上线商家版和买家版两款App，由开店工具向移动端电商平台转型，目前微店买家版App也在消费者中得到推广，为商家引入源源不断的流量。

二、微店的优势

1. 应用免费，闭环和开放市场兼备

目前市场上开设移动端网店的工具有很多，但大多数是以付费使用为基础的，微店自

成立以来一直对商家免费开放。另外，微店本身就是一个闭环交易平台，分为卖家版、买家版，既适合内部循环交易，也方便外部推广、内部成交。

2. 移动端应用，高效便捷

微店最大的便捷性在于其操作完全可以脱离 PC 端，在移动端独立完成，商家可以随时随地进行应用管理。无论是商品发布还是营销推广功能应用，都比较便捷，便于商家快速上手。

3. 功能丰富，社交功能突出

微店作为新型的移动端网店工具，具备时下网店所应有的系统功能，从账号管理、商家信用体系到店铺管理、商品管理、推广管理、活动管理、聊天沟通、客户管理、订单管理、数据分析、服务市场，其功能一应俱全，尤其在社交功能方面表现更为突出。

（1）平台内部较好的社交体系

微店内部有较好的内容发布分享体系，包括店铺动态（图文、视频）、笔记等；有丰富的推广引流体系（直播、商品接龙、口碑、头条推广等）、裂变拉新促销体系（拼团、砍价、抽奖、阶梯拼团、裂变券）；有完整的供销（分销）管理体系，为商家社交运营提供了良好的内部环境。

（2）平台外部较好的社交兼容体系

微店为商家设定了内容分发接口，内容形式上包括小程序海报、活动页面、二维码海报等，在外部渠道方面兼容微信、QQ、新浪微博等多个主流社交平台，为商家社交运营提供了良好的外部环境。

三、微店的基本应用

1. 微店注册

微店注册流程比较简单，商家通过手机验证即可完成注册，然后进行实名认证，即可进行信息发布，如图 7-2-1 ～图 7-2-4 所示。

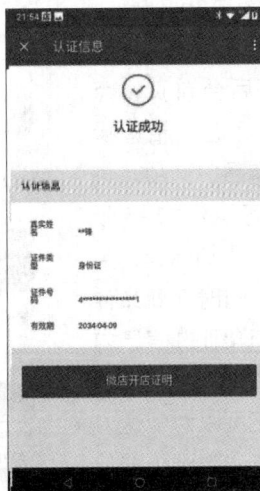

图 7-2-1　注册界面　　图 7-2-2　手机号注册界面

2. 微店设置

微店设置主要包括账号管理、店铺设置、交易设置等功能。

（1）账号管理

商家通过账号管理功能可以查看商家认证信息、设备登录信息，同时又可以对子账号进行分工设置、商家微信号绑定等操作。这些功能既保障了账号的安全性，又方便商家利用微信账号快捷登录、对员工分工进行管理。

图 7-2-5 所示为账号管理界面，包括子账号管理、微信号绑定、更换绑定手机号、修改密码等常见功能。

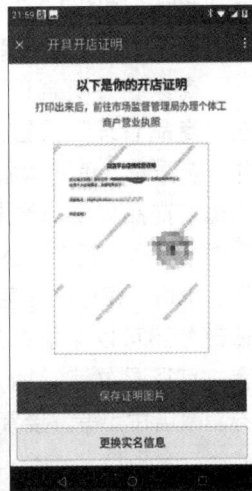

图 7-2-3　认证信息界面　　图 7-2-4　开店证明界面

（2）店铺设置

店铺设置包括对店铺资料和店长资料的设置。

店铺资料主要是对店铺 Logo、店铺名称、店铺公告、主营类目、店铺地址等基本信息的管理（见图 7-2-6）以及店铺特殊行业认证、微店品牌认证、退货保障等认证信息的管理，商家通过这两方面信息的设置，便于客户了解店铺的基本资料和保障情况。

店长资料主要是对店长头像、昵称、微信号、微信二维码等基本信息的管理和实名认证、证件认证、微博认证、公众号认证、抖音达人认证、快手达人认证等认证信息的管理。店长资料同样展示在店铺关键位置，详细完整的资料有利于增加客户对商家的信任度，方便客户通过多种途径与商家沟通。

（3）交易设置

交易设置主要是对商家运费模板、配送区域、减库存方式、订单关闭时间等方面的设置。

3. 微店装修

在店铺管理里面有店铺装修、装修市场、素材中心、主图美化等功能，操作便捷，商家按照流程提示操作即可，只要规划到位，在手机端就可以高效地完成装修，如图 7-2-7 和图 7-2-8 所示。

4. 微店商品管理

商家在手机端进入后台首页，点击"商品管理"按钮即可进行相应操作，选择左下角"添加商品"选项，进入添加商品界面，首先可以添加 15 张首图或者添加视频，然后添加标题、类目、价格、库存等信息，同时在商品详情部分还可以添加更为详细的信息内容，可以是文字、图片、商品、优惠券、微店拼团等，接着还可以对配送方式、订金预售、分类、商品隐藏（即只对部分买家开放）等信息进行设置，如图 7-2-9 ~ 图 7-2-12 所示。

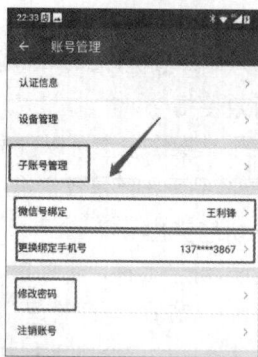

图 7-2-5　账号管理界面

图 7-2-6　店铺资料界面

图 7-2-7　店铺管理后台界面

图 7-2-8　店铺装修界面

图 7-2-9　店铺商品管理界面

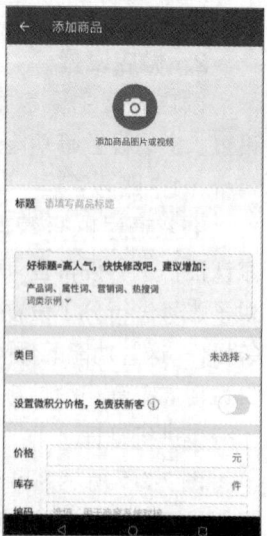

图 7-2-10　添加商品界面

图 7-2-11　商品详情界面 1

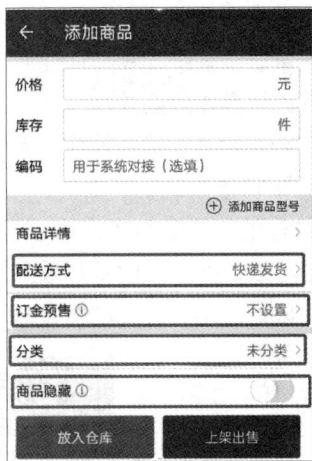

图 7-2-12　商品详情界面 2

5. 店铺动态和店长笔记应用

微店信息发布体系大体可以分为三类，分别是商品发布、店铺动态和店长笔记，其中店铺动态和店长笔记均属于内容分享体系，旨在通过内容发布、分享，吸引、打动客户或维护客户。店铺动态和店长笔记功能均布局在店铺管理界面，如图 7-2-13 所示。

（1）店铺动态

商家发布的新品信息等在发布成功后，都会在店铺首页动态下面显示。图 7-2-14 所示为店铺动态发布界面，商家按提示填写即可。

（2）店长笔记

商家发布的相关资讯知识信息，虽然没有单独的栏目展示，但商家可以在装修的时候添加到店铺页面内容中，或者直接分享给客户以引入流量，促进销售。

图 7-2-13　店铺管理界面

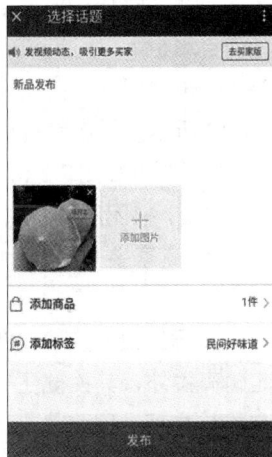

图 7-2-14　店铺动态发布界面

四、微店营销推广体系的应用

1. 微店营销功能

微店体系里有较完整的营销推广体系，包括常规营销功能和其他营销功能。

（1）常规营销功能

① 微客多，类似于淘系直通车和钻石展位的付费推广系统，有适合新手的店铺推广和智能出价推广功能，也有适合经验丰富商家的商品精准推广和搜索推广功能。

② 微店钻展和微店头条，类似于钻石展位，以曝光为目的的按展现形式付费的推广功能。

③ 拉新客，类似于淘宝客，按照 CPS 付费推广的拉新推广功能。

④ 促销工具，有类似淘系后台的限时折扣、店铺红包、优惠券、满额包邮、满减、秒杀等促销工具。

⑤ 活动体系，有场景丰富的活动可以报名，同样报名活动对商家也有明确的资质要求，不同的活动对商家店铺等级、实名认证、违规等情况都有严格的要求，对报名商品的品类、库存、评价等有比较具体的要求。

这些功能在应用原理、应用操作、展现位置方面与其他平台类似，这里不再多做赘述。

（2）其他营销功能

商家需要关注的功能还有多商品接龙、拼团、砍价、抽奖工具、刷脸卡、阶梯拼团、裂变券等，这些与上述各项功能差别最大的地方在于其社交性，都是以优惠为诱饵，促使客户传播裂变以达成商品销售、拉动新客户双重目标为目的。

2. 拼团应用

（1）添加拼团

在后台营销推广界面，选择拼团，点击"添加拼团"按钮，接着选择拼团商品，如图 7-2-15 和图 7-2-16 所示。

在微店拼团页面完成相应信息设置，如拼团价格、成团人数、拼团时间、限购数量、自动组团、同步到分销商等，点击"保存"按钮，如图 7-2-17 所示。微店前台相应商品的拼团界面如图 7-2-18 所示。

（2）拼团应用要点

① 商家要具备拼团推广的意识

拼团的效果除了与选品和定价有关外，其关键还在于社交推广广度，因此需要商家充分利用自有社交化资源进行推广，可以在微信朋友圈、微信群、微信好友、微博等多个渠道推广，当然也可以选择付费推广。

② 商家要明确活动目的，有针对性地开展推广工作

商家的活动目的不同，拼团设置和推广也应该有所差异。当商家以拉新为目的时，将拼团商品价格设置适当优惠即可，同时通过增加组团人数、开启限购、开启显示未成团的团列表、开启自动组团，进行

图 7-2-15　添加拼团界面 1

图 7-2-16　添加拼团界面 2

图 7-2-17　拼团活动设置界面

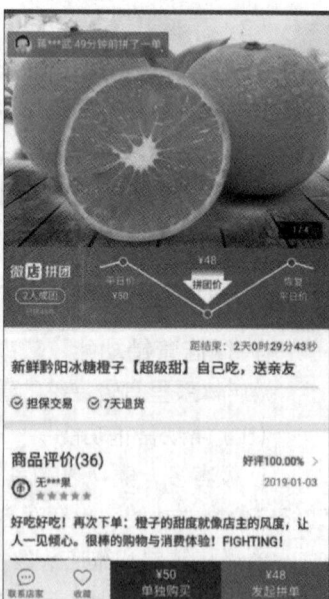

图 7-2-18　微店前台相应商品的拼团界面

公域流量推广，以达到扩大活动影响力的目的；当商家以清仓为目的时，可以在上述操作的基础上增加拼购优惠力度、降低组团人数限制、放开限购数量，全方位开启推广，以快速达到清仓处理的效果；当商家以回馈老客户为目的时，只在私域流量进行推广即可，甚至可以增加定向优惠券的使用，以提升老客户体验。

③商家要做好预期工作

商家要注意商品预期价格和库存设置，在有力的推广条件下，拼团是极具爆发力的促销形式，商家要合理地设置商品预期价格和库存，避免出现亏本运营和库存不足的情况。

五、供销管理

微店除了其社交属性突出外，另一个突出的功能就体现在供销管理方面。

1. 供应管理

商家要快速拓展市场，可以开通供应商模式，招募普通分销商，可以要求分销商对自己的店铺进行全店分销（意味着分销商店铺里面全部是商家的商品）；也可以是单品分销，商家设置分销佣金即可；还可以招募一级分销商（一级分销商有权限招募二级分销商）。分销设置主要包括代理方式设置（全店分销、单品分销）、授权二级分销设置、裂变二级分销设置、商品改价权限设置、分销阶梯佣金设置、分销商品管理，如图 7-2-19 ～ 图 7-2-21 所示。

2. 分销管理

微商个体在没有优势商品可出售的情况下，可以在选货市场选择平台上优质的供应商并代理其商品，也可以通过供应商分享的邀请招募商的图片或链接，点击"我要代理"按钮，将商品添加到自己店铺（见图 7-2-22），这个过程与供应管理功能对应。

六、选货市场——大咖带路

微店平台为供应商和分销商开辟了公开的选货市场频道——大咖带路，以满足其供应、分销需求。

图 7-2-19　供销管理界面　　图 7-2-20　分销设置界面

图 7-2-21　分销商品管理界面　　图 7-2-22　我要代理界面

公开的选货市场频道可以吸纳具备一定资质的供应商，他们可以建立群组、发布货源信息、分享微商经营经验；个体微商也可以选择适合自己的货源，选择自己满足等级要求的供应商群组，获取商品、商品素材包及微商经营经验，开展自己的社交电商之路，如图 7-2-23 ~图 7-2-26 所示。

图 7-2-23　供应商群组介绍界面

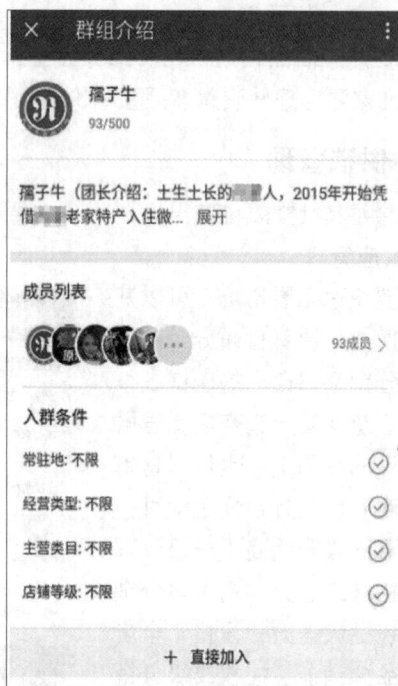

图 7-2-24　加入群组要求界面

图 7-2-25　申请全店分销界面

图 7-2-26　全店分销商品界面

任务三 移动社交网店运营应用——抖音电商运营

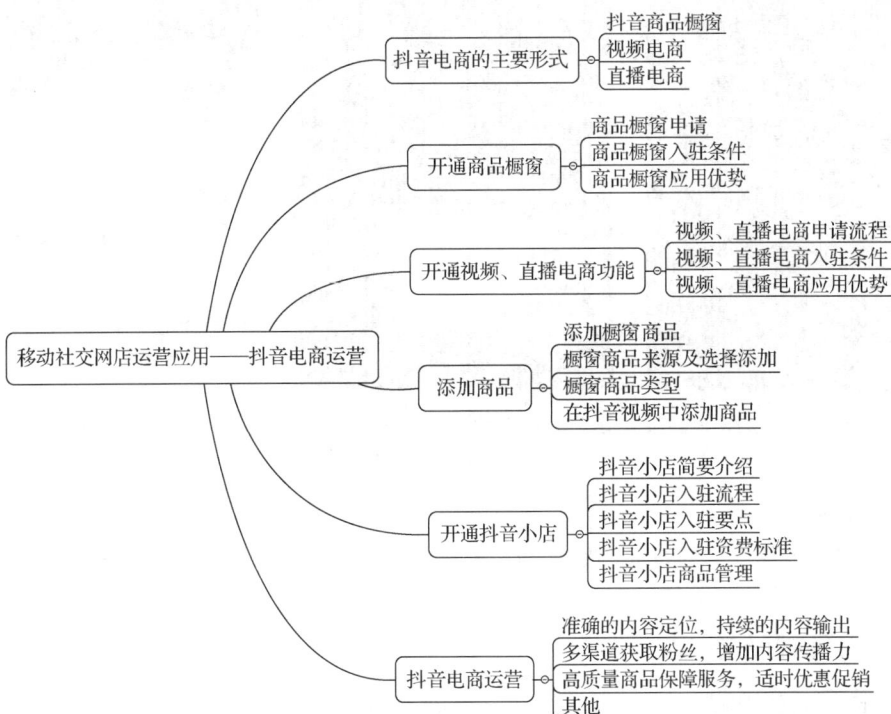

- 移动社交网店运营应用——抖音电商运营
  - 抖音电商的主要形式
    - 抖音商品橱窗
    - 视频电商
    - 直播电商
  - 开通商品橱窗
    - 商品橱窗申请
    - 商品橱窗入驻条件
    - 商品橱窗应用优势
  - 开通视频、直播电商功能
    - 视频、直播电商申请流程
    - 视频、直播电商入驻条件
    - 视频、直播电商应用优势
  - 添加商品
    - 添加橱窗商品
    - 橱窗商品来源及选择添加
    - 橱窗商品类型
    - 在抖音视频中添加商品
  - 开通抖音小店
    - 抖音小店简要介绍
    - 抖音小店入驻流程
    - 抖音小店入驻要点
    - 抖音小店入驻资费标准
    - 抖音小店商品管理
  - 抖音电商运营
    - 准确的内容定位，持续的内容输出
    - 多渠道获取粉丝，增加内容传播力
    - 高质量商品保障服务，适时优惠促销
    - 其他

一、抖音电商的主要形式

抖音电商主要借助抖音商品橱窗、视频电商、直播电商、抖音企业商家页面以及抖音知识付费专栏等形式开展电商活动，下面主要介绍抖音商品橱窗、视频电商、直播电商三种形式。

1. 抖音商品橱窗

抖音商品橱窗是指商家在抖音平台上申请开通的多商品的集合页，开通该功能后，客户和粉丝即可在商家抖音号主页点击"商品橱窗"按钮，进入商家的商品橱窗界面，然后点击橱窗链接购买对应商品，如图 7-3-1 和图7-3-2 所示。

2. 视频电商

视频电商是指商家具备商品橱窗后，可以在发布视频时将商品橱窗里面对应的商品添加上，以方便客户在观看视频时点击购物车按钮购买的电商形式。视频下方购物车链接、视频播放中的购物车链接和评论区购物车链接，如图 7-3-3 ～图 7-3-5 所示。

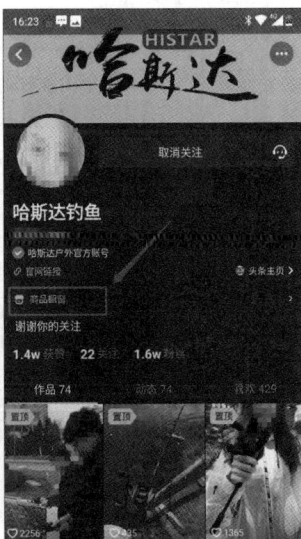

图 7-3-1　某抖音号主页　　图 7-3-2　某抖音号商品橱窗

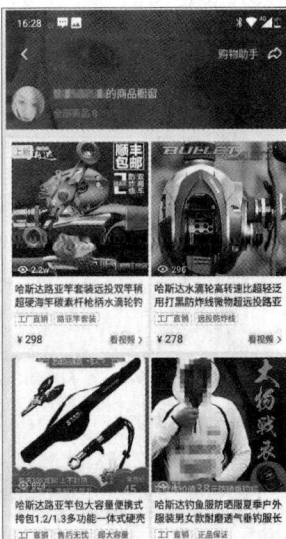

图 7-3-3　视频下方购物车链接　图 7-3-4　视频播放中的购物车　图 7-3-5　评论区购物车链接
　　　　　　　　　　　　　　　　　　　　链接

3. 直播电商

直播电商是指商家具备商品橱窗后，可以在直播时将商品橱窗里面的商品添加至直播环节，方便客户在观看直播时购买的电商形式。

二、开通商品橱窗

1. 商品橱窗申请

商家在抖音 App 搜索并关注"电商小助手"账号，然后打开"电商小助手"私信窗口，在左下角点击"申请入口"按钮即进入商品分享功能申请界面，如图 7-3-6 和图 7-3-7 所示。

2. 商品橱窗入驻条件

商品橱窗功能的开通对于抖音账号资质有明确的要求，目前对账号的要求有三个：通过实名认证，个人主页视频数 ≥ 10 条，账号粉丝量 ≥ 1000。账号达到要求后要完成新手任务：10 天内为橱窗添加至少 10 件商品（见图 7-3-8）。若 10 天内账号未完成新手任务，商品橱窗使用权限将被收回且 7 天后才可以再申请。

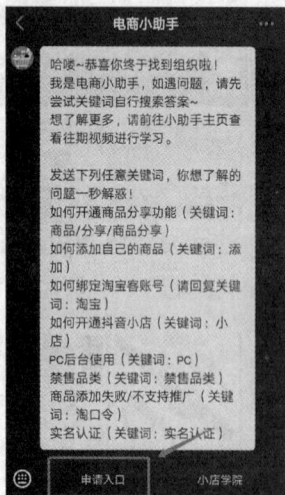

图 7-3-6　电商小助手界面　　图 7-3-7　商品分享功能　　图 7-3-8　抖音商品橱窗新手
　　　　　　　　　　　　　　　　　　申请界面　　　　　　　　　　　任务界面

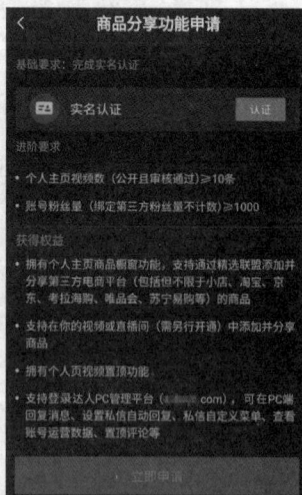

3. 商品橱窗应用优势

商品橱窗应用便捷，运营门槛相对较低，商品选择形式灵活，同时也是抖音视频、直播电商应用的前提条件。

三、开通视频、直播电商功能

1. 视频、直播电商申请流程

在获得商品橱窗权限后，商家就可以同步申请开通视频和直播电商功能，在账号主页点击"商品橱窗"按钮（见图 7-3-9），进入商品橱窗界面，在"达人进阶"处点击"权限升级"按钮（见图 7-3-10），进入更多权益界面，点击"立即解锁"按钮，即可尝试开通视频电商和直播电商功能，如图 7-3-11 所示。

图 7-3-9 抖音个人账号主页　　图 7-3-10 商品橱窗界面　　图 7-3-11 更多权益界面

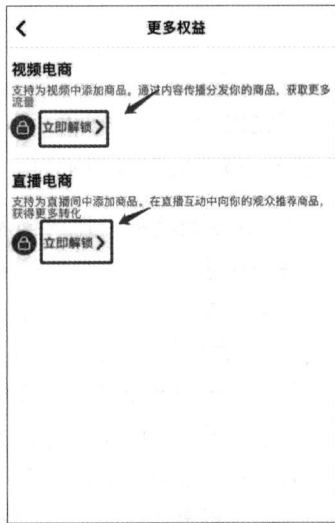

2. 视频、直播电商入驻条件

视频电商入驻条件：15 天内发布 ≥ 2 条带商品的视频，并通过审核，要求发布的视频内容不可违规，添加的商品要在视频内出现。如果视频电商功能解锁失败，商家需要在 15 天后重新申请解锁。

直播电商入驻条件：直播电商不支持商家主动解锁，只要商家已完成解锁视频电商功能，且粉丝数量 ≥ 3000，系统自动为商家开通直播电商功能。

3. 视频、直播电商应用优势

发布视频、直播时可直接添加商品，相比商品橱窗更加直观，场景化强、更容易打动客户，且直接对接客户流量。

四、添加商品

1. 添加橱窗商品

添加橱窗商品工作相对简单，商家点击"商品橱窗管理"按钮（见图 7-3-12），选择"添加商品"选项，抖音平台可供添加的商品便展示出来（见图 7-3-13），接下来商家选择"商品链接添加"选项或选择对应商品的"加橱窗"选项，编辑商品信息即可完成，如图 7-3-14。

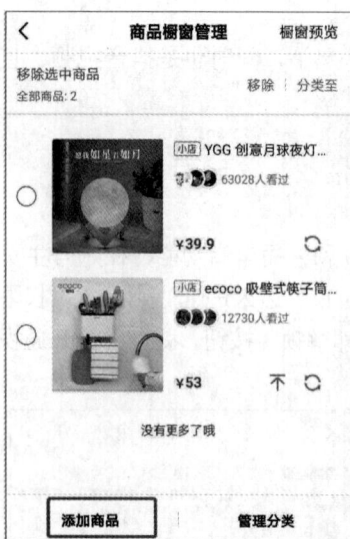

图 7-3-12　商品橱窗管理界面　　图 7-3-13　添加商品界面　　图 7-3-14　编辑商品界面

2. 橱窗商品来源及选择添加

在商品添加过程中，商品来源主要有 2 种渠道，可以是自己的抖音小店、淘宝、京东、苏宁易购、唯品会等店铺中的商品，也可以是其他商家对应店铺的商品。

（1）添加自家店铺的商品

添加自己抖音小店的商品，选择"我的店铺"，然后选择自己抖音小店的商品，点击"加橱窗"按钮即可。前提条件是已开通自己的抖音小店，并且与抖音号绑定。

添加自己淘宝（京东、苏宁易购、唯品会等）店铺的商品，点击"商品链接添加"按钮，在添加商品界面对应位置处粘贴商品淘口令或商品链接（见图 7-3-15），然后选择"加橱窗"选项即可。前提条件是淘宝店铺要与抖音号进行绑定，淘宝店铺 DSR 值达到 4.7，及其对应商品已开通淘宝客营销计划推广，佣金率≥20%，如图 7-3-16 所示。

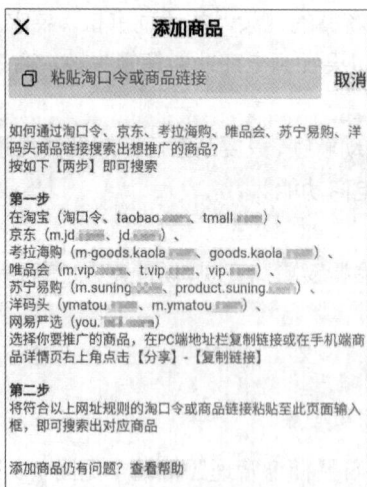

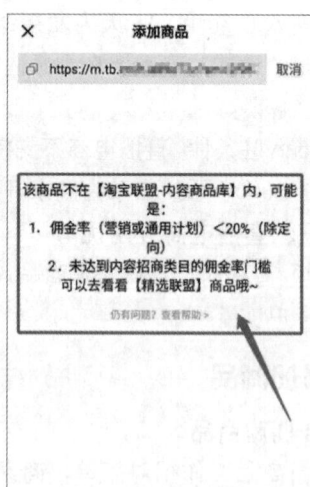

图 7-3-15　淘宝联盟添加商品界面　　图 7-3-16　淘口令添加商品界面

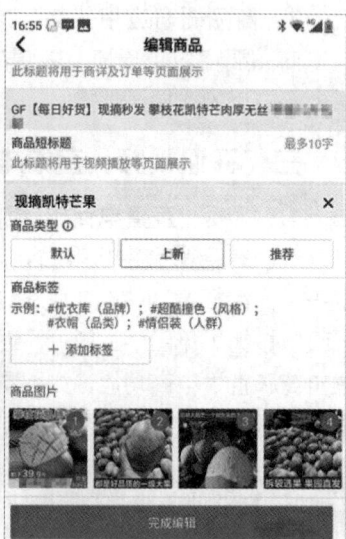

（2）添加其他店铺的商品

添加其他商家店铺商品可以按照上述添加链接过程操作，也可以选择"精选联盟"推荐的商品并完成添加，只是这种添加形式是在帮助别人销售商品，自己赚取佣金。

3. 橱窗商品类型

添加完商品后，可以对商品名称（10个字）、商品类型（默认、上新、推荐）及商品标签进行设置。商品类型中"推荐"商品最多设置一个，展示在橱窗顶部；"上新"允许选择3个商品，显示在商品橱窗推荐商品下面的前三位；其他为默认排序商品。

4. 在抖音视频中添加商品

商家在申请视频电商功能通过后，就可以在发布视频的时候选择"添加商品"（见图7-3-17），从橱窗里面添加商品，发布完成后，对应商品购物车即可显示在前台对应视频中，如图7-3-18所示。

图 7-3-17 添加商品界面

图 7-3-18 抖音视频中的商品

五、开通抖音小店

1. 抖音小店简要介绍

抖音小店是基于头条系今日特卖电商平台下的店铺模式，主要服务于抖音平台自媒体推广业务。抖音商家开通小店后，就可申请抖音账号与抖音小店绑定，来添加小店商品，实现商品售卖。

2. 抖音小店入驻流程

抖音小店入驻流程基本类似于淘系和京东店铺，基本流程为选择入驻类型—选择店铺类型—主体信息审核—入驻信息审核—签署合同—交纳保证金—入驻成功，详细入驻流程如图7-3-19和图7-3-20所示。

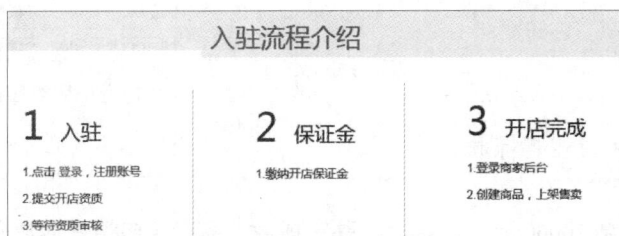

图 7-3-19 抖音小店入驻流程

店铺入驻

企业资质入驻（货到付款&在线支付）　　　个体工商户资质入驻（在线支付）

资质信息审核（第三方电子签名认证机构审核）　　　资质信息+店铺信息审核（平台+第三方电子签名认证机构审核）

打款验证（第三方电子签名认证机构审核）　　　结算开户（对接合众结算）

店铺信息审核（平台审核）　　　签署在线合同

签署在线合同　　　交保证金

交保证金　　　店铺开通

店铺开通

结算开户（对接合众结算）

店铺开通

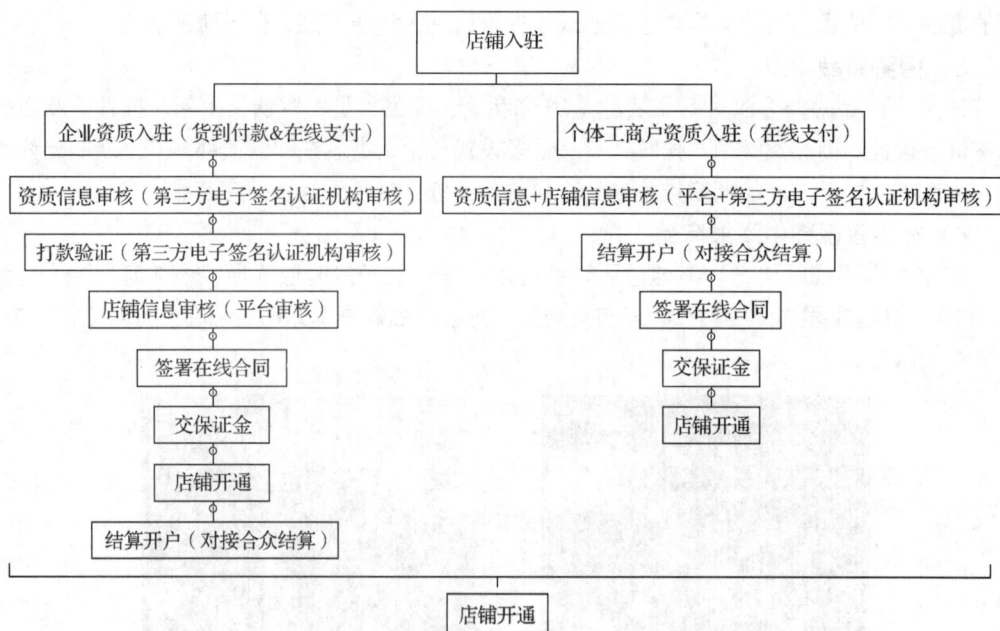

图 7-3-20　不同类型的抖音小店入驻流程

3. 抖音小店入驻要点

（1）开通网址：商家 PC 端登录抖音商家后台。

（2）入驻类型：选择"抖音号登录"，一定要登录自己的抖音号，才能把店铺和抖音号绑定在一起。

（3）店铺类型：个人店铺和企业店铺，其中个人店铺主要适合个体工商户开通，企业店铺主要适合企业开通。

（4）入驻标准：划分为旗舰店、专营店、专卖店，满足以下任一条件即可。

● 资质齐全，有淘宝、天猫或京东第三方平台的店铺，资质齐全，具体要求如图 7-3-21、图 7-3-22 所示。

● 资质齐全，抖音账号粉丝数量≥30 万，头条账号粉丝数量≥10 万。

- 淘宝店铺需要满足条件：
  店铺开店半年以上
  店铺等级一钻以上
  淘宝店铺评分（DSR）符合「店铺DSR规则」
- 天猫店铺需要满足条件：
  开店半年以上
  天猫店铺评分（DSR）符合「店铺DSR规则」
- 京东店铺需要满足条件：
  开店半年以上
  店铺星级3星以上
  京东店铺风向标（用户评价、物流履约、售后服务大于等于9.1）
- 店铺DSR规则：

类目	描述评分	服务评分	物流评分
男装	不低于4.7	不低于4.7	不低于4.7
女装	不低于4.7	不低于4.7	不低于4.7
鞋靴箱包	不低于4.7	不低于4.7	不低于4.7
服饰配件	不低于4.7	不低于4.7	不低于4.7
食品	不低于4.7	不低于4.7	不低于4.7
美妆个护	不低于4.7	不低于4.7	不低于4.7
母婴	不低于4.7	不低于4.7	不低于4.7
教育	不低于4.7	不低于4.7	不低于4.7
其他类目	不低于行业平均值	不低于4.7	不低于4.7

图 7-3-21　抖音小店入驻要求　　　图 7-3-22　入驻抖音小店对店铺 DSR 值的要求

4. 抖音小店入驻资费标准

（1）保证金标准

商家入驻需缴纳 10000 元保证金。入驻完成后，商家可申请开通放心购频道业务，以及设置自媒体商品推广业务，在后续经营过程中，只要商家无违规等操作，保证金可退。

（2）佣金计费标准

频道订单佣金不超过 10%，具体佣金比例依据商家主营类目而定。自媒体业务的订单，佣金以商品设置为准。

5．抖音小店商品管理

开通小店后，商家需要去小店的 PC 端管理后台添加和管理商品、订单，所有在管理后台添加的商品，会自动同步到抖音的商品橱窗里，同时也会展示在添加商品界面。

六、抖音电商运营

抖音电商是依托于抖音自媒体内容基础上运营的电商模式，因此在抖音上进行电商运营不同于其他卖货式的电商平台，而是以内容运营为核心，在提升传播力、增加粉丝关注量与提升粉丝信任度的基础上促进粉丝购买的运营行为，因此商家运营抖音电商主要有以下思路。

1．准确的内容定位，持续的内容输出

前期通过调研竞争对手，确定与商品主题或商品调性相吻合的内容，持续输出目标客户喜闻乐见的场景式、趣味性、垂直性、有创意的内容，既非硬性的商品功能介绍和说明，也非单纯的秀才艺内容，内容与商品的主题和调性相符才是日后持续卖货的关键。

2．多渠道获取粉丝，增加内容传播力

一般而言，如果内容能做到受众认可，随着内容的传播，粉丝数量也会持续增加。为了快速获取粉丝，得到更大曝光量，商家也可以通过付费推广或其他形式推广来提升粉丝数量和促进内容传播。

（1）Dou+ 付费上热门

Dou+ 付费上热门即抖音体系内的付费推广，类似淘系的直通车推广，它是按照视频投放的人群受众的广度扣费。通过 Dou+ 推广，视频的曝光量、点赞评论量及粉丝量都会快速提升，以达到推广宣传的目的。

（2）主播"打榜"和主播"连麦"推广

主播"打榜"和主播"连麦"也是业内进行宣传推广的快捷手段，主要是指通过为抖音上人气比较高的主播"刷礼物"和视频"连麦"，引起主播关注，从而促使主播为"打榜者"和"连麦者"宣传推广，提升"打榜者"和"连麦者"的粉丝量和曝光量，快速扩大影响、促进商品销售的行为。

尽管上述两类做法都能达到快速推广的目的，但都是以付费投入为基础的，都需要精确地设置投放人群、选择主播，以保障引入流量受众符合自己的商品特质，尤其是第二种推广，其费用投入巨大，并非一般商家所能承受。

3．高质量商品保障服务，适时优惠促销

电商经营都是建立在高质量的商品保障的基础的，因此高质量的商品是赢得客户信任的前提条件，同时由于多数客户还是价格敏感型的，因此适当的优惠促销还是非常必要的，当然特立独行、"调性"十足的商品除外。

4．其他

商家想要运营好抖音电商，还需要做到以下几点。

（1）清晰地掌握抖音内容的推荐原理：要在账号的内容垂直度、内容发布的持续性、内容的互动量、完播率等方面做好工作，赢得抖音推荐机制的认可。

（2）精美的内容制作：充分地利用拍摄工具（手机、相机、三脚架、打光灯、道具），

各类编辑工具以及各类音频、视频特效工具（剪映、巧影、猫饼、爱剪辑等），做出精美的视频画面。

（3）"蓝V"企业号认证："蓝V"企业号在商品信息宣传、页面布局方面比普通的个人号功能更加强大，商家利用"蓝V"企业号认证可以为宣传推广提供更多的便利。

当然，除了上述技巧外，商家还需要保持较好的粉丝互动、有效的后台数据分析等，回归本质，做好抖音电商还是要从商品、内容方面真正满足粉丝需求，打动粉丝，赢得粉丝信任。

课后作业

1．移动社交电商的含义、发展背景、特征和优势是怎样的？
2．国内移动社交电商发展的历程包括哪几个阶段？
3．移动社交电商的主要形式包括哪些，其代表案例有哪些？
4．移动社交电商的主要形式有哪些？
5．注册微店，体验微店商品发布、店铺装修、促销、分销等功能。
6．打开有赞官方网站，了解有赞店铺的类型、付费及功能。
7．通过网络搜索，学习抖音号内容运营的知识。
8．查看抖音上面优秀商家的日常内容及电商运营形式，并进行分析总结。
9．确定自己的内容定位，了解各种剪辑软件，持续发布内容。
10．尝试开通商品橱窗、视频电商、直播电商，清楚开通条件及应用流程。
11．登录快手，查看快手平台上的商家运营模式。
12．对比分析快手电商和抖音电商的异同点。

项目八

📖 项目导入

江苏康力源健身器材有限公司（以下简称"康力源"）于2015年启动国内网络零售业务，增势迅猛，在取得了突破性成绩后，在2017年年底正式开始启动跨境电商业务，践行前期由内贸向跨境发展的电商战略规划。正是有了前面国内网络零售的经验积累，公司很快在徐州市区组建了跨境电商团队，并且从广阔的跨境电商市场中，迅速锁定欧洲市场，选品以方便运输的小型健身器材为主，截至2019年年年底，康力源跨境电商日营规模突破上万美元，并呈现稳定增长之势。

当然，康力源之所以能够迅速在跨境市场开辟新局面，还是源于其对跨境电商市场深度的分析与运营，本项目主要围绕当下跨境电商现状、选品思维等方面展开介绍。

📖 项目分析

◆ 熟悉跨境电商的概念及分类
◆ 熟悉跨境电商的发展历程及现状
◆ 掌握开展跨境电商的主要渠道与选品思维
◆ 掌握亚马逊账户体系及商家注册流程
◆ 熟悉亚马逊前台页面布局及体系内常用术语
◆ 熟悉亚马逊广告及促销体系

任务一　跨境电商认知

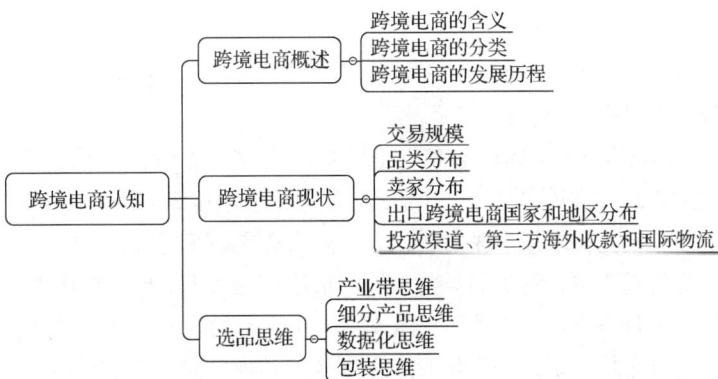

```
                          跨境电商的含义
              跨境电商概述  跨境电商的分类
                          跨境电商的发展历程

                          交易规模
                          品类分布
跨境电商认知   跨境电商现状  卖家分布
                          出口跨境电商国家和地区分布
                          投放渠道、第三方海外收款和国际物流

                          产业带思维
              选品思维      细分产品思维
                          数据化思维
                          包装思维
```

一、跨境电商概述

1. 跨境电商的含义

跨境电商是指分属不同关境的交易主体，通过电子商务手段将传统进出口贸易中的展示、洽谈和成交环节电子化，并通过跨境物流送达商品、完成交易的一种国际商业活动，如图8-1-1所示。

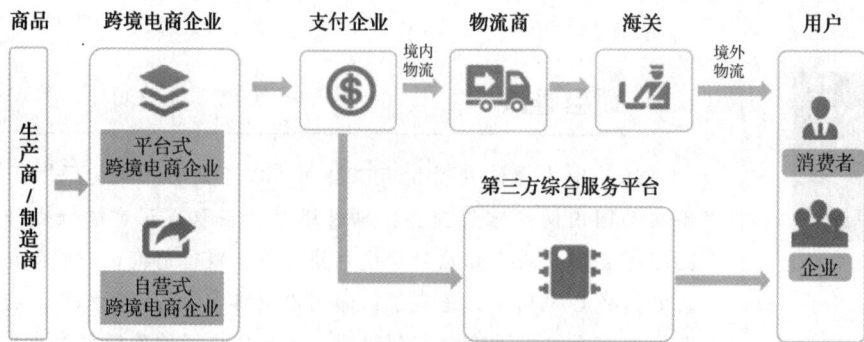

图 8-1-1　跨境电商交易流程

2. 跨境电商的分类

从通常分类上看，根据进出口的方向，跨境电商分为出口电商和进口电商；根据买卖双方的变化，跨境电商分为 B2B、B2C、消费者面向消费者的交易方式（Consumer to Consumer，C2C）零售电商。商家通过阿里巴巴国际站等形式开展的电商活动属于出口 B2B 的范畴；商家通过亚马逊、AliExpress（全球速卖通）、eBay 等形式开展的出口贸易活动属于出口 B2C、C2C 的范畴；商家通过天猫国际、海囤全球、网易考拉及洋码头等形式开展的电商活动则属于进口网络直销渠道（Business to Channel to Consumer，B2C2C）的范畴。

从业内角度理解，更多专业人士将跨境网络零售视为真正意义上的跨境电商，同时由于本项目是从网店运营角度开展的，因此所讲的跨境电商的范畴主要指跨境出口 B2C、C2C。

3. 跨境电商的发展历程

纵观我国跨境电商发展历史，可以将它分为跨境电商萌芽阶段、发展阶段、高速发展阶段。

第一个阶段，2003—2011 年，跨境电商萌芽阶段。这个时段的商家主要以个体商家和小商家为主，以 eBay 和独立站为主要出口渠道，辐射欧美等市场，主要涉及商品有消费电子、服饰、鞋子、婚纱等品类，交易规模普遍不大。

第二个阶段，2012—2015 年，跨境电商发展阶段。这个阶段的商家群体不断扩大，但仍旧以中小商家为主，与此同时部分传统外贸企业也开始尝试跨境电商，并将渠道由 eBay、独立站拓展至 AliExpress 以及亚马逊等。商品品类在原有基础上不断延伸至首饰珠宝、汽车配件等领域，交易规模持续提升。

第三个阶段，2016 年至今，跨境电商高速发展阶段。这个阶段阿里巴巴的全球速卖通（以下简称速卖通）由 C2C 战略转型为 B2C 战略，以及诸多小型跨境平台（如 Wish、Lazada、Shopee）崛起，国际物流海外仓高速发展，因此商家规模高速提升，中小型企业、传统企业快速加入跨境电商的潮流中，商品品类向户外、家居类用品等扩展，市场也由欧洲等区域向全球范围内蔓延，尤其是南美、俄罗斯、东南亚、中东市场高速发展，交易规模不断变大，千万、亿级规模商家大量出现，并逐步形成了一些有影响力的电商品牌。

二、跨境电商现状

1. 交易规模

《2018 年度中国跨境电商市场数据监测报告》显示，从 2013 到 2018 年，我国出口跨境电商网络零售交易规模已经由 3800 亿元上升至 1.4 万亿元，年平均增长率超过 50%，远远高于我国的经济平均增速和出口贸易增速。跨境电商之所以能够取得这样高速的发展，一方面有赖于国家政策对电商的推动作用，另一方面有赖于各大平台的大力推进。图 8-1-2 所示为2013—2018 年中国出口跨境电商网络零售市场交易规模。

2. 品类分布

图 8-1-3 所示为 2018 年中国出口跨境电商卖家品类分布，可以看出 3C 电子产品（计算机、通信和消费电子产品三类电子产品的简称）占 18.5%、服装服饰占12.4%、家居园艺占 8.5%、户外用品占 6.5%、健康美容占 5.2%、鞋帽箱包占 4.7%、母婴玩具占 3.5%、汽车配件占 3.2%、灯光照明占 2.3%、安全监控占 1.7%、其他占 33.5%；从商品分布看，相对便于运输的轻便类商品的市场占有量更为突出，这也是由国际物流成本所决定的。总体而言，跨境电商商品品类不断地在外延，未来随着国际物流快递的发展，消费品跨境电商也会逐步向大件商品发展。

3. 卖家分布

图 8-1-4 所示为 2018 年中国出口跨境电商卖家地域分布，可以看出广东省占 20.50%、浙江省占 17.20%、江苏省占 12.80%、上海市占 8.30%、福建省占 6.50%、北京市占 5.20%、山东省占 3.40%、河北省占 2.20%、其他占 23.90%。总体来看，卖家主要集中于长三角和珠三角地区，尤其以广东、浙江、江苏最为集中，这不仅说明了这些区域有着扎实的传统外贸基础，也反映了该区域有着较好的跨境电商发展氛围。

4. 出口跨境电商国家和地区分布

图 8-1-5 所示为 2018 年中国出口跨境电商国家和地区分布，美国

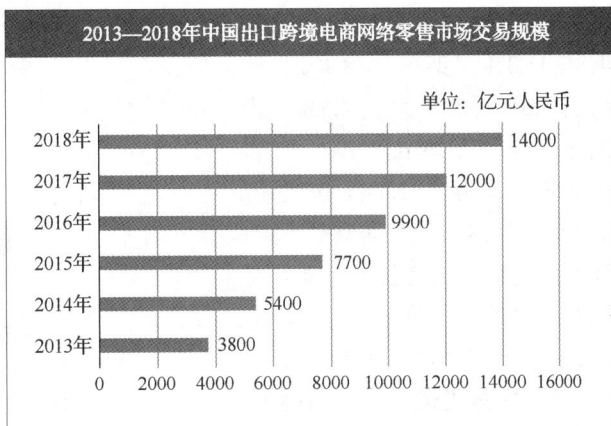

图 8-1-2　2013—2018 年中国出口跨境电商网络零售市场交易规模

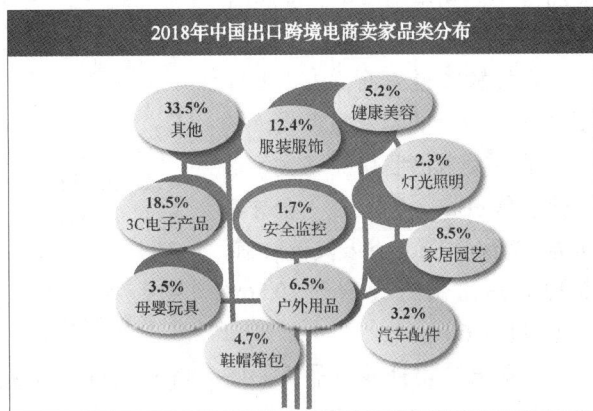

图 8-1-3　2018 年中国出口跨境电商卖家品类分布

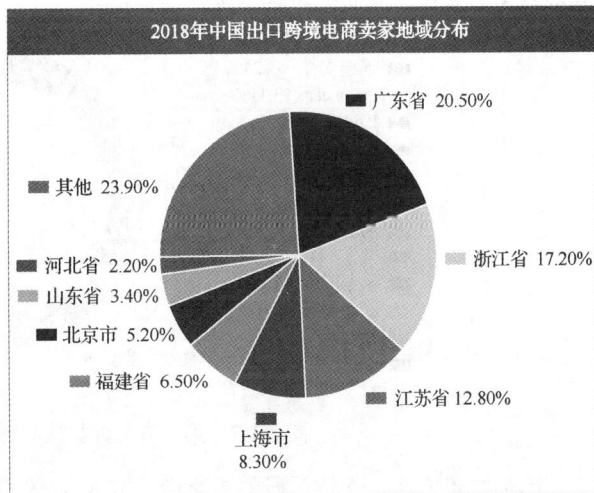

图 8-1-4　2018 年中国出口跨境电商卖家地域分布

占 17.5%、法国占 13.2%、俄罗斯占 11.3%、英国占 8.4%、巴西占 5.6%、加拿大占 4.5%、德国占 3.7%、日本占 3.4%、韩国占 2.5%、印度占 2.4%，其他占 27.5%。总体来说，美国、法国等欧美国家依然是我国跨境电商的主要目的地，但与此同时，南美、东南亚市场也在逐步成长。

5. 投放渠道、第三方境外收款和国际物流

在投放渠道、第三方境外收款及国际物流服务方面，易观《2018 中国跨境出口电商发展白皮书》有比较清晰的展示。

在投放渠道方面，未来三年超过 60% 以上的卖家重点投入的首选销售渠道仍旧是亚马逊，然后分别是 eBay、独立站、全球速卖通、Wish、Shopee 及其他渠道，而独立站比例将会达到 10.86%（见图 8-1-6）。

在第三方境外收款品牌影响力方面，连连支付、Payoneer、PayPal 凭借良好的用户体验和渠道优势获得了超过 50% 卖家的青睐（见图 8-1-7），这说明费率低、资金安全性高、品牌信誉好是卖家选择境外收款机构的重要依据。

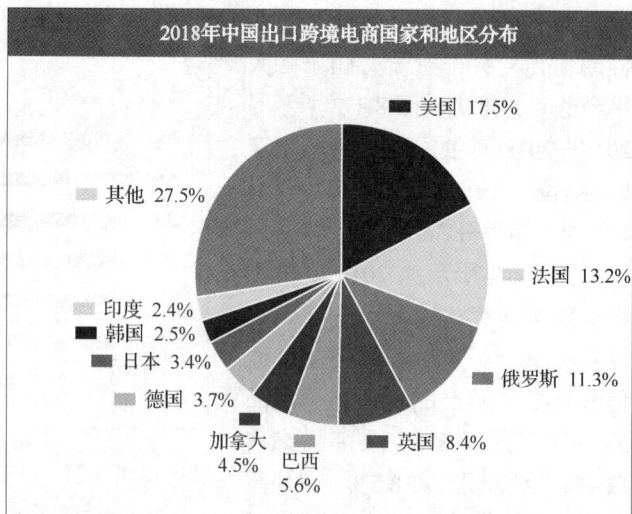

图 8-1-5   2018 年中国出口跨境电商国家和地区分布

- 亚马逊 60.67%
- eBay 14.61%
- 全球速卖通 5.24%
- Wish 4.12%
- Shopee 1.87%
- 独立站 10.86%
- 其他 2.63%

说明：以上数据根据调研数据反馈。

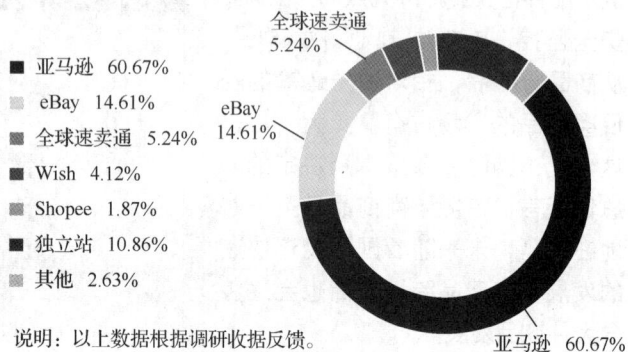

图 8-1-6   未来三年重点投放渠道

- 连连支付 54.24%
- Payoneer 53.11%
- PayPal 51.98%
- pingpong 44.07%
- WorldFirst 25.42%
- 支付宝国际 25.14%
- 易联支付 12.43%
- 其他 11.58%
- 易结汇 9.32%
- 联动优势 7.06%
- 收款易 5.65%
- 宝付 5.37%

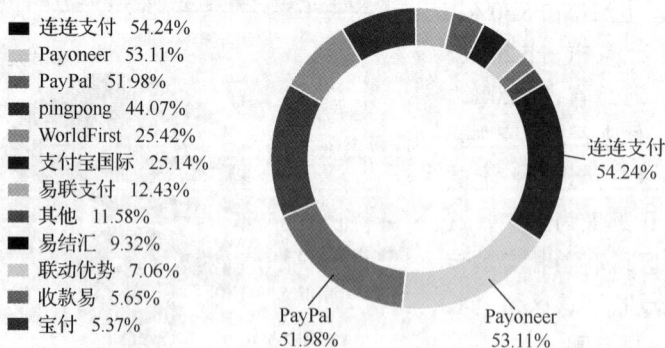

图 8-1-7   第三方境外收款品牌影响力覆盖率

国际物流方面，在被调研的卖家中，52.81% 的卖家选择中邮 EMS 及境内快递公司国际快递、49.44% 的卖家选择专线物流、44.94% 的卖家选择国际快递直邮、44.57% 的卖家选择邮政小包、32.96%的卖家选择"传统外贸物流＋海外仓"模式，综合了时效、安全性、价格等多个因素，多数卖家都存在多渠道物流并用的情况，如图8-1-8所示。

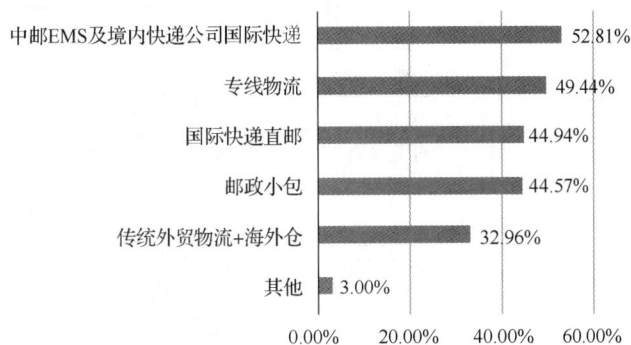

说明：以上数据根据调研问卷反馈。

图 8-1-8　常用物流渠道

三、选品思维

做跨境电商非常重要的就是选品，无论是做跨境电商平台还是自己做独立站，选择好的产品，是成功的一半。主要有以下四种选品思维。

1. 产业带思维

做跨境电商首先很重要的一个基本原则是靠近货源地，也就是产业带思维。只有靠近产业带以及相关配套的上下游行业，卖家才能不断去深入扎根一个行业和产品，也只有这样，卖家才可能且有机会发现红海中的蓝海，才有可能去做产品的功能和应用的差异化。当然，这里面还有很多其他的优势：方便跟工厂的沟通、学习和配合，方便对产品的查看、品质的管控，容易低成本维护与供应商的关系。

2. 细分产品思维

如果产业带思维是指对选品工作的宏观把控，那么细分产品思维就是更加聚焦的行为向导。尽管目前跨境电商还处于高速增长期，但对于大多数类目而言，竞争已经比较激烈，同质化、价格比拼比比皆是，所以卖家要从细分市场挖掘机会，从应用领域细分，从产品功能细分，从个性化风格定制考虑，从目标市场客户群细分考虑，这些维度都属于细分产品思维。

3. 数据化思维

网络上沉淀了大量的经营数据，卖家利用数据判断选品市场的容量、趋势、利润、定价才是"王道"。在跨境电商市场也有类似百度指数、生意参谋的应用工具，例如JungleScout、卖家精灵等数据工具。总之，当下跨境电商选品，也需要利用各种数据化工具进行精准分析。

4. 包装思维

产品选定之后，还有很重要的一点就是包装。这里的包装不单单是货物的物理包装，而是整体营销包装、差异化营销、卖点包装。同样的产品，卖家推广的不一样，挖掘的需求和卖点不一样，在客户端取得的成效也相差迥异。营销差异化、渠道差异化、产品功能属性差异化，其实这些寻找差异化的过程，就是挖掘卖点的过程。

任务二　跨境电商运营流程

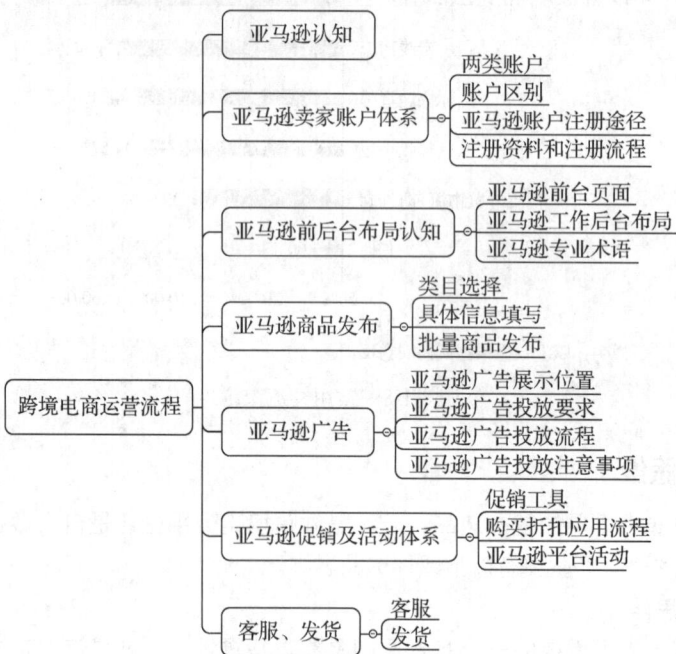

```
                              ┌── 亚马逊认知
                              │
                              │                      ┌── 两类账户
                              │                      ├── 账户区别
                              ├── 亚马逊卖家账户体系 ──┤── 亚马逊账户注册途径
                              │                      └── 注册资料和注册流程
                              │
                              │                      ┌── 亚马逊前台页面
                              ├── 亚马逊前后台布局认知 ─┤── 亚马逊工作后台布局
                              │                      └── 亚马逊专业术语
                              │
                              │                      ┌── 类目选择
                              ├── 亚马逊商品发布 ──────┤── 具体信息填写
              跨境电商运营流程 ─┤                      └── 批量商品发布
                              │
                              │                      ┌── 亚马逊广告展示位置
                              │                      ├── 亚马逊广告投放要求
                              ├── 亚马逊广告 ─────────┤── 亚马逊广告投放流程
                              │                      └── 亚马逊广告投放注意事项
                              │
                              │                      ┌── 促销工具
                              ├── 亚马逊促销及活动体系 ─┤── 购买折扣应用流程
                              │                      └── 亚马逊平台活动
                              │
                              └── 客服、发货 ─────────┤── 客服
                                                     └── 发货
```

一、亚马逊认知

亚马逊于 1995 年开始正式运营，起初是销售图书和音像制品的自营平台，致力于打造全球最大的书店。1999 年后，为了取得更快的发展，亚马逊推出 Marketplace，开启了第三方卖家经营之路，逐渐走向全球化。

2006 年 9 月，亚马逊又上线了两项关键服务：亚马逊网上店铺（WebStore by Amazon）和亚马逊物流（Fulfillment by Amazon，FBA）服务，在服务第三方卖家的同时也大大提升了客户体验，为其未来高速发展奠定了坚实的基础。

2012 年亚马逊将全球开店业务引入中国。

2015 年亚马逊应势所需，正式推出 Amazon Business，由此该平台上的商品品类拓展至 B 端办公用品、小五金等商品领域。

二、亚马逊卖家账户体系

1. 两类账户

亚马逊账户类型有两种：专业销售计划账户、个人销售计划账户。在亚马逊体系里，无论卖家是公司还是个人，都可以通过自注册通道完成这两种账户的注册并开始销售。

2. 账户区别

亚马逊两类账户的主要区别在于费用结构和功能使用权限上。店铺费用个人销售计划账户按件收费，而专业销售计划账户则需要支付月租，两者在平台成交后，平台都要收取其相应的类目佣金。同时，两种账户在促销活动、特色卖家、产品上传等多个方面的功能都有所不同。如在产品上传方面，个人销售计划账户不能使用批量上传功能，但专业销售计划账户可以；在促销活动方面，个人销售计划账户无法发起促销活动，但专业销售计划账户可以发起，如表 8-2-1 所示。

功能＼类型	个人销售计划	专业销售计划
店铺费用	0 租金 + 每个销售产品支付 0.99 美元及对应佣金费	39.99 美元月租 + 每个销售产品对应的佣金费
促销活动	不能发起促销活动	可通过发起促销活动提高销量及店铺流量
特色卖家	无法成为特色卖家	可通过好的店铺表现成为特色卖家，增加店铺的曝光机会和转化率
产品上传	只能单个添加、手动上传产品	SKU 较多时，可通过后台批量上传功能上传产品
订单数据报告	无	可在后台查看订单数据报告
可发布产品类别	非常有限	较多
第三方工具	无法使用	可使用亚马逊认证的第三方工具辅助销售

　　两种销售计划账户之间是可以相互转化的。卖家注册个人销售计划账户之后，也可以在后台自助升级为专业销售计划账户；如果注册时是专业销售计划账户，后续也可以降级为个人销售计划账户。所以，亚马逊不同于淘系、京东平台，卖家即使没有公司资质，同样也可以在亚马逊上申请专业销售计划账户。

3．亚马逊账户注册途径

　　亚马逊账户注册主要有两种途径，即网站自主注册和招商经理绿色通道注册，如表 8-2-2 所示。

表 8-2-2　亚马逊账户注册的两种途径

注册途径	网站自主注册	招商经理绿色通道注册
注册链接	亚马逊网站链接	招商经理发送注册链接
适用对象	个人、企业	有一定规模的企业
注册流程	线上提交—审核开通—运营	招商经理审核通过—发送注册链接—链接提交—审核通过—运营
时效	30 分钟 ~ 2 天	1 ~ 2 周
服务差别	初步功能	招商经理在推广、活动等方面提供支持

　　网站自主注册是卖家自主在网站上注册，招商经理绿色通道注册是由招商经理发定向链接注册，两者主要适用对象不同，前者适用于小卖家，后者则适用于有一定规模的企业。流程上自主注册比较简单，一般需要 30 分钟到 2 天；招商经理绿色通道注册相对烦琐（需要招商经理审核资料，然后卖家根据招商经理给的注册链接填写、提交），由于资料需要提前预审，所以时间相对较长，需要 1 ~ 2 周。也正因为如此，在注册的成功率上，招商经理绿色通道注册的成功率会更高，在未来的运营过程中也会得到招商经理在推广、促销过程中提供的较大支持。

4．注册资料和注册流程

　　（1）注册资料

　　亚马逊平台注册需要准备的资料有公司营业执照、法定代表人身份证、VISA 信用卡、境外银行收款账户、品牌商标、UPC 码等资料。看上去很简单，但在应用过程中有许多细节需要注意，如公司营业执照、法定代表人身份证必须是彩色扫描件或彩色照片，不接受黑白复印件，注册公司不能是个体工商户，以及上述资料必须是确保没有人用于注册过其他亚马逊账户的。表 8-2-3 所示为亚马逊账户注册所需提交的资料。

表 8-2-3 亚马逊账户注册所需提交的资料

	资料名称	具体要求
企业注册所需准备资料	公司营业执照彩色扫描件或彩色照片	企业（非个体工商户）、新版三证合一执照
	法定代表人身份证彩色扫描件或彩色照片	必须是彩色的
	VISA 信用卡	境内银行签发的 VISA 双币信用卡……
	境外银行收款账户	个人或公司银行账户、第三方收款机构账户
	品牌商标、UPC 码	需要品牌 R 标，TM 标无法进行备案

（2）注册流程

打开亚马逊全球开店页面，开始创建账户，如图 8-2-1 所示。

① 签署卖家协议

填写法定名称，并勾选中卖家协议下方的复选框。卖家协议签署页面如图 8-2-2 所示。

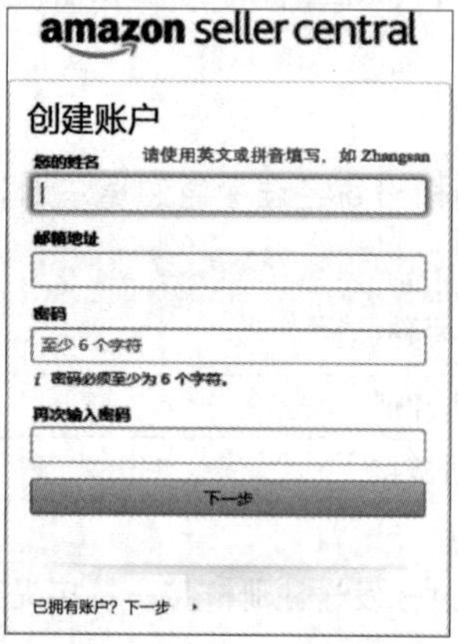

图 8-2-1 创建账户页面

图 8-2-2 卖家协议签署页面

② 填写卖家信息

填写卖家信息，包括公司地址、公司名称、手机号码，如图 8-2-3 所示。

③ 设置收款、存款方式

进入收款方式设置环节（见图 8-2-4），填写信用卡卡号、有效期限、持卡人姓名、账单地址，设置信用卡信息。在这个环节，设置信用卡的目的是用于亚马逊收取该卖家应缴纳的租金、佣金及其他费用，使用可以支付美元的中国境内银行双币信用卡（Visa、Master 卡等）即可，信用卡持卡人与账户注册人无须为同一人，公司账户也可使用个人信用卡。如果卖家选择的是专业销售计划账号，创建账户时，平台将向该账户收取第一笔月度订阅费（39.99 美元）。卖家在填写账单地址的时候，要确认默认地址信息是否与信用卡账单地址相同。

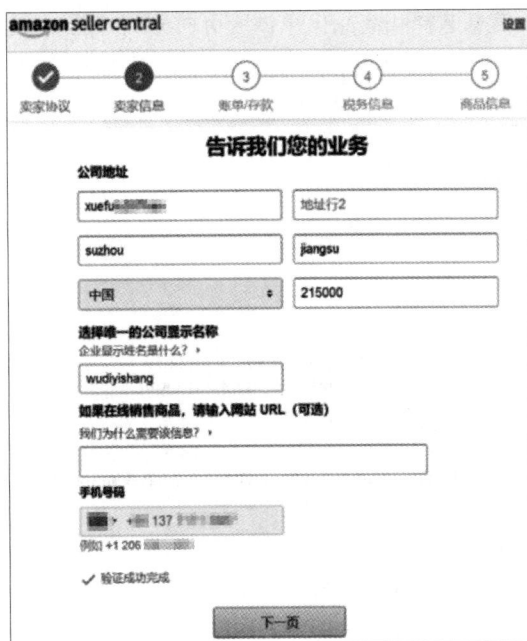

图 8-2-3 填写卖家信息页面

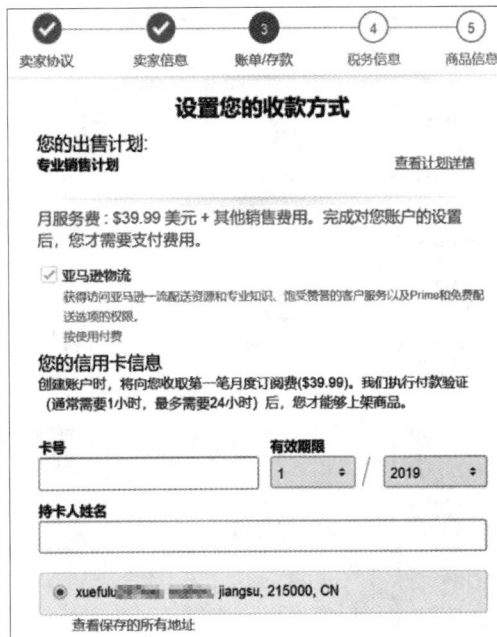

图 8-2-4 卖家设置收款方式页面

然后进入存款方式设置环节，卖家需按照要求填写存款的银行地址、账户持有人姓名、9 位数的汇款路径号码、银行账号即可，如图 8-2-5 所示。在这里，存款账户主要是卖家用来收取账户销售收入的。

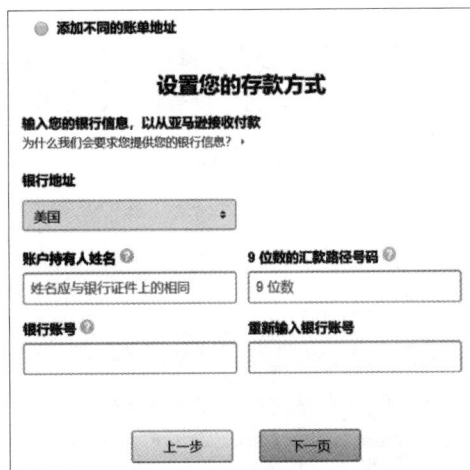

图 8-2-5 卖家设置存款方式页面

④ 纳税审核，填写税务信息

接下来进入纳税审核设置阶段，纳税审核主要是确认卖家的账户是否需要缴纳美国相关税费（由于是中国企业身份开设的店铺，目前无须过多涉及美国当地税费问题，所以这里选"否"即可）。

⑤ 填写商品信息

卖家按要求填写商品信息、销售计划，主要是指卖家打算在该平台上销售哪些品类的商品，并完成商品信息调查选项内容，由于后续账户注册成功后，这部分还可以修改，因此这个步骤也可以跳过，日后再处理。商品品类信息选择和商品信息调查页面分别如图 8-2-6 和图 8-2-7 所示。

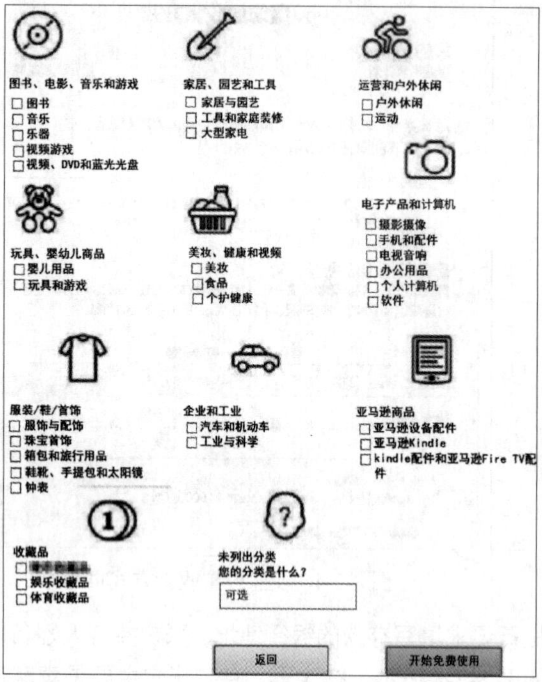

图 8-2-6　商品品类信息选择页面

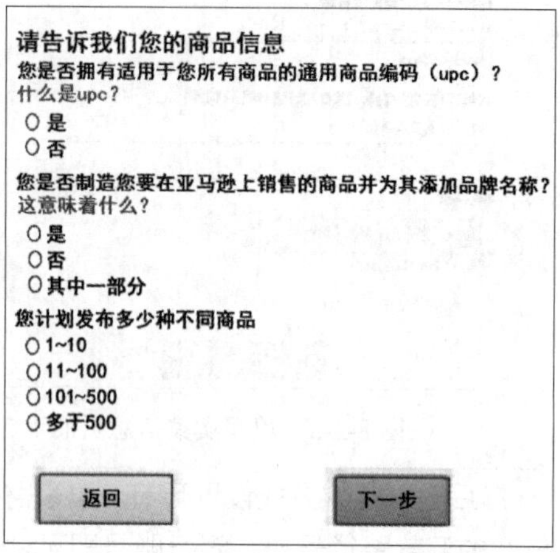

图 8-2-7　商品信息调查页面

⑥ 卖家信息核实

最后进入卖家信息核实环节，主要是核实卖家所在区域、卖家属性（是个人卖家还是公司卖家）以及提交营业执照和法定代表人身份证等信息，身份验证页面如图 8-2-8 所示。

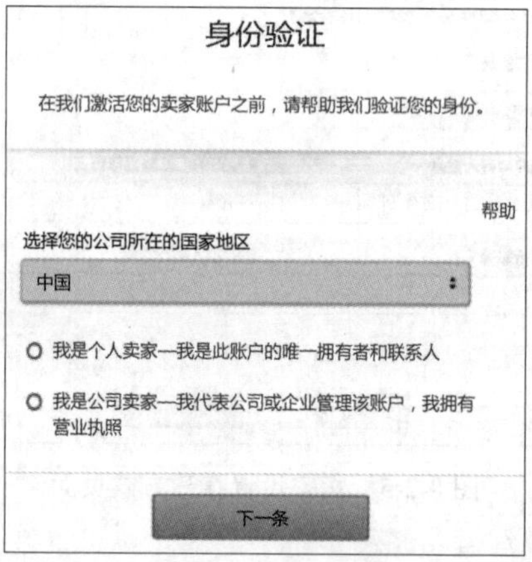

图 8-2-8　身份验证页面

提交资料时，需要注意：身份证正反两面要求合并到一个文件中进行上传；扫描件或照片必须保证所有信息清晰可读；卖家输入的信息（如法定代表人姓名、身份证号）务必与提交的文件中的信息相符；不接受截屏、不接受黑白复印件。

注册完成后，经过审核，卖家就可以进入后台管理，进行正常的运营管理了。为避免账户二次审核，一定要提前准备好正规的企业信息、法定代表人资料以及相关的账单信息。

三、亚马逊前后台布局认知

1. 亚马逊前台页面

尽管卖家日常主要是针对后台的运营管理，但前台页面是后台功能的展现，因此对前台环境进行系统的认知是开展亚马逊网店运营的前提条件。下面分别就亚马逊首页、搜索页和单品详情页进行介绍。

（1）亚马逊首页

亚马逊首页布局如图8-2-9所示。

① 顶部搜索框，便于客户直接搜索商品使用。

② 导航部分分类目录页面，便于客户分类查找信息时使用，还有导航部分、浏览历史、今日特价、购物车等栏目。打开今日特价栏目后对应的是参加官方促销活动的各个商品，一般客户如果购买促销商品，可以直接从这个入口进入。

③ 网站滚动横幅显示的是目前亚马逊平台的主要活动和宣传信息。

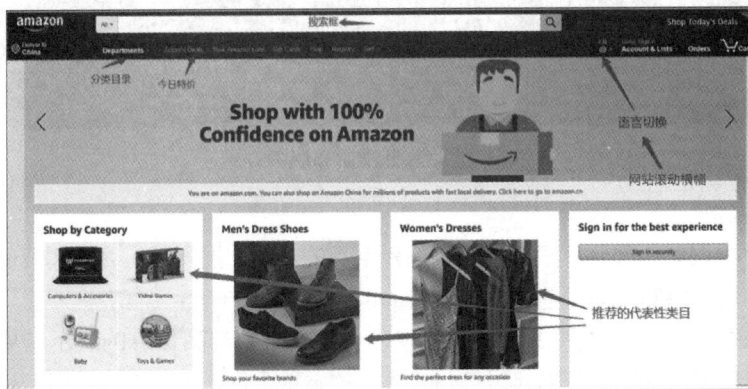

图 8-2-9　亚马逊首页布局

④ 导航图片对应的是几个主流分类目录的快捷入口，继续往下分别是平台从各个类目中调取出来的典型信息，如今日特价栏目、浏览历史推荐商品、其他客户购买、浏览推荐商品及一些主流栏目的推荐信息，如图8-2-10所示。

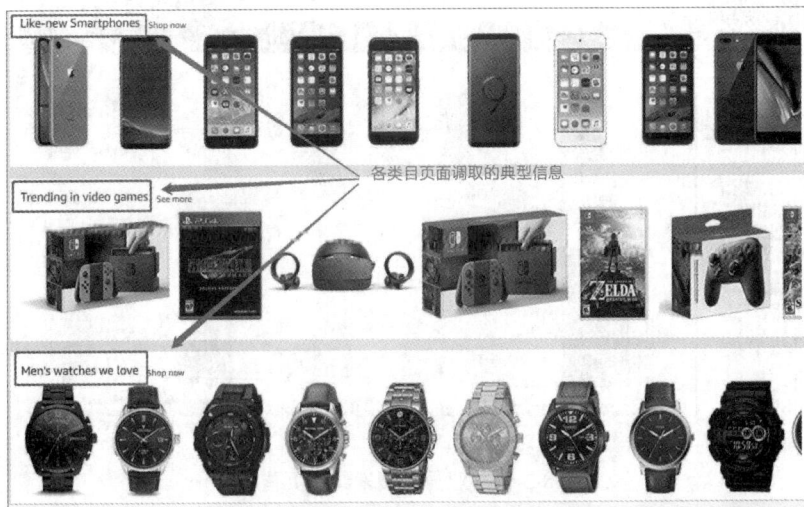

图 8-2-10　亚马逊首页二屏常见导航以及服务

⑤ 常见导航和服务介绍，如图 8-2-11 所示。值得说明的是，如果卖家对语言环境不熟悉可以通过右上角或下面的语言切换按钮切换成中文界面观看，但为了锻炼语言素养，我们建议在英语环境下查看。

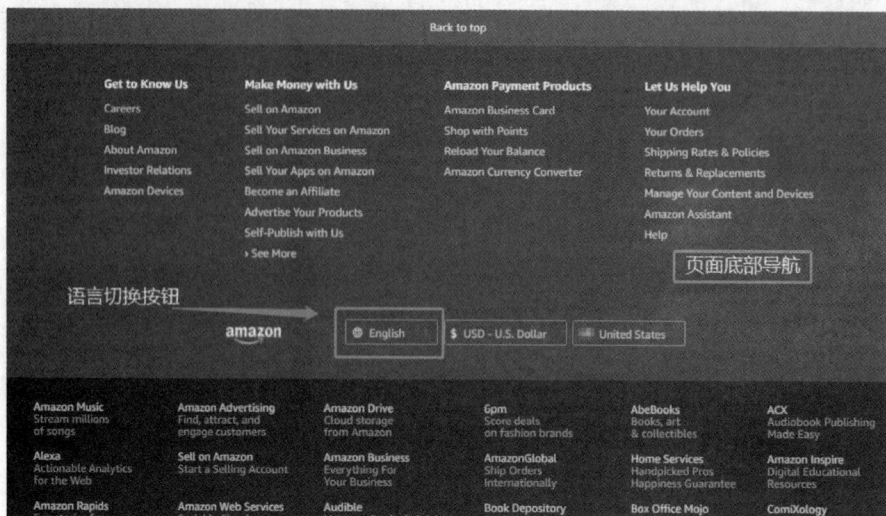

图 8-2-11　常见导航和服务介绍

（2）搜索页

在各大平台网站内部，搜索框都是客户最常用的功能，搜索页是客户浏览的主要区域，认知搜索页布局是认知亚马逊前台不可或缺的部分。

通常在搜索结果页，主要展示两类结果，一类是普通商品信息的展示结果，另一类是付费广告信息的展示结果。例如，以苏州代表性的婚纱为例，全分类下搜索 wedding dress，在亚马逊展示结果第一行旁边有 "**Ad feedback**" 字样的商品和下面展示结果中带有 "**Sponsored**" 字样的商品都是付费广告商品，其他的商品列表是普通商品。通过商品展示列表，客户可以查看某个商品的主图、标题、评价、价格及库存、物流信息、优惠券打折等概要情况，如图 8-2-12 所示。

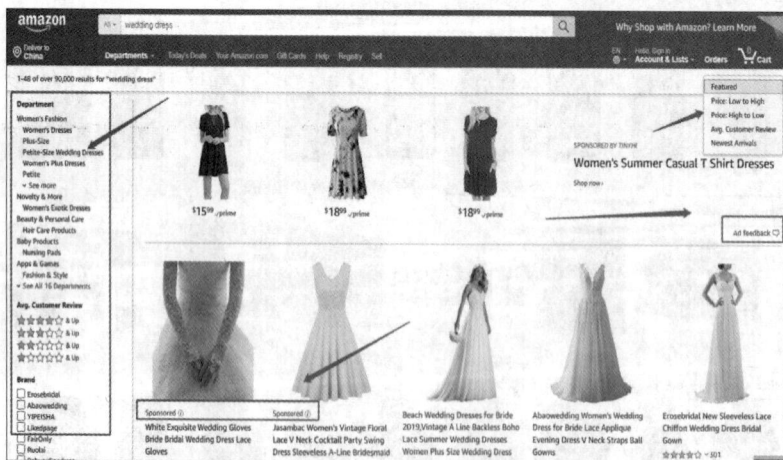

图 8-2-12　亚马逊搜索结果页首屏

在亚马逊搜索结果页首屏的左侧，卖家可以根据商品的细分属性进行进一步筛选，在右上角可以通过价格排序、评价排序及新品排序进行选择浏览。另外仔细查看会发现有些商品旁边会有金黄色"Best Seller"标签的和黑色"Amazon's Choice"标签。Best Seller 是指在一定时段内销量排名在类目领先的商品，就是畅销商品或爆款，一般能获得这样的打标，会引起客户对商品的重视，促进商品点击与购买，因此卖家也应该努力使自己的商品获得打标，如图 8-2-13 所示。卖家继续单击 Best Seller 标签链接，可以查看该类目下排名前一百的商品列表。观察这些商品的特征、描述，既对选品有一定的参考价值，又对商品标题、价格、图片、说明等内容优化有一定启发，如图 8-2-14 所示。

图 8-2-13　亚马逊搜索结果页二屏

图 8-2-14　亚马逊畅销卖家排名页

同样，Amazon's Choice 也是亚马逊中的打标商品，也是销量相对可观的商品。与 Best Seller 不同的是，该标签仅对图书和音像、电影、音乐、电子商品、家装、玩具、服装、鞋帽、珠宝、手工、户外等类目开放；要求对应商品配送方式必须是 FBA 等条件。有些商品上标注"Save××%"等标志的说明有优惠券，也可以引起客户关注购买。

（3）单品详情页

① 首屏

打开商品搜索结果中打标为 Best Seller 的一款婚纱，查看首屏（见图 8-2-15），页面左侧显示商品的图片信息，中间显示的是商品的标题，标题上面是品牌名称或卖家名称，标题下面分别是商品的销售价格、多规格信息（在销售价格上面有时还会有标有删除线的标牌价格）。

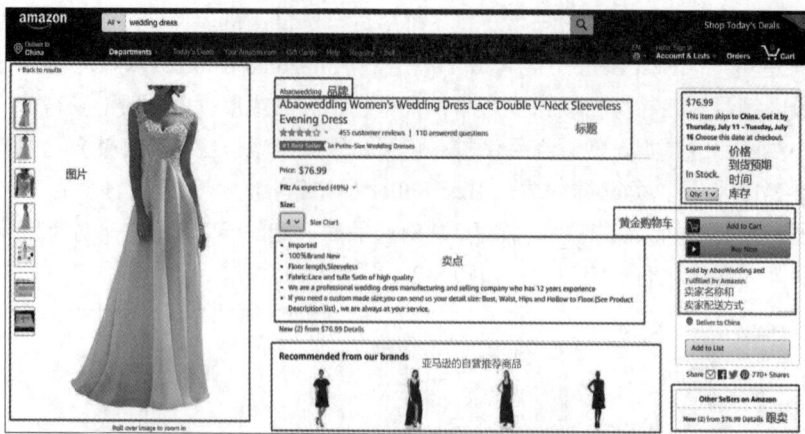

图 8-2-15　亚马逊商品页面首屏布局

Recommended from our brands 是亚马逊的自营推荐商品，这是亚马逊在近些年才推出的内容。

首屏右边显示商品的价格、库存、到货预期时间等信息，"Add to Cart"是购物车按钮，"Buy Now"是购买按钮。在亚马逊体系里，这个购物车被称为"Buy Box"，即黄金购物车。与我国平台不同，并不是所有卖家发布的每一个商品都有购物车，亚马逊体系内必须是表现相对较好的商品才会有购物车。页面右下方"Sold by"后面分别是卖家名称和卖家配送方式，这里如果显示"Fulfill by Amazon"，就说明这个商品是由亚马逊 FBA 提供的配送，更高效。页面右下方"Other Sellers On Amazon"的信息在亚马逊体系里面被称为跟卖商品信息，打开后展示的是亚马逊平台上和目前商品一模一样的同款商品。这是亚马逊为了避免同款商品被多次重复发布而设计的，既方便客户浏览又便于卖家发布商品。

亚马逊平台没有购物车的商品：图 8-2-16 所示的页面中，商品右边没有"Add to Cart"购物车按钮，变成了"See All Buying Opintions"按钮。客户进一步单击"See All Buying Opintions"按钮才会看到该商品旁边的购物车按钮，这种商品比有黄金购物车的商品要多一步点击，客户才能看到购物车，之所以这样设计，就是给客户更多的提示，要仔细关注没有独立黄金购物车的商品。

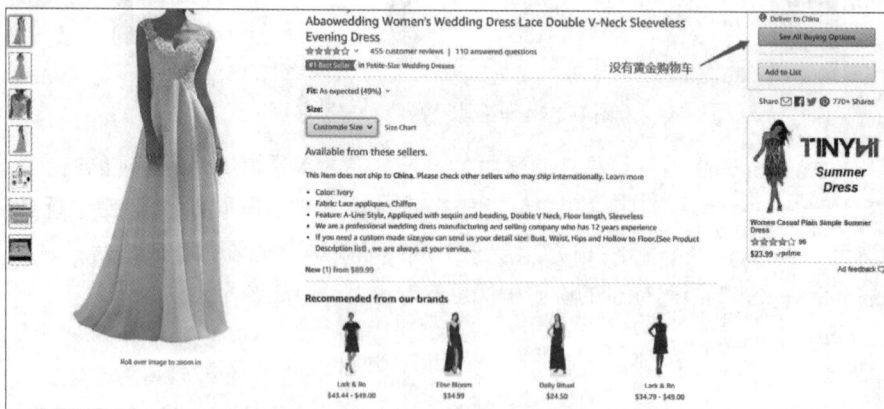

图 8-2-16　亚马逊的没有购物车的商品页面

跟卖商品：客户单击"other sellers on Amazon"选项下的"New *from *Details"链接，

会看到亚马逊平台上发布的其他同款跟卖商品，客户可以进一步对比购买，可能同款商品的价格略有不同，客户可以根据自己的需要进行选择，如图 8-2-17 所示。

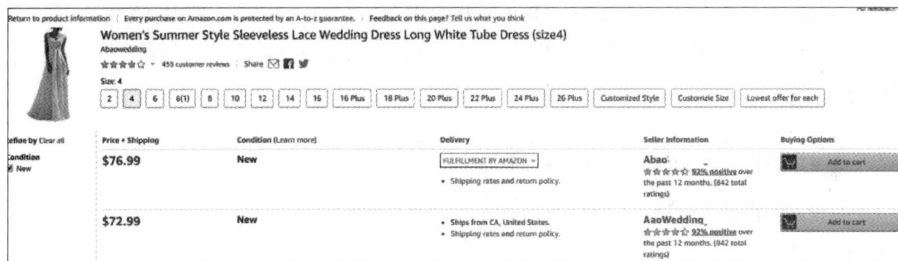

图 8-2-17　亚马逊跟卖商品展示页面

② 二屏

图 8-2-18 所示为 Customers who viewed this item also viewed 和 Sponsored products related to this item 栏目，分别对应的是客户可能会在亚马逊平台上关注的其他同类商品和广告商品。接下来，可能还会展示 Frequently bought together 信息，即配合着当前商品搭配销售的商品，即我们常说的搭配促销商品。

图 8-2-18　亚马逊商品页二屏页面

③ 三屏

图 8-2-19 所示为 Product Description 栏目，即商品描述栏目，但不是所有卖家都可以发布用于商品描述的图文信息，只有通过品牌注册并受亚马逊邀约的卖家才可以发布图文信息（一般将图文信息展示页面称为 A+ 页面），因为 A+ 页面可以添加更多生动的图文信息，所以表达信息更加充分，更能吸引客户。没有 A+ 页面功能的卖家一般只能发布文字商品描述。

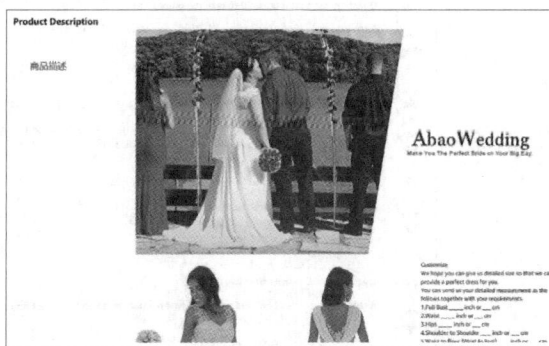

图 8-2-19　亚马逊商品页 A+ 页面

④ 四屏

图 8-2-20 所示为亚马逊商品详情页内容，在这个页面可以查看具体的商品信息，包括物流信息、商品货号等信息；同时在 Best Sellers Rank 部分，也可以看到该商品在所属一级、二级、三级类目不同的销售排名。尤其是这个 Best Sellers Rank 信息是评判一个商品在类目中表现的重要指标，对于日后卖家分析竞品有一定的参考价值。

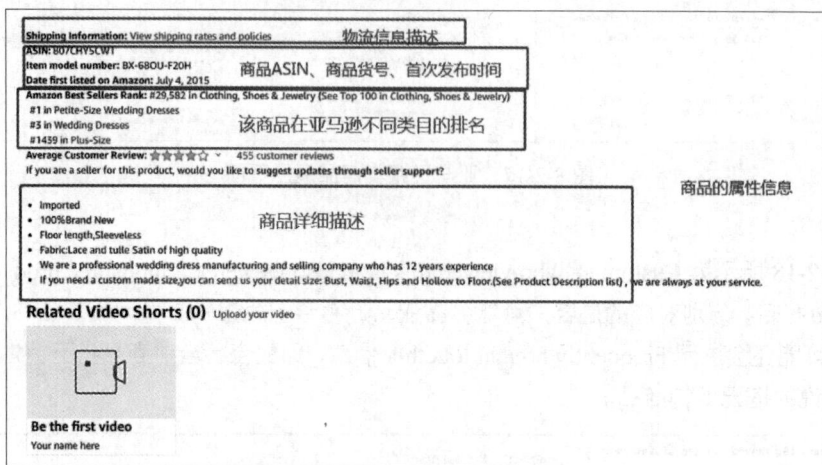

图 8-2-20　亚马逊商品详情页内容

⑤ 五屏

图 8-2-21 所示为亚马逊商品页客户问答区（Customer questions & answers）。通过这些信息，客户能够快速了解商品购买及使用中的深度问题。当然作为卖家，通过这些问题也能发现更多客户关注的焦点，为以后商品优化做好铺垫工作。

⑥ 六屏

图 8-2-22 所示为亚马逊商品详情页客户评价区，评价区既可以帮助客户深度了解商品信息，又可以为卖家的商品宣传、优化提供指导。在亚马逊的商品评价体系里，购买过商品的客户或没有购买过商品的浏览者都可以对商品进行评价。评价中有 "Verified Purchase" 标记的才是购买过商品的客户评价。

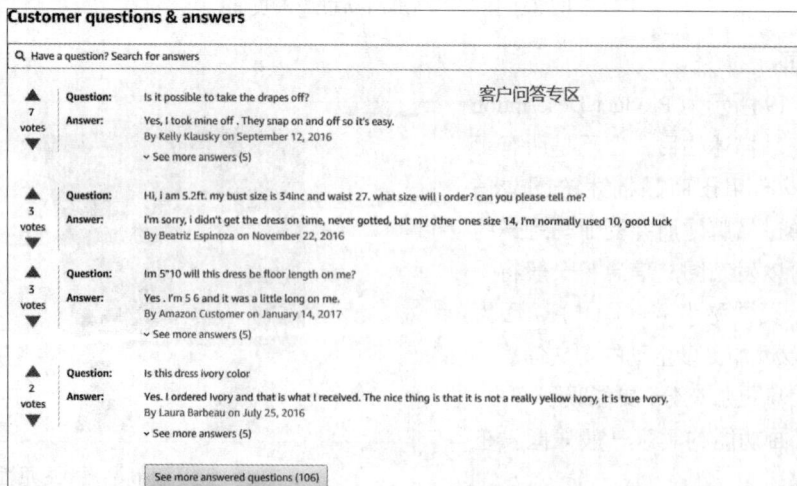

图 8-2-21　亚马逊商品页客户问答区

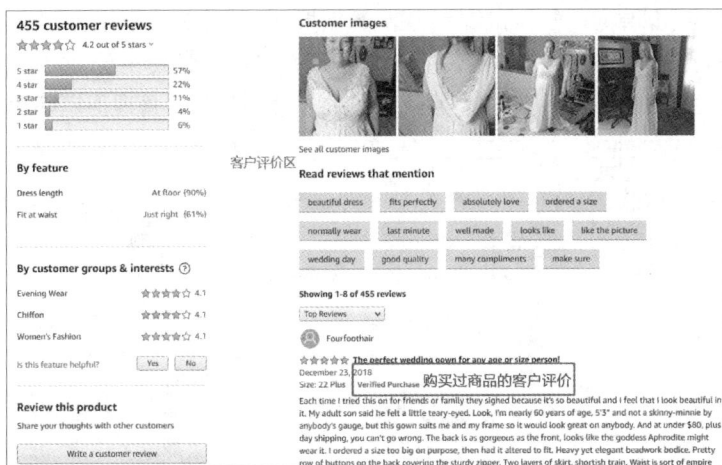

图 8-2-22　亚马逊商品详情页客户评价区

　　客户单击页面首屏标题上面的品牌名或卖家名称，可以进入该品牌商品的列表页面或卖家品牌页，如图 8-2-23 所示。客户还可以单击首屏图中商品右侧价格下面的"by+ 卖家名称"链接，进入卖家信息页面，可以看到客户给店铺的 Feedback（反馈信息）（见图 8-2-24）、退换货信息等。

图 8-2-23　卖家品牌页

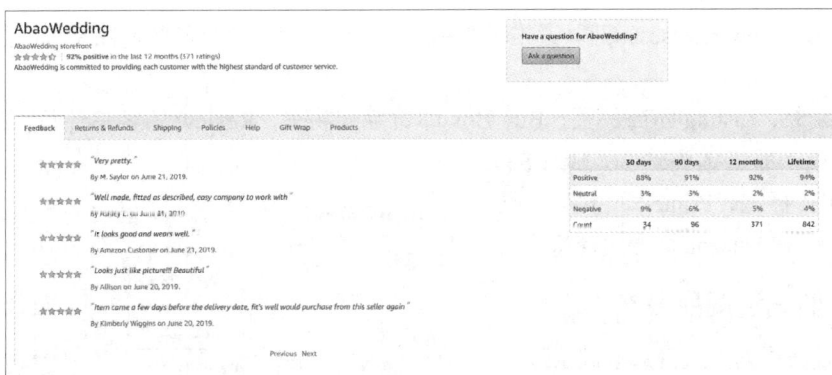

图 8-2-24　客户给店铺的 Feedback（反馈信息）

2. 亚马逊工作后台布局

　　在 PC 端打开亚马逊工作后台，输入账号和密码，进入亚马逊后台，从整个页面布局可以看到，上面是导航栏，下面是卖家订单、配送、绩效、付款、销售业绩等信息的快捷展示区。

导航栏主要有库存、订单、广告、品牌旗舰店、数据报告、绩效等主要栏目，如图 8-2-25 所示。

初期卖家常用的栏目主要是库存栏目里面的添加商品、批量上传商品功能，订单栏目中的管理订单、管理退货等功能，广告栏目中的广告活动管理、管理促销等功能。

图 8-2-25　亚马逊后台首页

3. 亚马逊专业术语

每个网络平台在对应的环境下都有一些专业术语，熟悉并掌握这些专业术语不仅是卖家运营店铺的基础，对日后的业内交流沟通也是必要的，下面梳理一下亚马逊平台的一些常见术语。

（1）Today deal：今日特价，卖家报名活动参加促销的商品会出现在这个栏目下，这对商品销售具有很好的拉动效应。

（2）FBA：高效、便捷、灵活地应用 FBA 对提升客户体验、获取黄金购物车、参与广告推广和促销活动都是十分必要的。

（3）Sponsored Products、Ad feedback：亚马逊广告，分别表示的是广告资助商品和广告信息，在亚马逊商品展示结果中，带有这两种标签的商品都说明是亚马逊广告商品。

（4）Amazon's Choice：亚马逊推荐商品，即带有这个标签的商品都说明是亚马逊推荐的表现比较好的商品。

（5）Hot New releases：亚马逊推荐热销新品，即带有这个标签的商品都说明是亚马逊热销新品。

除此之外，Listing 即商品页，Buy Box 即黄金购物车，Review 即客户评价，Feedback 即客户反馈（即店铺评价），Best Seller 即畅销商品标签，Prime 即付费会员，Other Sellers on Amazon 即跟卖商家。

四、亚马逊商品发布

商品发布是网店运营的基础工作，下面介绍亚马逊商品发布流程。

在 PC 端打开亚马逊后台，单击"库存"栏目，继续单击"添加新商品"按钮就可以开始发布商品了，如图 8-2-26 所示。

在亚马逊体系，商品发布可以基于两

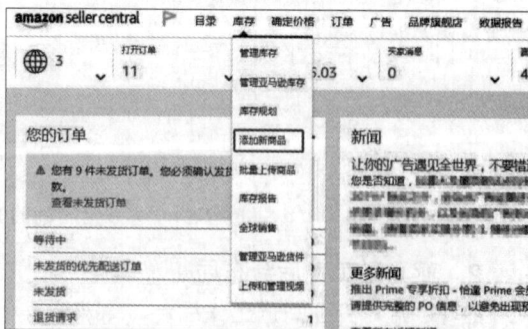

图 8-2-26　亚马逊后台商品发布栏目

种情形，一种是跟卖，即发布已有同款商品，卖家只要输入对应商品的 ASIN（亚马逊平台的商品编号）或 SKU（每一个 listing 对应唯一 SKU 编码）查找到对应页面，补充和修改相应的信息即可发布；另外一种是全新发布。下面以全新发布为例进行介绍。

1. 类目选择

可以输入关键词，选择下面最合适的类目，如图 8-2-27 所示。

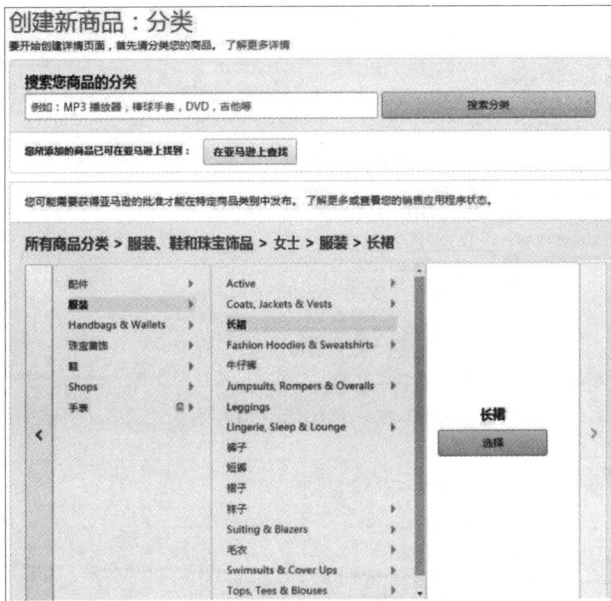

图 8-2-27　类目选择页面

2. 具体信息填写

进入具体信息填写页面，其中共有八项内容发布，分别为重要信息（Viatl Info）、变体信息（Variations）、交易信息（Offer）、电池信息（Compliance）、图片信息（Images）、摘要信息（Description）、关键词（Keywords）、更多信息（More Details），如图 8-2-28 所示。下面重点介绍一下信息发布中的一些关键环节。

（1）Viatl Info

① Product Name：产品名称，这部分信息非常重要，除了要突出商品特征，达到吸引客户的目的外，还要将客户搜索关键词放置里面，便于客户搜索时排名突出。要求：标题首字母全部大写，介词除外；切忌出现促销信息；标题书写范式为品牌名＋搜索权重最大关键词＋其他关键词＋型号＋属性词，或者是按照搜索权重最大关键词＋其他关键词＋型号＋属性词的顺序填写，前者适合品牌卖家，后者适合一般卖家。

② Product ID：商品的标识，相当于商品的一个身份码，可以选择"Select"选项，选择其中一项即可，可以选择国际通用的 UPC 码、ENA 码，也可以是亚马逊分配的 GCID 码，如果没有可以根据官方渠道提示购买，总之发布商品时必须填写 Product ID。

③ Brand Name：品牌名称，填写自己的品牌名称，切记不要去填写别人的品牌名，否则可能会产生错误关联或者触发审核。在实际操作中，如果没有品牌，可以填写店铺名称。

（2）Variations

变体信息，即内贸电商中的多 SKU 设置，当同款商品的颜色、尺寸有多种规格时，可以根据需要添加变体信息，如图 8-2-29 和图 8-2-30 所示。

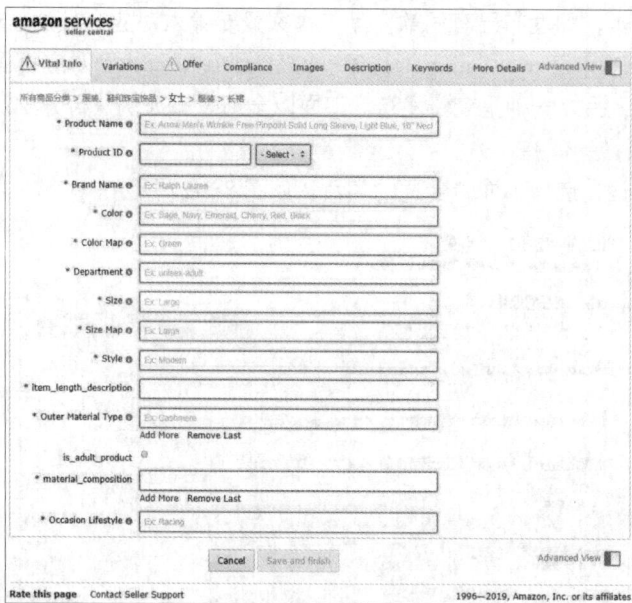

图 8-2-28 具体信息填写页面

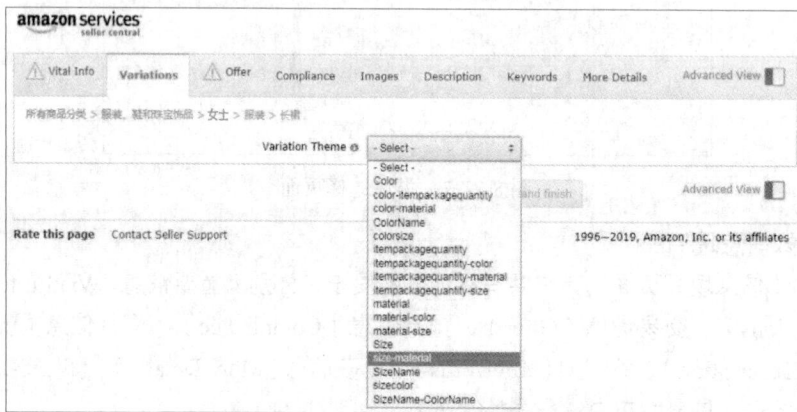

图 8-2-29 变体信息类型选择页面

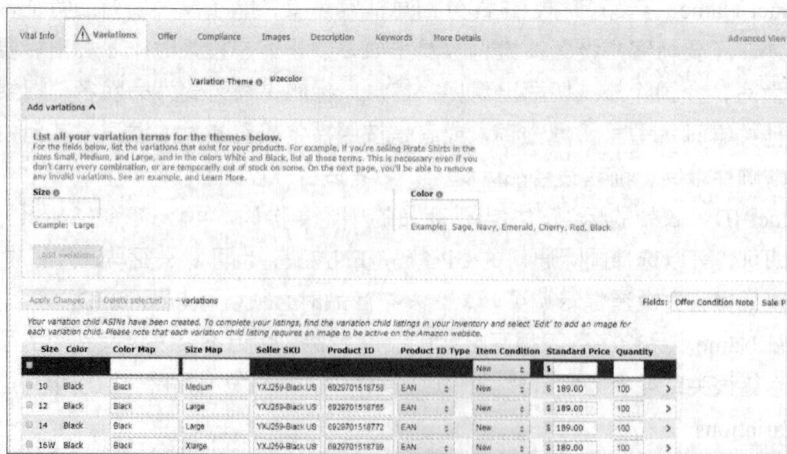

图 8-2-30 变体信息填写页面

（3）Offer

① Standard Price：标牌价，即前台展示带有删除线的价格，一般填写比正式售价高一些的价格，起到促进客户购买的作用。

② Seller SKU：即卖家给商品编的货号，便于自己管理即可，可以根据需要拟定。

③ Sale Price：正式的销售价格。

④ Sale Start Date/Sale End Date：即开始销售的时间/结束日期，可以根据需要填写。

⑤ Max Order Quantity：即单个客户可购买的最大数量，就是限制单个客户一次能买的上限，设置这个的目的是为了避免客户恶意购买。

⑥ Fulfillment Channel：即发货方式，卖家发货方式可以选择 FBA 或自己安排快递发货，可以根据具体情况来选择。

图 8-2-31 所示为商品交易信息填写页面。

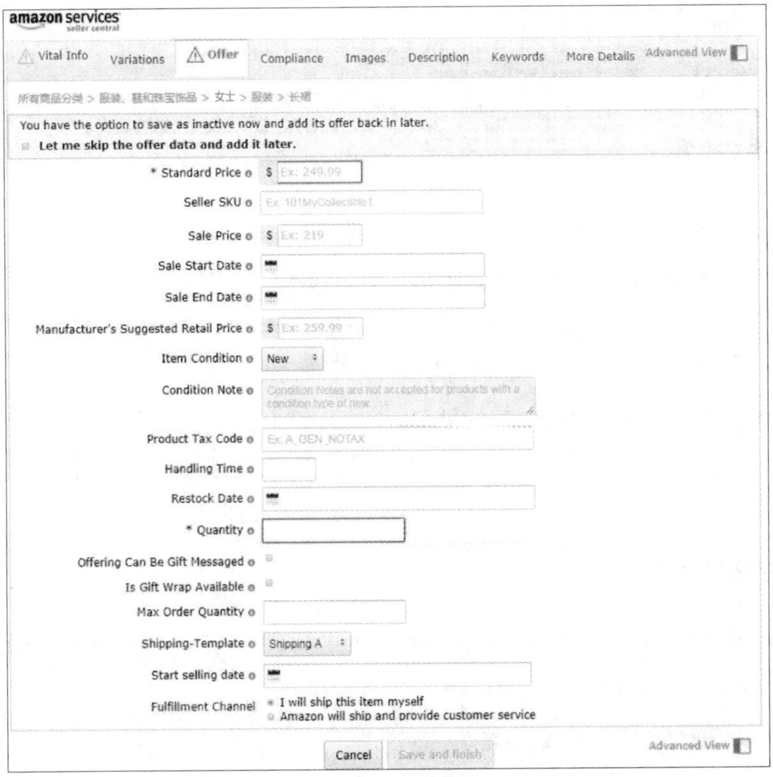

图 8-2-31　商品交易信息填写页面

（4）Compliance

Compliance 处填写的是一些电池信息，如果商品不包含电子电池等零件，就不需要填写。

（5）Images

Images 处可上传商品图片（见图 8-2-32），亚马逊体系 listing 页一个商品对应 1 张主图和 8 张辅图，上传的图片有以下具体要求。

① 商品主图必须是纯白色背景，展示单一商品。

② 商品图像必须占据图片的 85%，图片不能带水印、Logo 等信息。

③ 建议图片的尺寸不低于 1000 像素 ×1000 像素，图片最短边不小于 500 像素。

④ 图片格式可以是 GIF、TIFF、JPEG。

（6）Description

① Product Description：商品描述，在商品详情页 Best Sellers Rank 下面展示，可以用来描述商品的用途和规格等信息，如图 8-2-33 所示。

② Key Product Features：填写商品特质信息，即卖点，最多 5 点描述，这对促进客户购买起到重要的作用。

（7）Keywords

Keywords 是关键词，填写客户搜索的关键词及出单关键词等，如图 8-2-34 所示。

（8）More Details

根据卖家具体信息填写，主要包括商品包装信息、商品重量和尺寸等，如图 8-2-35 所示。

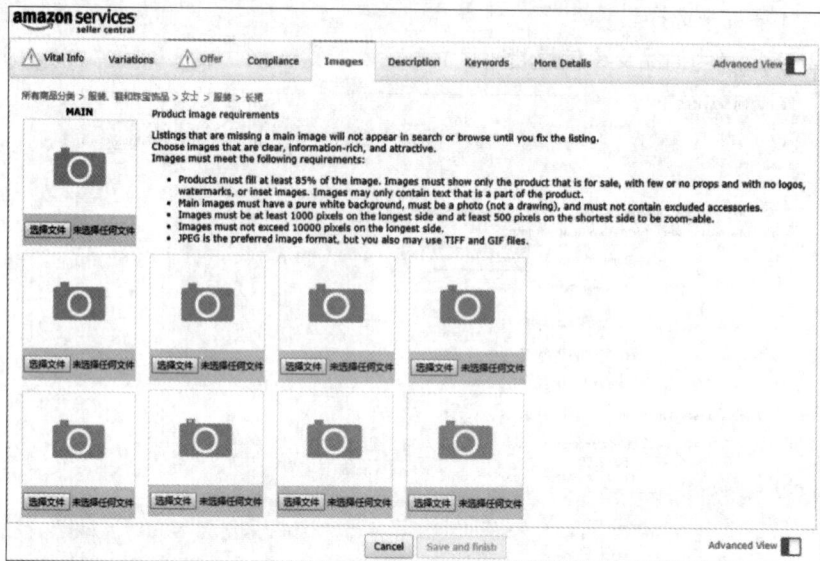

图 8-2-32　商品图片信息填写页面

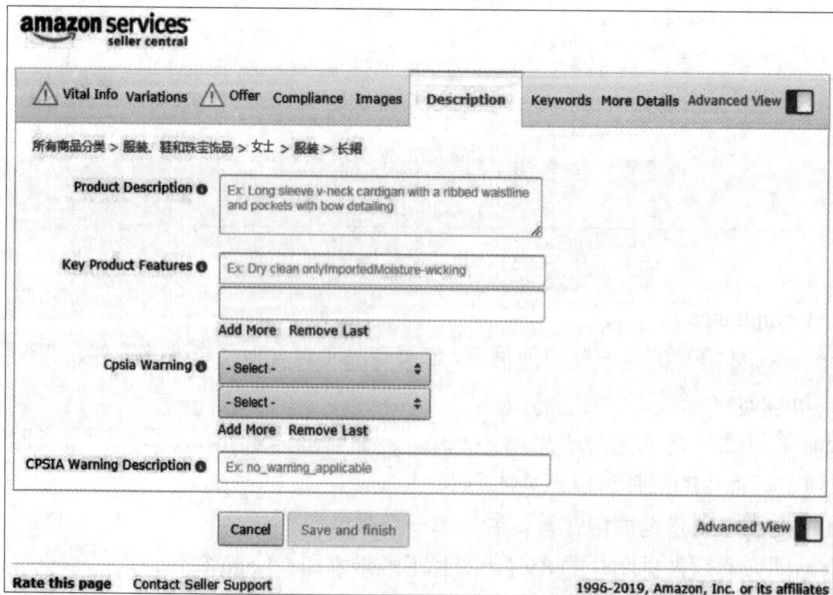

图 8-2-33　商品描述信息填写页面

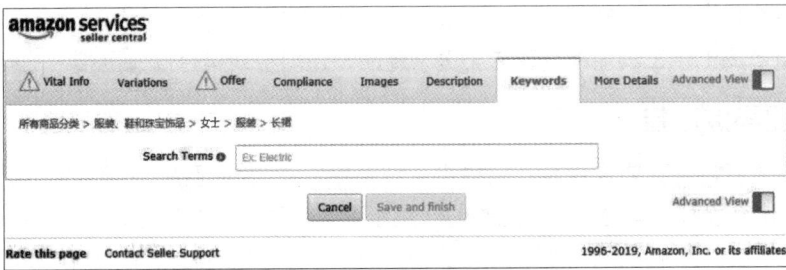

图 8-2-34　商品关键词信息填写页面

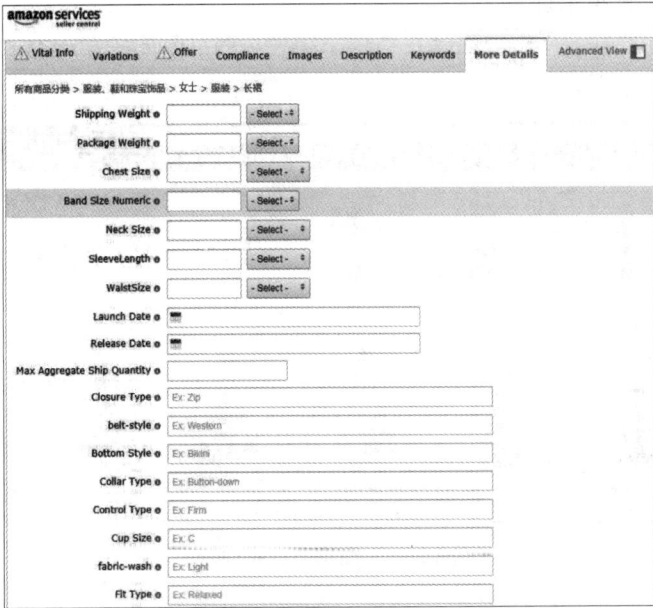

图 8-2-35　商品更多信息填写页面

卖家将所有的商品信息都填写完整并检查无误后，单击"Save and Finish"按钮即可完成商品上传。

3. 批量商品发布

在亚马逊体系里，除了按上述基本操作发布商品信息外，业内专业人士都会通过 Excel 表格的形式在后台批量上传商品来发布信息（见图 8-2-36），尤其是对于多 SKU 或商品属性相同的商品。使用批量商品上传工具具有以下优势。

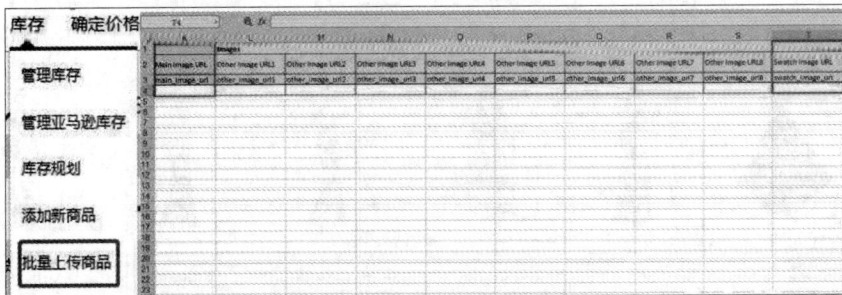

图 8-2-36　亚马逊批量商品发布页面

① 上传效率更高，使用批量商品上传工具比单件上传更快捷。

② 支持文件更全面，支持 .xls、.xlsx、.txt、.csv 格式的文件，操作过程更省心。

③ 批量商品上传工具能够自动分类卖家商品，还能帮助排查商品上传中的问题。

五、亚马逊广告

无论是在境内电商体系还是在跨境电商体系中，广告和促销活动都是网店运营的关键环节。为了让大家对亚马逊体系有完整的认知，下面着重讲解亚马逊体系广告操作流程。

亚马逊广告体系有类似淘系直通车的商品推广，有类似淘宝客的亚马逊联盟，也有类似明星店铺的品牌广告，其中除了亚马逊联盟外，其扣费原理都是按照点击付费。

1. 亚马逊广告展示位置

（1）亚马逊搜索结果中的品牌广告位于结果页商品列表的第一行和最后一行，如图 8-2-37 和图 8-2-38 所示。

图 8-2-37　结果页商品列表 1

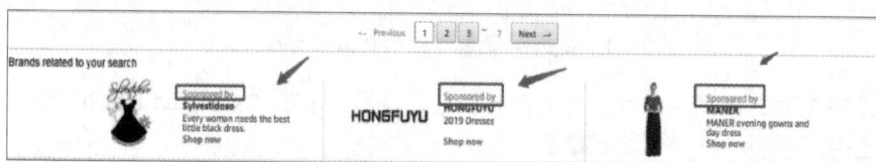

图 8-2-38　结果页商品列表 2

（2）亚马逊搜索结果商品列表中第一行及中间穿插的某些位置（见图 8-2-39），主要是基于关键字搜索的亚马逊商品广告。

图 8-2-39　结果页商品列表 3

（3）亚马逊广告有时还会展示在 Listing 页右侧、Product Description 上方、Customer questions & answers 的上方位置等，但都会有清晰的 Sponsored、Ad feedback 标志。

2. 亚马逊广告投放要求

对于卖家而言，投放亚马逊广告资质要求有以下几点。

① 专业销售计划账号才有资格投放。

② 投放商品必须拥有黄金购物车。

③ 品牌广告必须是品牌商才具备开通资格。

3. 亚马逊广告投放流程

在 PC 端打开亚马逊后台，单击"广告"栏目，然后单击"广告管理"菜单，亚马逊的广告管理后台便展现出来。与直通车管理后台接近，亚马逊后台也有广告组列表、效果分析区。广告活动类型主要有两种形式，一种是商品推广，另外一种是品牌推广（见图 8-2-40）。下面以商品推广为例，介绍亚马逊广告投放流程。

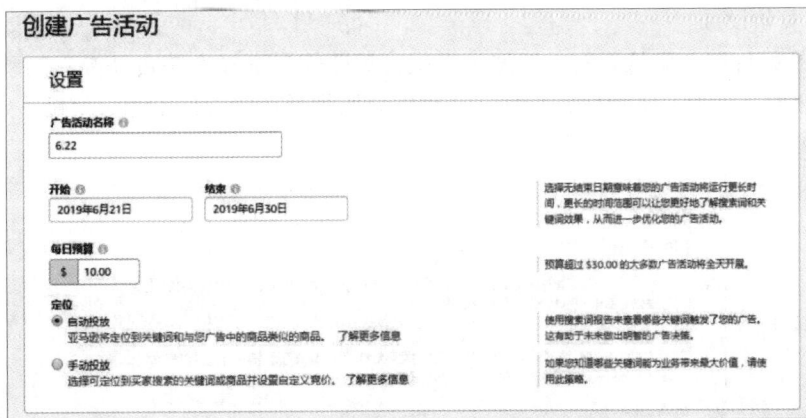

图 8-2-40　亚马逊后台广告活动类型选择页面

（1）创建广告活动

在亚马逊后台创建广告主要是设置该广告活动的名称、投放时间、每日预算和活动定位（自动投放和手动投放）等，如图 8-2-41 所示。

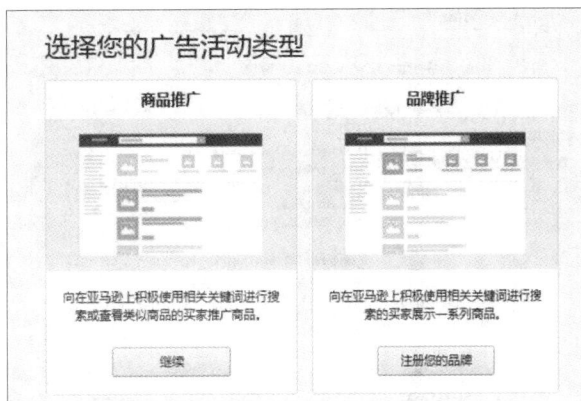

图 8-2-41　亚马逊后台创建广告活动页面

活动名称设置可以根据卖家自己的需要拟定，例如可以根据活动目的的不同或活动主题的不同进行命名，例如"新品宣传""库存清仓"活动或圣诞节、会员日活动等。投放时间和预算的填写问题就不再赘述。活动定位分为自动投放和手动投放两大类，所谓自动投放就是只要选择商品，系统会自动配备关键字，主要适用于新手；而手动投放就是要卖家自己选择关键字及关键字匹配模式来具体投放。从深层次而言，自动创建模式和手动创建模式还有一定的区别，这里不再详细介绍。这里我们以比较完整的手动投放为例继续介绍创建广告活动。

（2）创建广告组

在亚马逊后台创建广告组主要是指对广告组名称的设置、广告组内商品选择等，如图 8-2-42 所示。

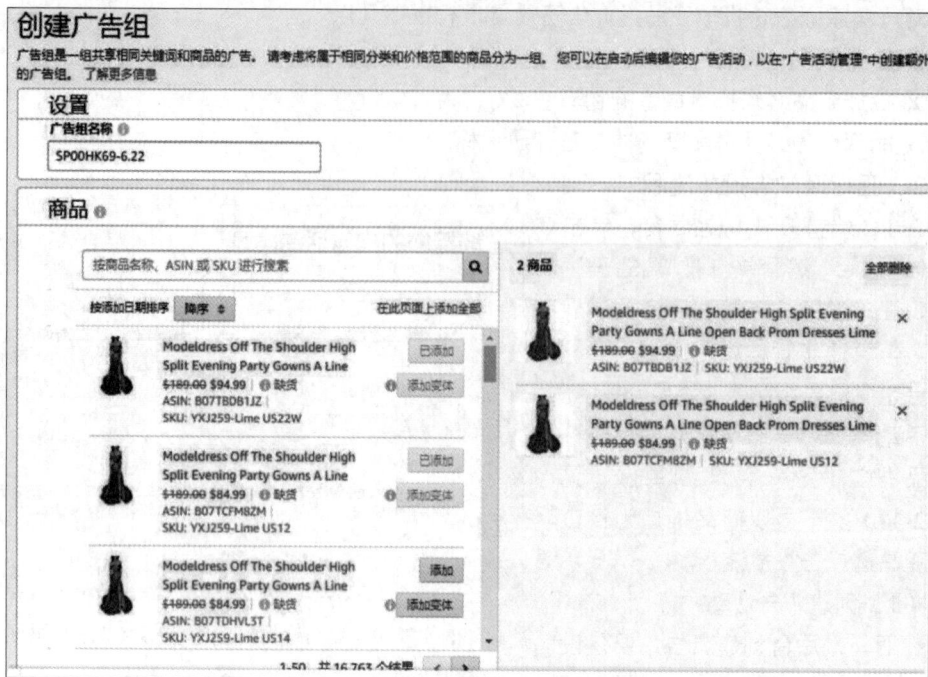

图 8-2-42　亚马逊后台创建广告组页面

（3）竞价设置

亚马逊后台广告竞价设置，卖家可以根据策略需要选择系统自动推荐的动态竞价和固定竞价策略，设置广告组默认竞价，还可以采取根据广告位调整竞价策略，如图 8-2-43 所示。

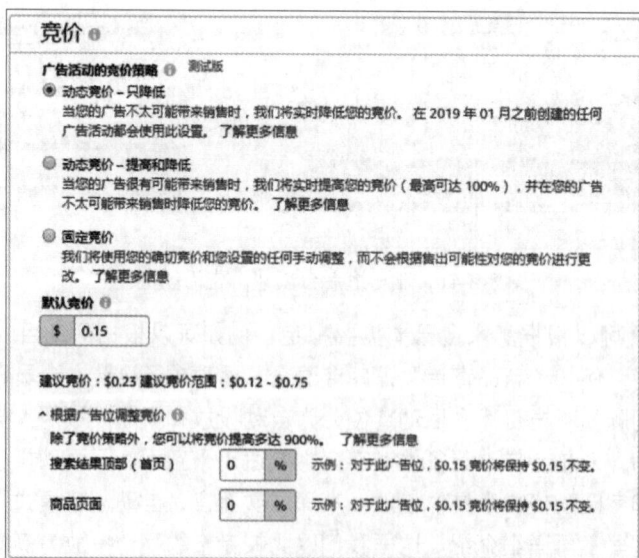

图 8-2-43　亚马逊后台广告竞价设置页面

（4）投放类型设置

卖家可以选择两种投放类型：一种是关键词投放，即传统的根据客户搜索关键词投放，另一种是商品投放，即根据潜在客户关注的商品、品牌等因素进行定向投放，如图8-2-44所示。当卖家对客户搜索关键词把握得比较清晰的时候，可以选择第一种投放类型；当卖家对关键词把握不够清晰或者是对标投放的时候，可以采取第二种投放类型。

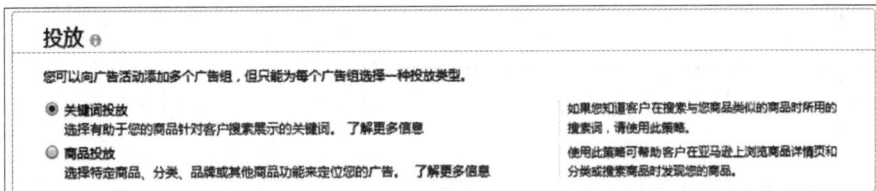

图 8-2-44　亚马逊后台广告投放类型设置页面

（5）关键词投放设置

亚马逊后台广告关键词投放设置，卖家可以进入筛选投放关键词、关键词匹配、关键词价格设置及否定关键词设置页面，如图8-2-45所示。

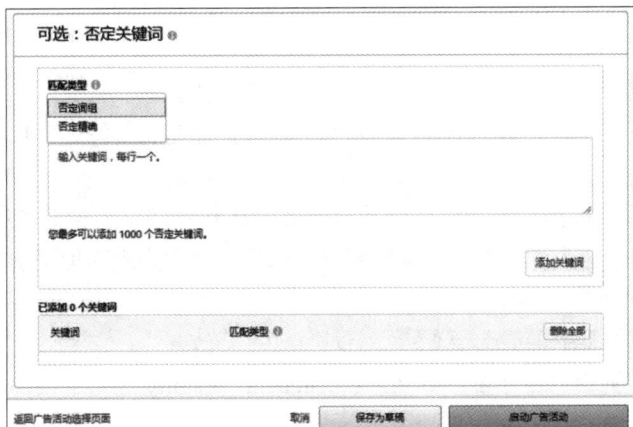

图 8-2-45　亚马逊后台广告否定关键词设置页面

4. 亚马逊广告投放注意事项

做好广告同样需要注意选品、优化关键词、出价、创意，关注后期效果持续优化等。亚马逊广告的字数限制为 255 个字符，一个广告组里关键词的数量为 200，每个广告组里活跃广告数不能超过 10 个。

亚马逊的广告体系中同样也有自己的效果评价指标，卖家需要及时关注以下指标：曝光（Impressions）、点击（Clicks）、花费（Spend）、销售贡献（Sales）、点击通过率（Click Through Rate）、转化率（Conversion Rate）、广告成本销售比（ACoS=Spend/Sales）。

六、亚马逊促销及活动体系

1. 促销工具

在亚马逊促销工具里，主要包含有 Social Media Promo Code、Free Shipping、Percentage Off（money off）、Buy One Get One、Giveaway 五种促销工具，分别对应的是社交媒体促销代码、免运费、购买折扣、买一赠一、亚马逊抽奖，如图 8-2-46 所示。

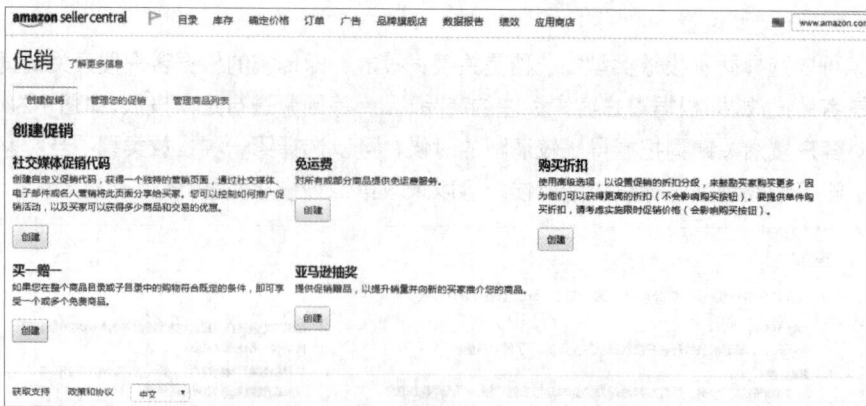

图 8-2-46　亚马逊后台创建促销页面

2. 购买折扣应用流程

在广告栏目下进入创建促销页面，单击"Percentage Off（money off）购买折扣"按钮进入创建流程，主要流程包括添加商品、设置折扣和预算、设置投放周期和目标人群、预览与提交。

（1）添加商品

卖家可以根据 ASIN 和 SKU 选择商品，只要在搜索框中添加目标商品的 ASIN 或 SKU 即可搜索对应商品，然后对结果中的目标商品进行添加选定，如图 8-2-47 所示。

（2）设置折扣和预算

亚马逊后台促销折扣和预算可以选择按照百分比和金额两种形式进行设置，而且可以设置同一客户使用优惠券的次数；在预算部分可以设置愿意为此次促销承担的预算费用，最少设置 100 美元，如图 8-2-48 所示。

（3）设置投放周期和目标人群

亚马逊后台促销折扣目标客户有 Prime、Student、Family 三个选项，投放日期可以根据营销目标来设定，最长不超过 90 天，如图 8-2-49 所示。

（4）预览与提交

设置完成亚马逊后台促销折扣，预览之后没有问题就可以提交，可以看到前台优惠券，如图 8-2-50 所示。

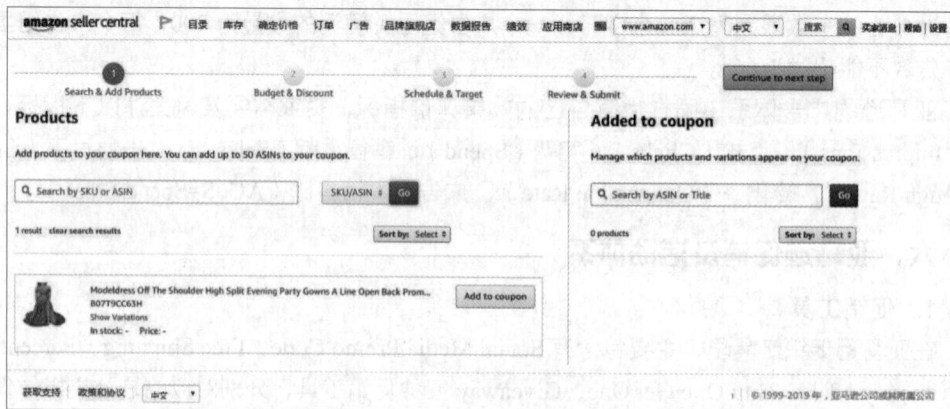

图 8-2-47　商品添加页面

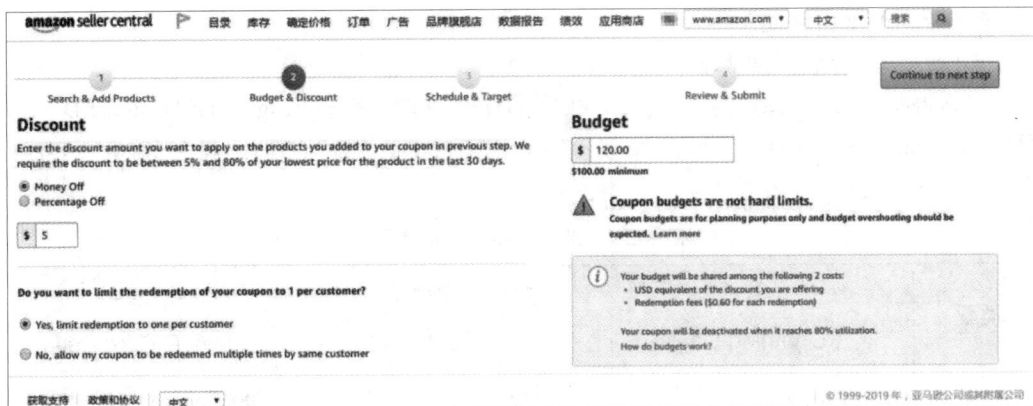

图 8-2-48　折扣和预算设置页面

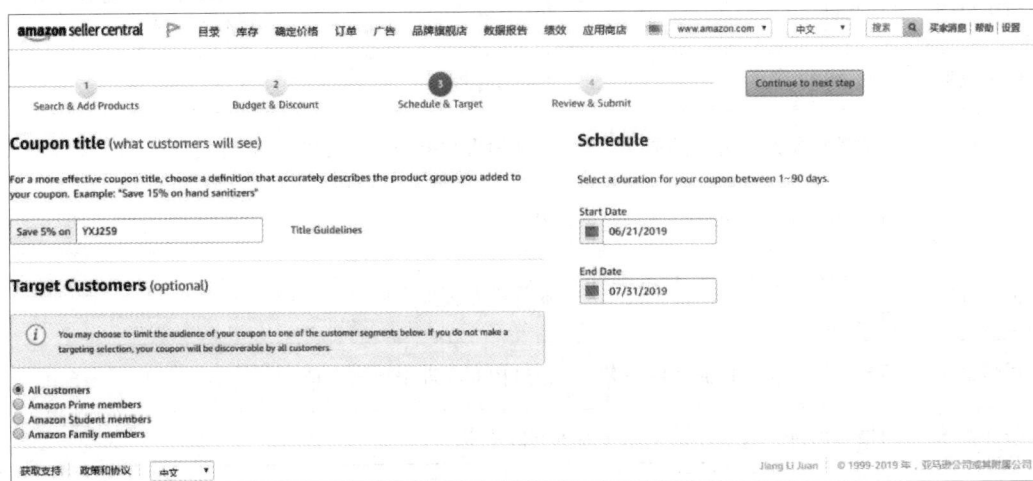

图 8-2-49　投放周期和目标人群设置页面

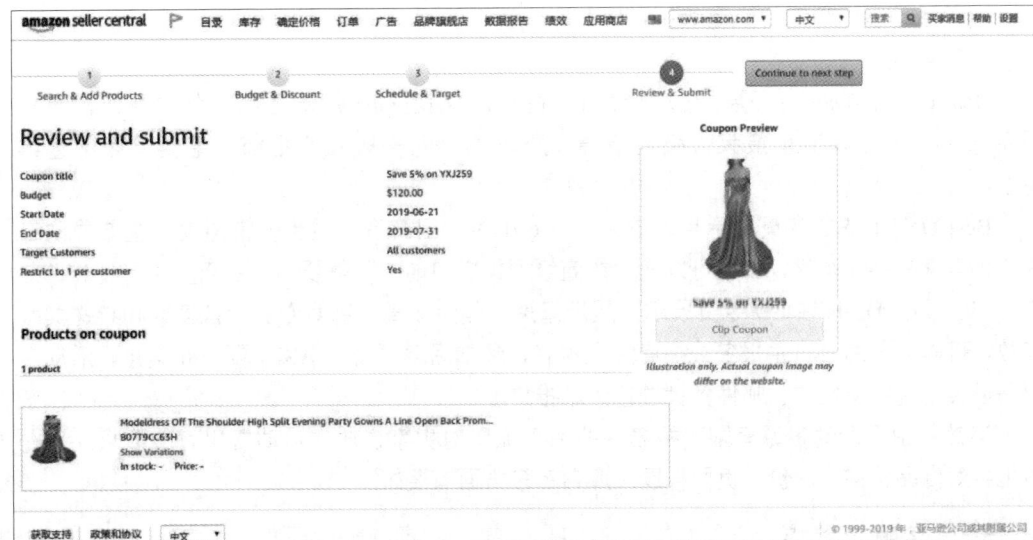

图 8-2-50　预览与提交页面

3. 亚马逊平台活动

（1）亚马逊平台日常活动

亚马逊平台日常活动主要分为三大类型的秒杀活动：秒杀（Lightning Deals，LD）、周秒杀（Best Deal，BD）、当天交易（Deal OF The Day，DOTD），其差别如表8-2-4所示。

表8-2-4 亚马逊平台活动类型

类型	秒杀 （Lightning Deals）	周秒杀 （Best Deal）	当天交易 （Deal OF The Day）
简称	简称 LD	简称 BD	简称 DOTD
展示页面	LD 专页	BD 专页	移动端第一屏每天只有三个广告位
展示周期	一般 2 周	4 ~ 6 小时	一天
针对商家	专业销售卖家和特殊卖家	专业销售卖家和特殊卖家	特殊卖家
费用	每个 ASIN150 美元	免费	\
推广方式	亚马逊社交推广、亚马逊邮件营销	亚马逊专页推广	\
报名渠道	后台自主报名或招商经理报名	通过招商经理渠道去申请	\
条件要求	价格、评价、页面标题、库存等多方面要求		

（2）报名要求

由于活动展示周期、流量级别不同，它们适用的卖家类型、报名方式、条件要求及费用也各有差异。

Deal Of The Day 由于展示位置突出，在移动端第一屏每天只有三个广告位，而且展示一天，因此其流量最大，级别最高，所以不面向一般卖家招商，主要以内部邀约为主。

Best Deal 在 BD 专页展示且时效为 4 ~ 6 小时，因此资源位也非常重要，主要面向专业销售卖家和特殊卖家，一般可以通过招商经理渠道申请，不需要活动费用。

Lightning Deals 在 LD 专页展示，展示周期一般为 2 周。针对专业销售卖家和特殊卖家开放，可以通过后台自主报名或招商经理报名，参加活动的每个 ASIN 要 150 美元，活动中亚马逊会通过社交推广、邮件营销进行活动推广。

当然，由于活动资源有限，报名这些活动除了对卖家资质、活动费用有所要求外，一般也会对商品价格、评价、页面标题、库存等多方面有要求。

七、客服、发货

1. 客服

做跨境电商贸易的客服，与淘宝天猫有着本质区别，并没有旺旺客服那样的繁忙。

境外客户不习惯售前咨询，大多是买了商品有疑问或者商品有问题，才会联系客服或者直接退货，而且多数是通过站内信或者邮件形式解决问题，所以客服的主要工作就是解决客户遇到的各类问题，降低客户退货退款率。

跨境客服要具备的素养主要包括：必须要具备一定的英语（小语种）应用能力，熟悉商品，对基础问题要有专业的话术回复给客户，面对客户投诉要有能力与客户沟通。

2. 发货

（1）发货方式

在跨境电商体系，物流发货主要分两种形式：一种是直邮，即从境内直接邮寄到客户手里；另一种是通过"海外仓＋本地配送"，需要提前备货至海外仓，然后从海外仓发货给客户。与前者相比，后者由于商品直接从海外仓发货，所以时效会更高，客户体验会更好，同时便于后期对客户进行退货管理，但同样也会产生一定的费用，所以比较适用于重量、体积较大的不便于直邮发货或者直邮发货成本较高的商品。前者的基本流程跟淘宝天猫等电商差异不大，只是要考虑时效、包装要求以及平台规则；后者则需要考虑商品海运和空运备货过程中涉及的海关、税费、入仓等操作。B2C 与 B2B 跨境物流对比如图 8-2-51 所示。

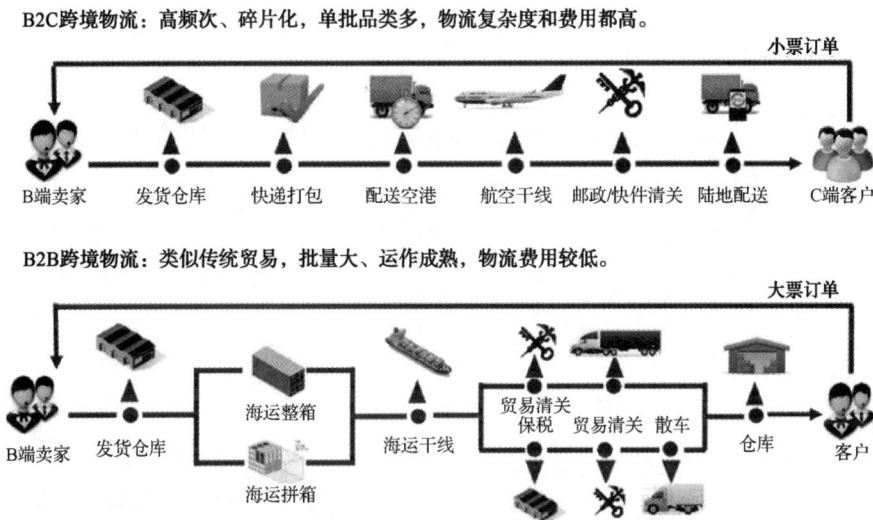

图 8-2-51　B2C 与 B2B 跨境物流对比

（2）FBA

FBA 服务即亚马逊将自身物流服务平台开放给第三方卖家，将其库存纳入亚马逊全球的物流网络，为其提供拣货、包装以及终端配送的服务，亚马逊则收取服务费用。

由于 FBA 仓库遍布全球，管理手段更高效，因此可以助力卖家提供快速的配送服务，不仅如此，卖家选择 FBA 服务还有以下优势：有利于提高 Listing 的排名，获得增加黄金购物车的机会，提高销量；发生退货情况时，客户可以直接退货到亚马逊仓库，方便快捷；由物流引起的差评，亚马逊会负责解决，卖家不用担心。

课后作业

1．跨境电商可以分为哪些？

2．跨境电商的发展流程包括哪些阶段，分别有哪些阶段特征？

3．跨境电商发展现状如何？

4．商家开展跨境电商的主要渠道包括哪些？

5．开展跨境电商选品应该具备哪些思维？

6．亚马逊商家账户体系主要包括哪两类，其差别何在？

7．亚马逊平台自主注册与招商经理绿色通道注册差别何在？

8．亚马逊账户注册中，其涉及的主要流程和提交的资料有哪些？

9．亚马逊前台各个页面布局分别对应的内容是什么？

10．亚马逊商品发布主要包括哪些流程，具体要求有哪些？

11．亚马逊广告主要展示的位置有哪些，其广告应用流程包括哪些环节？

12．亚马逊后台常用的促销工具和促销活动有哪些？